Norman Sieroka
Zeit-Hören

CHRONOI
Zeit, Zeitempfinden, Zeitordnungen
Time, Time Awareness, Time Management

—

Herausgeben von

Eva Cancik-Kirschbaum, Christoph Markschies und Hermann Parzinger

Im Auftrag des Einstein Center Chronoi

Band 12

Norman Sieroka
Zeit-Hören

Erfahrungen, Taktungen, Musik

DE GRUYTER

ISBN 978-3-11-139999-7
e-ISBN (PDF) 978-3-11-140363-2
e-ISBN (EPUB) 978-3-11-140417-2
ISSN 2701-1453
DOI https://doi.org/10.1515/9783111403632

Dieses Werk ist lizenziert unter der Creative Commons Namensnennung - Nicht kommerziell - Keine Bearbeitungen 4.0 International Lizenz. Weitere Informationen finden Sie unter https://creativecommons.org/licenses/by-nc-nd/4.0/
Die Bedingungen der Creative-Commons-Lizenz für die Weiterverwendung gelten nicht für Inhalte, die nicht Teil der Open-Access-Publikation sind (z. B. Grafiken, Abbildungen, Fotos, Auszüge usw.). Diese erfordern ggf. die Einholung einer weiteren Genehmigung des Rechteinhabers. Die Verpflichtung zur Recherche und Klärung liegt allein bei der Partei, die das Material weiterverwendet.

Library of Congress Control Number: 2024930596

Bibliografische Information der Deutschen Nationalbibliothek
Die Deutsche Nationalbibliothek verzeichnet diese Publikation in der Deutschen Nationalbibliografie; detaillierte bibliografische Daten sind im Internet über http://dnb.dnb.de abrufbar.

© 2024 bei den Autorinnen und Autoren, publiziert von Walter de Gruyter GmbH, Berlin/Boston.
Dieses Buch ist als Open-Access-Publikation verfügbar über www.degruyter.com.

Druck und Bindung: CPI books GmbH, Leck

www.degruyter.com

Time isn't the main thing. It's the only thing! (Miles Davis)

If what is written in these pages has no other result than creating and promoting a respect for concrete human experience and its potentialities, I shall be content. (John Dewey)

Inhalt

1 Auftakt: Philosophie, Musik und der taktvolle Umgang mit Zeit —— 1
1.1 Inwiefern Zeit und warum Hören? —— 1
1.2 Ereignisse, Variationen und zeitliche Ordnungen —— 3
1.3 Handeln, Takt und Normativität —— 6
1.4 Musik und Hörerfahrung —— 9
1.5 Koordination als Aufgabe der Philosophie —— 10

2 Zeit-Versehen: sinnlose Beschwerden über eine vergegenständlichte Zeit —— 13
2.1 Philosophie und Sprachverwirrung —— 13
2.2 Vergegenständlichende und ökonomische Redeweisen —— 14
2.3 Diverse Erfahrungen und eine übereilte Kulturkritik der Be- und Entschleunigung —— 19
2.4 Koordinationsprobleme und fehlgeleitete Aufmerksamkeit —— 22

3 Zeit-Verstehen: Zeit als Teil und Verhältnis von Ereignissen —— 25
3.1 Zeit als Dimension von Ereignissen —— 25
3.2 Typen von Ereignissen und unterschiedliche Zeitskalen —— 26
3.3 Antifundamentalismus und menschliches In-Beziehung-Setzen —— 29
3.4 Der kausale Charakter von Ereignissen —— 31
3.5 Individuation von Ereignissen —— 36
3.6 Ähnliche Ereignisse: Expression und Wiederholung —— 37

4 Zeit-Variationen: Zusammenspiel von Wiederholung und Neuerung —— 40
4.1 Stabilität ohne Ermüdung, Kreativität ohne Chaos —— 40
4.2 Gemeinschaft und Ritual —— 43
4.3 Uhrzeigersinn, Lebenssinn und historische Wechselverhältnisse —— 47
4.4 Das Nieder- und das Hochfrequente —— 50

5 Zeit-Hören I: Bezüge zu Musik und Klang —— 54
5.1 Musik und Klang als einfache Modelle, Hören als Mustererfahrung —— 54
5.2 Sinn für Zeit und auditorische Gestalten —— 61

6 Zeit-Hören II: Zeitkunstwerke und Improvisieren als Extemporieren —— 72
6.1 Musikalische Zeitkunstwerke —— 72
6.2 Improvisieren als Extemporieren —— 78
6.3 Sich gemeinsam ausdrücken und eine eigene Stimme finden —— 84

7 Zeitliche Symphonie: hinhören und im Takt sein —— 88
- 7.1 Aktiv teilnehmen, statt nur zuzusehen —— 88
- 7.2 Auch zuhören genügt nicht —— 91
- 7.3 Muster ablauschen —— 93
- 7.4 Sich intakt fühlen: autonomer Umgang mit Zeit —— 97

8 Zeit-Störungen: pathologische Taktverluste —— 101
- 8.1 Gesundheitsfragen als Zeitfragen —— 101
- 8.2 Leiden an der Zeit und auf verschiedenen Zeitskalen —— 102
- 8.3 Besonderheiten des Zeiterlebens bei einigen Psychopathologien und somatischen Erkrankungen —— 105

9 Polyrhythmik: Vieles hören und Gleichklang wahren —— 111
- 9.1 Spannungsverhältnisse und Multitasking —— 111
- 9.2 Zwei Arten, das zeitliche Gleichgewicht oder den Gleichklang zu verlieren —— 115
- 9.3 Gleichklang stabilisieren: Besonnenheit und Realitätsbefähigung —— 121
- 9.4 Gleichklang erweitern: Meditation und Ironie —— 123

10 Schlusstakt: hingehört und aufgehört —— 129
- 10.1 Reprise und Einordnung I: Ereignisse, Zerlegungen und Antireduktionismus —— 129
- 10.2 Reprise und Einordnung II: Modelle, Mustererfahrungen und eigene Stimme —— 131
- 10.3 Innovation und Ausklang: Nachhaltigkeit und philosophische Selbstanwendung —— 133

Zugabe —— 136
- Abgesang und Danksagung —— 136
- Playlist zum Selberhören —— 137

Liste der Hörbeispiele („Playlist-Beitrag #...") —— 138

Literaturverzeichnis —— 142

Register —— 152

1 Auftakt: Philosophie, Musik und der taktvolle Umgang mit Zeit

1.1 Inwiefern Zeit und warum Hören?

Obwohl es „die Zeit" nicht gibt, ordnet sich alles, was wir erleben, zeitlich. Genau von diesem Spannungsverhältnis handelt dieses Buch: davon, was Zeitliches ausmacht, inwiefern es „die Zeit" nicht gibt; warum wir dennoch so etwas sagen wie „die Zeit vergeht immer schneller" und warum sich die Wirklichkeit überhaupt zeitlich ordnet beziehungsweise ordnen lässt. Als zentrales Motiv werde ich Vergleiche und Analogien zwischen Ereignissen bemühen. Sie werden plausibel machen, warum das Wort „Zeit" in so vielfacher Weise verwendet werden kann, aber all diesen Verwendungsweisen der zentrale Bezug auf Verhältnisse und Taktungen zugrunde liegt. Ob eine Reise schnell oder langsam, lang- oder kurzweilig war, hängt vom Vergleich mit anderen Reisen und Unternehmungen ab. Außerdem kann etwas dadurch, dass es in einem bestimmten Takt wiederkehrt, Bedeutung gewinnen und zu einem intakten Leben beitragen. Typische Beispiele hierfür sind Rituale: vom allmorgendlich frisch aufgebrühten Tee oder Kaffee bis hin zu gesellschaftlichen oder religiösen Gedenktagen.

Auch die Musik bietet für all diese Zusammenhänge, Taktungen und Wiederholungen einschlägige Beispiele. Und so wird in der folgenden philosophischen Auseinandersetzung immer wieder auf die Musik und das Hören zurückgegriffen, um zeitliche Struktureigenschaften der Wirklichkeit exemplarisch herauszustellen und zu betonen. Die Struktur von Musik wird als einfaches Modell verwendet, um Zeitstrukturen in verschiedenen Bereichen des täglichen Lebens besser zu verstehen und um in gewisser Weise auch zu einem taktvollen Umgang mit Zeit anzuregen.

Damit klingt schon an, was hier mit „Wirklichkeit" gemeint ist: nämlich das, was wir erleben – dasjenige, was auf uns einwirkt und auf das wir einwirken: vom Teekochen am Morgen über den Regenschauer am Nachmittag bis hin zur Bekanntgabe der ersten Hochrechnung am Wahlsonntag. Dabei knüpfe ich an einen Erfahrungs- und Ereignisbegriff an, wie man ihn insbesondere in der pragmatistischen Tradition bei John Dewey, aber auch beim Prozessphilosophen Alfred North Whitehead findet.[1]

---

1 Zum Erfahrungsbegriff vergleiche Dewey 1958 [1925], S. 4a, und dazu wiederum Hampe 2017. Als verwandte Begriffe nennt Dewey „Leben", „Kultur", „Geschichte" (Dewey 1958 [1925], S. 8–9 und

Open Access. © 2024 bei den Autorinnen und Autoren, publiziert von De Gruyter. [CC BY-NC-ND] Dieses Werk ist lizenziert unter einer Creative Commons Namensnennung – Nicht kommerziell – Keine Bearbeitung 4.0 International Lizenz. https://doi.org/10.1515/9783111403632-001

Auch zeitliche Ordnungsrelationen beziehen sich in diesem Sinne auf unser Erleben und Erfahren.[2] Das darf allerdings nicht missverstanden werden als etwas „bloß Subjektives", das einem „wahren Objektiven" gegenüberstünde. Es geht im Folgenden ebenso um ein individuelles Zeiterleben wie um die sogenannte physikalische Zeit, die wir mit Uhren messen, wie auch um gesellschaftliche Zeitvorstellungen. Denn in allen Fällen sind wir als Erlebende und Handelnde involviert: als diejenigen, die gerade gelangweilt sind, die gerade die Uhr ablesen oder die turnusgemäß zur Wahl gehen.

Weiter unten wird genauer darauf eingegangen, warum sich gerade die Musik und das Hören besonders gut eignen, um zeitliche Strukturen beispiel- oder musterhaft „vor Ohren" zu führen.[3] Als erste Motivation – also gleichsam zum Auftakt – mag der Hinweis genügen, dass sich Gehörtes immer erstreckt, während Gesehenes oftmals stillzustehen scheint. Was wir sehen, ist in der Regel oder zumindest oftmals räumlich klar verortet und stabil; was wir hören, ist hingegen schwer greifbar und verfliegt. Anders formuliert: Der zeitliche Charakter eines Tons, den wir hören, tritt typischerweise prominenter hervor als der zeitliche Charakter einer Tasse, die wir vor uns sehen. Das Hören hat immer etwas Vorübergehendes und Prozesshaftes an sich, das Sehen im mutmaßlichen Gegensatz dazu etwas geradezu Konstatierendes.

Damit dieser beispielhafte Bezug zu Musik und Hören von Beginn an *mitschwingt* und das jeweilige *Thema* in relevanter Weise *anklingt*, werde ich mich bemühen, verstärkt auf auditorisch konnotierte Begriffe und Metaphern zurückzugreifen – was aber in der Tat durch den weniger konstatierenden Charakter erschwert wird. Hier haben visuelle Metaphern leider den vermeintlichen Vorteil, die *augenfälligeren* zu sein, die schneller *einleuchten* und zu *Einsichten* führen und

---

S. 40). Vergleiche in einem weiteren Sinne auch den Begriff der Lebenswelt in Husserl 1952, S. 126, als etwas, das „immer schon durch Erfahrung uns vertraut" ist.

2 „Erleben" und „Erfahren" werden im Folgenden nicht strikt terminologisch unterschieden. In der Regel ist mit Erleben aber etwas Spezifischeres gemeint, typischerweise eine konkrete gegenwärtige (sinnliche) Erfahrung. „Erfahren" umfasst demgegenüber in der Regel auch kognitiv hochstufige Prozesse und breitere zeitliche Bezüge zu Vergangenem und Zukünftigem. Und wenn im Folgenden von „Zeiterfahrung" und „Zeiterleben", aber nicht von „Zeitwahrnehmung" die Rede ist, dann, um zu betonen, dass wir kein Sinnesorgan haben, das uns Zeit direkt wahrnehmen ließe. Aber selbstredend erfahren und erleben wir Zeit – und dabei mag sich dann sehr wohl ein einzelner Sinn (nämlich das Hören) in bestimmter Weise hervortun.

3 Mit dieser exemplarischen oder „musterhaften" Bezugnahme aufs Hören soll keineswegs geleugnet werden, dass Musik – und allgemeiner zeitliche Taktungen – sehr wohl auch auf andere Weise verkörpert erfahren werden können. Man denke hier insbesondere an Vibrationen, die am ganzen Körper erfahren werden und über die beispielsweise auch gehörlose Menschen Musik erleben.

somit *Meinungsbilder* und ganze *Weltanschauungen* auf *lange Sicht* prägen. Doch damit verliert sich eben zumeist auch der prozesshafte Charakter, um den es hier beim Thema Zeit und beim Umgang mit Zeit geht. Im Folgenden sollen eben keine endgültigen Wahrheiten *vor Augen geführt* werden. Statt Allgemeingültigkeiten *einsichtig* zu machen, soll das Lesen vor allem darauf *einstimmen*, zeitliche Strukturen auf eine bestimmte Art und Weise zu erleben. Statt eines distanzierten *Überblicks* über eine Welt, die einem gegenübersteht, geht es darum, bestimmten zeittheoretischen Fragestellungen neu *Gehör zu verschaffen* und durch den Bezug zu Musik und Hören einen *Einklang* zu erzeugen mit dem, was um uns und mit uns geschieht.

So viel zum allgemeinen Ziel dieses Buches. Bevor aber ab dem nächsten Kapitel zeittheoretische Fragen im Detail behandelt werden, sind zunächst noch ein paar kurze Erläuterungen nötig zu einigen Begriffen, die gerade schon beiläufig verwendet wurden und die sich für die nachfolgende Untersuchung als zentral erweisen.

1.2 Ereignisse, Variationen und zeitliche Ordnungen

Was wir tun, was uns zustößt, was andere tun, was uns berichtet wird, was in der Natur vor sich geht ... all das ereignet sich und all das kann zeitlich geordnet werden. Die Wirklichkeit, so wie sie uns zugänglich ist, besteht aus Erfahrungen oder Erlebnissen, die auf Ereignissen basieren und selbst ebenfalls Ereignisse sind. Dabei ist der Begriff „Ereignis" hier im breiten Sinne eines Geschehnisablaufs zu verstehen und setzt – anders als der Begriff „Prozess" – keine besondere Form einer gerichteten Verkettung voraus.[4] Entsprechend gibt es eine ganze Bandbreite möglicher Erfahrungen oder Erlebnisse: Eine Sturmflut zu erleben, ist sehr verschieden davon, sich an ein Kammerkonzert zu erinnern; eine berufliche Herausforderung, die jemandem beispielsweise in der Dienstbesprechung begegnet, unterscheidet sich von einer Begegnung mit einem Wildschwein beim Waldspaziergang; und all diese Beispiele unterscheiden sich wiederum von der Sorge um den Wahlausgang und vielem anderen. Doch zumindest ein zentrales Charakteristikum teilen sämtliche Erlebnisse: Sie sind Ereignisse und lassen sich deshalb zeitlich ordnen, nämlich danach, welche von ihnen *früher*, *später* oder *gleichzeitig* geschehen. So mag sich die Begegnung mit dem Wildschwein später ereignet haben als die Sturmflut –

---

4 Zum Verhältnis zwischen Ereignis- und Prozessbegriff vergleiche etwa Rescher 1996, S. 38–41.

aber früher als mein Gang zum Wahllokal, während dem ich mich (gleichzeitig) an das Kammerkonzert erinnerte.[5]

Zeit – so lautet eine zentrale These dieses Buches – ist kein eigenständiger Bestandteil der Wirklichkeit, nichts Substanzielles, sondern ist ein unselbstständiger Teil von Ereignissen und mithin von Erfahrungen.[6] „Unselbstständig" bedeutet hier, dass es sich um einen Teil handelt, der nicht für sich allein existieren kann, ohne den aber auch das Ganze nicht existieren kann.[7] Die Kappe eines Füllers ist in diesem Sinne gerade kein unselbstständiger, sondern ein selbstständiger Teil des Füllers. Denn sowohl die Kappe als auch der Rest des Füllers existieren auch dann, wenn ich die Kappe abnehme und beiseitelege, um mit dem Füller zu schreiben. Anders verhält es sich etwa mit der Tonhöhe eines Tons. Eine Tonhöhe allein – ohne Lautheit, Klangfarbe, Dauer – kann es nicht geben; aber auch einen Ton kann es umgekehrt nicht ohne Tonhöhe geben. Der Ton könnte durchaus höher oder tiefer sein, aber er kann nicht gänzlich ohne Tonhöhe existieren. Seine Höhe ist, wie beispielsweise auch seine Lautheit, Dauer oder Klangfarbe, ein unselbstständiger Teil. Und ebenso ist die Zeit ein unselbstständiger Teil von Ereignissen – und zwar einer, der es erlaubt, eine Ordnung von *früher, später, gleichzeitig* aufzustellen.

Wegen dieser Unselbstständigkeit beziehen sich zeitliche Einordnungen immer auf die Verhältnisse zwischen Ereignissen.[8] Zeitangaben und Zeit haben es zu tun

---

5 Eine andere Möglichkeit der zeitlichen Ordnung ergibt sich über Zuschreibungen von *vergangen, gegenwärtig, zukünftig*. Auf die drei Zeitekstasen Vergangenheit, Gegenwart, Zukunft wird dementsprechend noch zurückzukommen sein. (Auch lassen sich viele zeitphilosophische Fragestellungen entlang der Differenz dieser beiden Formen zeitlicher Ordnung entwickeln – vergleiche beispielsweise Sieroka 2018a, 2020b und 2022c.)
6 Einschlägig für die gesamte abendländische Diskussion des Zeitbegriffs sind weiterhin insbesondere Aristoteles 1987, Buch IV, Kap. 10–14 (= *Physik* 217b29 bis 224a17) und Augustinus 2009 (= *Confessiones*, Buch 11). Detel 2021 hat unlängst eine Interpretation der aristotelischen Zeittheorie vorgelegt, die der hier vertretenen Position darin ähnelt, dass sie Zeit als Ordnungsschema von Prozessen charakterisiert (wenn auch allein von kinematischen Prozessen). Weitere – und stärkere – gemeinsame Anklänge gibt es mit Buch XIX der pseudo-aristotelischen *Problemata*, das die enge Verbindung von Harmonie und Rhythmus im Kontext der menschlichen Wahrnehmung und menschlicher Handlungen untersucht (vergleiche Aristoteles 1962).
7 Dieser Begriff eines unselbstständigen Teils geht zurück auf Husserl 1993 [1900], III. Logische Untersuchung.
8 Diese Formulierung ist sicherlich nicht unproblematisch, wenn man sie direkt auf den theoretisch aufgeladenen Begriff beispielsweise einer kosmologischen Raumzeit beziehen möchte. Allerdings wäre dann zu fragen, woher sich dieser spezifische Zeitbegriff selbst wiederum ableitet – wie er sich positioniert innerhalb der zahlreichen innertheoretischen Auseinandersetzungen über die Zeitkonzepte der Physik (vergleiche etwa Sieroka 2010b und 2018a, S. 44–63) und inwiefern er auf allgemeinen Praktiken des Zeitmessens und Uhrenbaus basiert, auf die noch einzugehen sein wird.

mit den Taktungen und Rhythmen von Ereignissen – oder besser noch: mit den *Variationen* von Ereignissen.[9]

Tatsächlich sind Ereignisse, die variieren, auch menschheitsgeschichtlich sehr bedeutsam. Egal ob Jägerin und Sammler, ob Ackerbauer und Viehzüchterin: Das Wissen um Ereignisse, die in ähnlicher Weise wiederkehren, ist überlebenswichtig für den Menschen. Frühe Hochkulturen orientierten sich dabei nicht nur an den Rhythmen der Natur hier auf der Erde, sondern vor allem auch an denjenigen der Gestirne. Denn diese muten besonders stabil an und wirkten zudem geeignet für Rückschlüsse auf irdische Verhältnisse.[10]

Die Existenz von variierenden Ereignissen ist grundlegend, um überhaupt ordnende Zeitmaße generieren und, spezieller, um Uhren bauen zu können. Denn dazu muss es Ereignisse geben, die nacheinander auftreten und die einander ähneln beziehungsweise sich wiederholen, sodass man sie abzählen kann: beispielsweise das Schwingen eines Pendels oder eine andere Art von Ereignis, das sich in relevanter Weise wiederholt und so als Einheit der Zeitmessung dienen kann.

Der Variationsbegriff wird genauer in Kapitel 4 behandelt. Bis dahin bleiben die Details dazu offen, inwieweit genau sich zwei Ereignisse ähneln oder gleichen müssen, damit eines als Variation des anderen gilt. So können (vorerst) auch Standardzweiteilungen und Idealisierungen vermieden werden – wie etwa diejenige von zyklischer und linearer Zeit. Ohnehin gibt es wohl weder die eine noch die andere in Reinform. Ereignisketten verlaufen nicht exakt im Kreis mit identisch wiederkehrenden Ereignissen; und wenn es einen Fortschritt gibt, so folgt der selten einer geraden Entwicklungslinie. Auch die perfekte Überlagerung aus beidem, die in einer exakt spiralförmigen Zeit resultieren würde, ist bestenfalls eine Idealvorstellung. Zeitliche Verhältnisse sind faktisch immer eine deutlich formlosere Mischung aus Sichwiederholendem und Neuem.

Wie der Variationsbegriff so dienen auch die breit verstandenen Begriffe von Ereignis und Erfahrung dazu, bestimmte überkommene Standardunterscheidungen zu unterlaufen. Die obigen Beispiele von Erinnerungen an Konzertbesuche, Be-

---

9 Reinhart Koselleck 2006 bezeichnet Verhältnisse und Taktungen von Ereignissen als „Wiederholungsstrukturen". Ich verwende stattdessen den Begriff „Variation", weil er weniger sperrig klingt und bereits Assoziationen zur Musik weckt, was weiter unten noch wichtig wird. Außerdem wird der Begriff hier breiter verstanden als bei Koselleck, der ihn auf Ereignisse in Sprache und Geschichte beschränkt.

10 Solche Schlüsse basieren auf Analogien, die ihrerseits mit Variationen verknüpft sind. Denn es wird jeweils angenommen, dass sich sehr verschieden anmutende Ereignisse doch in bestimmter Weise ähneln: die „Verdunklung" (Finsternis) der Sonne etwa einer „Verdunklung" (Umbruch) gesellschaftlicher Verhältnisse. Analogiebildungen sind vermutlich sogar die älteste und am weitesten verbreitete Argumentationsform menschlichen Denkens – so jedenfalls Lloyd 1966, S. 176.

gegnungen mit Wildschweinen, von Wahlausgängen und dergleichen bezeugen bereits die große Vielfalt: Mal geht es um etwas Individuelles oder Subjektives, mal um etwas Natürliches oder gleichsam Äußerliches, mal um etwas Soziales oder Intersubjektives; und manchmal verschränken sich auch diverse Ebenen. Und genau das kann hier vor voreiligen Dualismen bewahren, die eine strikte Zweiteilung annehmen von vermeintlich Subjektivem und Objektivem, von Geist und Materie oder von Kultur und Natur.[11] Denn unsere alltägliche Lebenswirklichkeit belegt fortwährend, dass wir sowohl Teil der Kultur als auch der Natur sind. Unsere mentalen Prozesse sind verkörpert und unsere körperlichen Prozesse mit Wahrnehmungsqualitäten verbunden. Und beides hat, wie sich zeigen wird, sehr viel mit zeitlichen Ordnungen zu tun. Als natürliche Wesen sind wir unter anderem den Gezeiten und der Tierwelt ausgesetzt. Da sind Ordnungen, die – wie das Kammerkonzert – vor allem kulturell geprägt und getaktet sind: von der Musik selbst bis hin zum Erreichen des Konzerthauses mit der Straßenbahn, die im Zehn-Minuten-Takt verkehrt. Rhythmen und Taktungen gibt es selbst dann, wenn wir im berühmten stillen Kämmerlein sitzen und vor der Welt unsere Augen verschließen. Denn auch dann nehmen wir innerlich wahr, stellen uns beispielsweise etwas vor oder erinnern uns an etwas. Und auch diese geistigen Prozesse lassen sich wiederum zeitlich ordnen: Zuerst habe ich mich auf das Konzert gefreut, dann war mir kalt und anschließend habe ich an die Begegnung mit dem Wildschwein gedacht.

1.3 Handeln, Takt und Normativität

Es ist also der Rhythmus oder Takt von Ereignissen, der Zeitmaße hervorbringt. Und dieses Zusammenspiel ermöglicht dann konkrete Vorhersagen weiterer Ereignisse und damit auch erfolgreiches Handeln – nicht nur im Ackerbau und in der Viehzucht. Ganz allgemein bedarf erfolgreiches Handeln in mehrfacher Weise eines taktvollen Zusammenspiels. Egal ob etwa bei der individuellen Körperhygiene oder bei einem gemeinschaftlichen Bauprojekt: Immer sind Teilhandlungen in eine sinnvolle Abfolge zu bringen. Sich erst anzuziehen und dann unter die Dusche zu stellen, ist nicht zielführend. Auch mögen noch weitere, äußere Taktungsvorgaben hinzutreten: Geht es beim gemeinschaftlichen Bauprojekt etwa um die Ersetzung eines Sieltors, so muss den Gezeiten Rechnung getragen werden. Das Bauvorhaben kann weder mit *irgendeiner* Handlung noch *irgendwann* beginnen.

Damit basiert erfolgreiches Handeln aber noch auf einem anderen taktvollen Zusammenspiel – und zwar einem, das die Zuverlässigkeit von Induktionsschlüs-

---

[11] Vergleiche Dewey 1958 [1925], S. 241–242.

sen verbürgt und seinerseits die drei sogenannten Zeitekstasen von Vergangenheit, Gegenwart und Zukunft verbindet. Um mich erfolgreich zu waschen oder um ein Sieltor erfolgreich auszutauschen, müssen Erinnerungen an vergangene Ereignisse zusammenkommen mit dem Lenken der Aufmerksamkeit auf das, was jetzt gerade geschieht, und mit der planenden Projektion auf das, was zukünftig der Fall sein wird. Basierend auf vergangenen Erfahrungen und mit dem Ziel, zwar geduscht, aber nicht in nasser Kleidung aus dem Haus zu gehen, begebe ich mich nackt unter die Dusche. Und basierend auf den Wasserstandsmessungen der vergangenen Jahre werden zukünftige Niedrigwasserzeiten vorhergesagt, an denen wir uns (jetzt) bei der Planung für den anstehenden Kraneinsatz orientieren.

Zusammengenommen sind also Abfolge und Wiederkehr von Ereignissen eine wichtige Voraussetzung für Erkenntnis und erfolgreiches Handeln. Ohne eine Strukturierung in Form von Taktungen oder Rhythmen würden wir orientierungslos durchs Leben stolpern. Alles wäre immer anders und damit völlig chaotisch und unberechenbar. Erkennen wir aber Ereignisse als Variationen, so können wir uns, ganz allgemein gesprochen, deren Rhythmus anpassen und ihn uns zunutze machen. Und nur wenn wir in diesem Sinne im Takt sind, sind wir und ist die Welt für uns ebenfalls *intakt*.

Damit stellen sich sogleich mehrere Fragen des menschlichen Miteinanders und der eigenen Existenz: Trage ich, wenn ich im Takt bin, überhaupt noch etwas Eigenes zu den Geschehnissen bei? Oder bin ich dann nur noch Resonanzkörper im Sinne eines bloßen Mitläufers oder eines bloßen Sprachrohrs der anderen? Muss ich, um ich selbst zu sein, nicht auch ein bisschen aus der Reihe tanzen? Bedarf es nicht auch einer gewissen Ver-rückt-heit gegenüber dem allgemeinen Rhythmus, um autonom zu sein beziehungsweise sich als autonom zu erleben? Und wann gelten uns andere Menschen als besonders takt-voll, wann als takt-los und wann wird es gar pathologisch?

Hierzu zunächst nur einige Vorüberlegungen: Aus dem Takt zu sein, mag in einzelnen Fällen ein Gefühl von Autonomie beinhalten. Häufiger allerdings dürfte es zu vertrackten und auch schmerzhaften Situationen führen: angefangen vom einfachen Beispiel des (taktlosen) Tanzpartners, der mir auf die Füße tritt, über die Instrumentalistin, die im Orchester ihren Einsatz verpasst, bis hin zum missglückten Spielzug beim Volleyball, weil der Angreifer zu früh hochgesprungen ist, oder auch schlicht der verpassten Straßenbahn, dem vergessenen Regenschirm und Ähnlichem.[12]

---

12 Zu „fehlenden Rhythmen" und dem „Außer-Takt-Sein" in Alltagskontexten vergleiche Huijer 2017 [2015].

Problematischer und unter Umständen auch krankhaft kann es werden, wenn meine individuellen Handlungen gegenüber den Handlungen anderer Menschen oder überhaupt gegenüber Ereignissen gehäuft und fortwährend verschoben sind. Dann führe ich das Leben eines dauerhaft Ver-rückten und gehe beispielsweise ständig ohne Regenschirm in den Regen, stelle mich bei Rot mitten auf die Kreuzung oder suche nach Sonnenuntergang und ohne Taschenlampe im Wald Pilze.

Aber nicht nur für den Einzelnen, sondern auch für eine Gesellschaft ist ein bestimmtes Maß des Im-Takt-Seins und -Bleibens nötig, um sinnstiftende Strukturen zu etablieren und zu halten. So gründet beispielsweise eine Demokratie darauf, dass regelmäßige Wahlen stattfinden, und Rechtssicherheit basiert auf der begründeten Erwartung, dass beim nächsten Fall nicht willkürlich oder „einfach mal ganz anders" entschieden wird.

In diesen Beispielen klingt bereits an, wie wichtig Taktungen, Rhythmen und Variationen nicht nur für das deskriptive Unterfangen sind, ein tieferes Verständnis von Zeit zu gewinnen. Sie stehen immer auch am Beginn normativer Setzungen. Das Etablieren von Rhythmen dient der gemeinsamen Orientierung – sei es im Bereich Politik oder auch beispielsweise in Sport und Kultur. Dabei hängt eine bereits erwähnte Kulturfertigkeit in besonderem Maße von der Etablierung von Rhythmen ab: nämlich der Uhrenbau und überhaupt das gesamte Kalenderwesen. Und umgekehrt dienen gerade Kalender und Uhrzeit dazu, das Miteinander zu synchronisieren, und sind somit zentrales Element der Gemeinschaftsstiftung. Dank zeitlicher Terminierung gelingt es, gemeinsam identitätsstiftende Feste zu begehen oder auch erfolgreich Handel zu betreiben.

Zeitliche Rhythmen, und insbesondere Kalender und Uhrzeiten, können aber auch zum Instrument politischer Manipulation werden, wenn es um eine mutwillige Veränderung der Identität einer Gemeinschaft geht. Denn mit der Umstellung von Kalender und Uhrzeit werden immer auch ganze Vergangenheiten und gemeinsame Erlebenskontexte marginalisiert. So gab es beispielsweise nach der Französischen Revolution eine Kalenderreform, bei der unter anderem die Siebendurch eine Zehntagewoche ersetzt werden sollte, um so dem *Ancien Régime* eine Modernisierung und einen klaren Bruch entgegenzusetzen. Doch bemerkenswerterweise konnte sich die Zehntagewoche längerfristig nicht durchsetzen. Vermutlich fehlte schlicht eine klare Assoziation zwischen *Ancien Régime* und Siebentagewoche. Denn letztere ist ja kein spezifisches Resultat des französischen Absolutismus, sondern basiert auf geteilten astronomischen Vorstellungen diverser Kulturen und war bereits mehrere Jahrtausende alt.[13] Die lang gelebte Praxis stach in diesem Fall

---

[13] Die Einteilung der Woche in sieben Tage erklärt sich vermutlich aus der Zahl der Wandelge-

also eine politische Anordnung aus. Und gleichermaßen konnte sich auch die Einteilung eines Tages in zehn Dezimalstunden, die ihrerseits jeweils aus hundert Dezimalminuten bestehen, nicht durchsetzen. Dies verdeutlicht den grundlegenden Charakter und auch die Trägheit gerade von *Zeit*vorstellungen und -einteilungen. Denn beispielsweise bei Einheiten der Masse und des Raumes gab es vielerorts erfolgreiche Überführungen in Dezimalsysteme: Elle und Fuß etwa wurden in Meter überführt, Pfund und Unzen in Gramm. Aber die sieben Wochentage mit ihren jeweils vierundzwanzig Stunden sind geblieben.

1.4 Musik und Hörerfahrung

Ausdrücke wie *Rhythmus*, *Takt* und *Variation* klingen bereits sehr nach Musik; und auch zeitbezogene Besonderheiten des Hörens wurden bereits betont. Es stellt sich also die Frage, ob man sich dem Themenkomplex von Zeit und dem Umgang mit Zeit nicht über die Auseinandersetzung mit Musik und Hören sinnvoll nähern kann.[14] Musik mag geradezu als Paradebeispiel eines Kulturunternehmens gelten, das es mit Taktungen und mit zeitlichen Variationen zu tun hat beziehungsweise bei dem diese selbst thematisch werden. Auch wurde in der Philosophie und von Komponisten die Musik immer wieder über ihren spezifischen Zeitbezug charakterisiert.[15]

Genau eine solche Engführung wird im Folgenden versucht. Musik und Klang werden immer wieder als Bezug dienen, um grundlegende, oft auch unterschwellige, Zeitthemen mitschwingen zu lassen und sozusagen hörbar zu machen. Dabei geht es nicht um die allgemeine Wirkmächtigkeit, die Musik für viele im Alltag und insbesondere in konkreten politischen oder gesellschaftlichen Kontexten entfalten kann,[16] und auch nicht um die ästhetische Wahrnehmung von Musik in einem engeren Sinne. Stattdessen wird untersucht, inwiefern Musik- und Hörerfahrungen ganz allgemein und teilweise auch sprach- und kulturübergreifend dazu dienen können, zeitliche Orientierungen erlebbar und zeitliche Ordnungen besser

---

stirne, die mit bloßem Auge sichtbar sind – nämlich: Sonne, Mond, Merkur, Venus, Mars, Jupiter und Saturn.

14 Vergleiche auch Mohr 2012.
15 Vergleiche für einen ersten Überblick Wiora 1957.
16 Dass Musikerfahrungen in Einzelfällen dazu in der Lage sind, einen gesamten Lebensweg zu prägen, steht außer Zweifel. Ein Beispiel hierfür ist die Iranerin Sonita Alizadeh, die zur Rapperin wurde, nachdem sie ein Lied von Eminem gehört hatte (vergleiche hierzu ausführlich Lotter 2017, S. 156–157). Obwohl Alizadeh den Text nicht verstand – und der konkrete Inhalt auch gar nicht stimmig mit ihrer Lebenswirklichkeit verknüpfbar gewesen wäre – war sie dermaßen von der Verzweiflung und Wut berührt, die in dem Stück zum Ausdruck kommen, dass sie begann, die Verzweiflung und Wut über ihre eigene Lebenssituation nun musikalisch auszudrücken.

verstehbar zu machen.¹⁷ Denn die Suche nach Ähnlichkeiten innerhalb der Taktung von Ereignissen findet eine strukturelle Analogie im Variationsbegriff der Musik. Variationen eines musikalischen Themas basieren auf einem Zusammenspiel von akustischen Wiederholungen und Veränderungen; und Wiederholungen und Neuerungen, das wird sich weiter unten noch zeigen, sind genau das, was auch Zeit grundlegend charakterisiert.

Dieses suchende und vergleichende Vorgehen ist auch im Einklang mit der pragmatistischen und prozessphilosophischen Tradition, auf die bereits Bezug genommen wurde und bei der die Lebenswirklichkeit und der Erfahrungsbegriff zentral sind.¹⁸ Denn laut Dewey ist es genau die Variation als Verbindung von Gewohntem und Neuem, die Erfahrungen interessant und bedeutungsvoll macht; nur eine solche Verbindung kann, so der ebenfalls bereits zitierte Whitehead, einer allgemeinen Ermüdung und somit einer Verkümmerung unserer Lebenswirklichkeit entgegenwirken.¹⁹

Weiterhin liegt es nahe, diese enge Verbindung zwischen Zeit, Musik und Hören nicht nur auf begrifflicher, sondern auch auf sinnlicher Ebene auszunutzen. Hervorragende Möglichkeiten, Zeit in besonderer Weise sinnlich zu erleben und auch selbst zu strukturieren, wären sicherlich das eigene Musizieren oder Tanzen. Aber, und das werden die folgenden Kapitel hoffentlich überzeugend vermitteln, auch ein zugeneigtes Hören oder Hinhören ist bereits eine aktive und verkörperte Art, sich immer wieder neu in der Zeit und mit Zeit zurechtzufinden. Und so ist auch die obige Aussage, hier grundlegende Themen „hörbar" machen zu wollen, durchaus wörtlich gemeint. Im Folgenden (vor allem in den Kapiteln 5 und 6) wird immer wieder auf konkrete Hörbeispiele verwiesen, die durch eine digitale Playlist und Hyperlinks abgerufen werden können. Die Hörbeispiele sollen das, was im Text begrifflich anklingt, sinnfällig machen. Sie sollen es direkt zu Gehör bringen und damit im Idealfall die Erfahrungswirklichkeit des Hörenden direkt verändern und erweitern.

1.5 Koordination als Aufgabe der Philosophie

Das Ziel der vorliegenden Arbeit ließe sich etwas abstrakter auch so zusammenfassen, dass es um die koordinierende Untersuchung von wechselseitigen Bezügen

---

[17] Damit ist zugleich eine klare Absage erteilt an eine eher lebensfremde Auseinandersetzung mit Wahrnehmung und Ästhetik, wie sie sich etwa bei Kant und letztlich auch bei Heidegger findet. Vergleiche hierzu wiederum Lotter 2017, S. 150.
[18] Vergleiche Dewey 1958 [1925], S. 39.
[19] Vergleiche Dewey 1958 [1925], S. 358–359, sowie Whitehead 1958 [1929a], S. 25–32.

und strukturellen Analogien zwischen verschiedenen Erfahrungs- und Wirklichkeitsbereichen geht und darum, was uns diese allgemein über Zeit verraten.[20] Damit soll nicht zurückgewiesen werden, wie in diversen philosophischen Subdisziplinen zeitspezifische Probleme einzelner Erfahrungsbereiche behandelt werden. So haben zeitphilosophische Detailfragen beispielsweise innerhalb der Rechtsphilosophie, wenn Gerechtigkeits- oder Strafbegriff zur Debatte stehen, ebenso ihre Berechtigung wie solche innerhalb der Philosophie der Physik, wenn etwa Ansätze zur Quantengravitation kritisch evaluiert werden. Doch der (allgemeinen) Philosophie kommt darüber hinaus noch die Aufgabe einer vergleichenden Engführung zu, die nach strukturellen Ähnlichkeiten zwischen den Ergebnissen solcher Detailuntersuchungen sucht.

Dies ist vielleicht eine Besonderheit der Philosophie und letztlich auch die ihr eigene Art, mit dem anhaltenden Spezialisierungsdruck umzugehen, der in den Wissenschaften vorherrscht. Innerhalb von rund zweieinhalbtausend Jahren hat die abendländische Philosophie jeweils aus guten Gründen und sehr erfolgreich Einzelwissenschaften wie die Physik, Biologie und Psychologie aus sich entlassen; reflektiert aber weiterhin über diese Wissenschaften in Form von Spezial- oder Subdisziplinen wie eben etwa der Philosophie der Physik. Doch wenn die Philosophie für sich eine starke lebenswirkliche Relevanz beansprucht, dann darf sie sich nicht in diesen fortlaufenden Spezialisierungen und Subsubdisziplinierungen verlieren, sondern muss auch nach allgemeinen Verbindung zwischen Erfahrungen suchen, um somit eine Art Koordinationsentwurf zu liefern für die Lebenswirklichkeit als Ganze.[21] Dies motiviert nochmals, sich im Folgenden auf Musik und Hören zu beziehen, um diese Ordnungs- und Koordinationsleistung eben auch direkt und exemplarisch erfahrbar zu machen.

Eine Suche nach strukturellen Analogien, die zur Koordination von Erfahrung taugen, ist sicherlich nicht bei jeder Thematik im gleichen Umfang möglich. Aber gerade beim Thema Zeit bietet sie sich in besonders breitgefächerter Weise an. Denn, wie erwähnt, lassen sich zeitliche Ordnungen etablieren für sämtliche Formen von Ereignissen – egal ob physikalisch, sozial, individualpsychologisch oder was auch immer. Damit verhält es sich beim Thema Zeit anders als bei Themen wie etwa Glück oder physikalische Energie. Denn diese können jeweils nur bestimmten

---

20 Vergleiche Whitehead 1967 [1933], S. 222, sowie Sieroka 2010a, S. 9–31.
21 Vergleiche Dewey 1958 [1925], S. 410: „Over-specialization and division of interests, occupations and goods create the need for a generalized medium of intercommunication, of mutual criticism through all-around translation from one separated region of experience into another. Thus philosophy as a critical organ becomes in effect a messenger, a liason officer, making reciprocally intelligible voices speaking provincial tongues, and thereby enlarging as well as rectifying the meanings with which they are charged."

Arten von Ereignissen sinnvoll zugeordnet werden. Eine Urlaubserinnerung hat keine physikalische Energie, mag aber zu meinem Glücklichsein beitragen; eine Supernova in einer fernen Galaxie hat nichts mit persönlichem Glück zu tun, aber mit sehr viel Energie. Doch egal ob Erinnerung, Glücksgefühl, Sternexplosion oder Beobachtung der Sternexplosion: Zeitlich ordnen lassen sie sich allesamt.

Kurz zum inhaltlichen Gang der Untersuchung: In den folgenden drei Kapiteln (Kapitel 2 bis 4) werden zunächst einige Missverständnisse über den Zeitbegriff aufgelöst und wird über den Begriff der Variation ein genaueres Verständnis von Zeit erlangt. Kapitel 5 und 6 gehen im Detail auf die Bezüge zur Musik und Hörforschung ein – konzeptionell aber auch durch die Diskussion und den Verweis auf konkrete Hörbeispiele. In den darauffolgenden drei Kapiteln (Kapitel 7 bis 9) wird die Thematik des Im- und Außer-Takt-Seins genauer behandelt, und zwar auf individueller wie auch gemeinschaftlicher Ebene. Diskutiert werden insbesondere die bereits aufgeworfenen Fragen zu Autonomieerfahrungen, pathologischen Grenzfällen und zum sinnvollen Umgang mit Zeit. Das Buch endet mit einer kurzen Zusammenfassung und einer Einordnung in weitere „Themen der Zeit" (Kapitel 10).

2 Zeit-Versehen: sinnlose Beschwerden über eine vergegenständlichte Zeit

2.1 Philosophie und Sprachverwirrung

Im ersten Kapitel wurde als Ziel der Philosophie ausgemacht, Erfahrungen zu koordinieren und zu erweitern. Viele Philosophinnen und Philosophen würden ihre Disziplin aber wohl eher sprachphilosophisch abstecken und als Leitmotiv die *Begriffsanalyse* benennen und vielleicht noch das Aufzeigen irreleitender Sprachverwendung.[22] Nun sind Spracherfahrungen ein sehr wichtiger Teil unserer Lebenswirklichkeit. In diesem Sinne ist ein solches Aufzeigen irreleitender Sprachverwendungen ein Ziel, das auch hier verfolgt werden soll, zumal es gerade im Zusammenhang mit dem Zeitbegriff häufig auftritt. Beginnen wir also mit dieser eher sprachkritischen Auseinandersetzung, bevor wir die Thematik und Zielvorstellungen wieder weiten.

Ein Großteil der irreführenden Redeweisen, die bei „der Zeit" üblich sind, haben mit einer problematischen Vergegenständlichung zu tun.[23] Hier wird, vermutlich oftmals ausgelöst durch Gründe sprachlicher Bequemlichkeit, Zeit in den Status eines Gegenstands erhoben. Doch beschreibende Zuordnungen lassen keinesfalls immer auf einen konkreten Gegenstand schließen, der diesen Zuordnungen zugrunde liegt. So gibt es beispielsweise viele rote Gegenstände. Aber inwiefern folgt daraus, dass es „Röte" gibt? Auch gibt es unendlich viele natürliche Zahlen; und man mag die Menge der natürlichen Zahlen entsprechend als unendlich bezeichnen. Aber daraus folgt mitnichten, dass es „das Unendliche" gibt oder eine Zahl namens „Unendlich".

Whitehead spricht in diesem wie ähnlichen Zusammenhängen von einem „Fehlschluss deplatzierter Konkretheit" (*fallacy of misplaced concreteness*) und Dewey nennt es gar „*den* philosophischen Trugschluss" (*t h e philosophical fallacy*).[24] Im ersten, noch unproblematischen, Schritt wird bei einem solchen Schluss die Aufmerksamkeit oder das Beschreibungsinteresse in eine bestimmte Richtung ge-

---

[22] Vergleiche etwa Wittgensteins (1984) berühmte Dikta, Philosophie sei „ein Kampf gegen die Verhexung unsres Verstandes durch die Mittel unserer Sprache" (*Philosophische Untersuchungen* § 109) und dass es das Ziel der Philosophie sei, „[d]er Fliege den Weg aus dem Fliegenglas [zu] zeigen" (*Philosophische Untersuchungen* § 309).
[23] Vergleiche zum Folgenden auch Sieroka 2016, 2017b, 2018b sowie 2020a.
[24] Vergleiche Whitehead 1950 [1925], S. 75–85, und Dewey 1958 [1925], S. 29. Ebenda, S. 27, spricht Dewey auch von einem „Fehlschluss der selektiven Betonung" (*fallacy of selective emphasis*).

leitet, was zu einer nützlichen Unterscheidung führt – so wie man beispielsweise dank Farbzuschreibungen rote von blauen Socken oder rote von grauen Autos unterscheidet. Das Problem im Sinne eines Fehlschlusses liegt nun darin, dass das, was die Unterscheidung ausmacht, selbst zum konkreten Erfahrungsgegenstand erhoben und als konstitutiv für die „wahre Wirklichkeit" betrachtet wird. Nun gibt es nicht mehr nur rote, blaue und graue Socken und Autos, sondern wir erleben auch „die Röte", „die Bläue" und „die Gräue"; nicht mehr nur „1", „2", „3" und so weiter, sondern auch „Unendlich". Etwas ganz Ähnliches liegt beispielsweise auch bei Abstrakta vor, wie sie uns in Statistiken begegnen. So mag etwa die durchschnittliche Kinderzahl pro Frau in einem bestimmten Land eine sehr nützliche demographische Kenngröße sein. In Deutschland etwa betrug sie 1,58 im Jahr 2021. Aber es wäre ein eklatanter Fehlschluss, davon auszugehen, dass man in Deutschland Frauen begegnen kann, die 1,58 Kinder haben.

Diese Beispiele zeigen bereits, wie solche Fehlschlüsse vermieden werden können: nämlich genau durch eine Rückbindung an konkrete Erfahrungen. Keine Erfahrung wird uns davon überzeugen, dass es Frauen mit 1,58 Kindern gibt; und uns wird keine von konkreten Erfahrungsgegenständen losgelöste „Röte" begegnen und auch keine Zahl namens „Unendlich". Und dass genau dies nicht der Fall ist, sollte uns eben davon abhalten, auf die Existenz von Abstrakta als konkreten Erfahrungsgegenständen fehlzuschließen.

Im Kontext des Themas Zeit bedeutet das: Aus der Tatsache, dass sich Ereignisse und insbesondere Erfahrungen zeitlich ordnen und takten lassen, folgt mitnichten, dass es so etwas wie „die Zeit" gibt – also eine Ordnung, die aus quasi inhalts- oder ereignislosen Zeitbausteinen bestünde.[25] Genau darauf hatte bereits die Redeweise von Zeit als einem unselbstständigen Teil von Ereignissen hingewiesen. Zeit ist eben keine Substanz (*sub-stantia*), sie kann nicht allein für sich stehen. Insofern könnte man bei Ereignissen eher davon sprechen, dass sie „eine Zeit haben" – ähnlich wie eben Äpfel eine Farbe oder Töne eine Tonhöhe haben.[26]

2.2 Vergegenständlichende und ökonomische Redeweisen

Wenn aber Zeit keine Substanz ist und nicht die Eigenschaften abtrennbarer Gegenstände hat, dann wird auch deutlich, warum viele Redeweisen, in denen das Wort „Zeit" vorkommt, irreführend sind. In vielen Fällen steht dabei – neben der

---

25 Vergleiche ähnlich auch Kant 1974 [1781/87], A210/B255.
26 Aber auch hier finden sich – wenn auch eher selten – gegenläufige Positionen. So vertritt etwa Koch 2006 die These, Zeit sei eine Substanz.

bereits erwähnten sprachlichen Bequemlichkeit – wohl das Bedürfnis nach einer (visuellen) Fixierung Pate. Das, was über Zeit beziehungsweise zeitliche Belange ausgedrückt wird, soll „anschaulich dingfest" gemacht werden.²⁷

Sprachliche Bequemlichkeit steht wohl auch hinter dem Ausdruck „Zeitenwende", der immerhin zum *Wort des Jahres 2022* gewählt wurde. Eine „Wende" ist üblicherweise eine Form der Umkehr – so etwa beim Segeln, beim Turnen und in der Politik. Aber ist hier tatsächlich gemeint, die Zeit laufe jetzt rückwärts oder die Zeit werde nun, wie bei einer Wendejacke, „auf links gedreht"? Wohl eher nicht. „Zeitenwende" impliziert nicht, alles werde wieder genau so wie früher; was bei einer Umkehr der Zeitrichtung ja der Fall sein müsste. Stattdessen geht es viel allgemeiner und unspezifischer darum, dass – um es in einem anderen vergegenständlichenden Slogan zusammenzufassen – „die Zeiten sich ändern" oder „eine neue Zeit beginnt". Das erklärt auch den ansonsten eigentümlichen Plural („Zeiten"). Nun mag eine solche begriffliche Komprimierung ein nachvollziehbares Anliegen sein. Aber sie verkürzt eben doch die Bedeutung und sollte nicht zu einem Fehlschluss deplatzierter Konkretheit führen. Denn es geht nicht um eine Umkehr von Zeit. Es geht noch nicht einmal um eine allgemeine Änderung „der Zeit". Es geht darum, dass sich am Charakter dessen, was passiert, etwas ändert. Irgendwie, so die Behauptung, änderten die Ereignisse ihre Charakteristik – wobei allerdings offenbleibt, ob diese Änderung überhaupt direkt mit der Zeitbehaftetheit von Ereignissen zu tun hat.

Kommen wir von der Umkehr zur Umstellung: Volkstümliche Redeweisen wie etwa diejenige von einer „Zeitumstellung" sind ebenfalls nicht präzise und beruhen auf einer Vergegenständlichung. Was genau sollte es denn heißen, „die Zeit" umzustellen? Was umgestellt oder verändert wird ist die lokale Uhrzeit, also quasi die Benennung der jeweils gegenwärtigen Momente (mit all den Konsequenzen, die das auf den individuellen Schlafrhythmus und Tagesablauf haben mag). In diesem Sinne ist also „Uhrumstellung" der präzisere Ausdruck, oder – für diejenigen, die bei „Uhrumstellung" an das Verrücken einer Standuhr im Wohnzimmer denken – noch besser „Uhrzeitumstellung".

Nun gibt es aber auch Verwendungsweisen, die nicht nur unpräzise sind – oder nicht nur schlicht kurios wie beispielsweise die temporalen Architekturkomponenten, die uns in Form von *Zeitfenstern* und *Zeitkorridoren* begegnen. Manche metaphorische Verwendungsweisen laden nämlich – anders als die Zeitfenster –

---

27 Damit soll keinesfalls die Dynamik der visuellen Wahrnehmung geleugnet werden, wie sie beispielsweise Boehm 2017 für die Betrachtung von Kunstwerken herausgearbeitet hat. Doch das ist genau der Punkt: Dies muss eben zusätzlich betont werden. Die geläufige Assoziation – auch innerhalb der Philosophie – ist die zwischen Sehen und Permanenz. Das Augenscheinliche gilt gemeinhin als das Statische, Gegenständliche.

stärker dazu ein, sie wörtlich zu nehmen, und bringen dadurch unter Umständen leidvolle Konsequenzen hervor. Dies gilt insbesondere für vergegenständlichende Redeweisen wie etwa „Zeitdruck", „Zeitverlust", „Zeitgewinn" oder „Zeitersparnis", die zudem einen prominenten ökonomischen Bezug haben und denen man mittlerweile in sehr vielen Kontexten begegnet – bis hin zu den Verkehrsnachrichten im Radio, bei denen gerne darauf hingewiesen wird, auf welchen Strecken die Autofahrenden denn wie viel Zeit „verlieren".

Ökonomische Redeweisen über Zeit sind ohne Zweifel dann sinnvoll, wenn über Arbeitszeiten und Stundenlöhne gesprochen wird. Aber in der gleichen Weise über individuelles Zeiterleben zu sprechen, mag eher irritieren oder gar verstören. Obwohl doch klar sein sollte, dass Zeit nichts Konkretes ist, das wirklich drücken kann, und man Zeit auch nicht wie einen Schlüssel nachts im Dunkeln verlieren oder wie einen Teddybären auf dem Jahrmarkt gewinnen kann, erzeugen Begriffe wie „Zeitdruck" und „Zeitverlust" trotzdem eine (oft leidvolle) Lebenswirklichkeit. Denn so, wie es einen Einfluss auf das Verhalten und die Selbstwahrnehmung hat, wenn jemand von seinem Umfeld permanent als „Versager", „Nichtsnutz" oder gar als „Abfall" (vergleiche das englische Wort *junkie*) tituliert wird, so verändert es ebenfalls etwas, wenn mir permanent eingeredet wird, ich würde Zeit verlieren und solle doch gefälligst sparsamer mit ihr umgehen. Solche Vergegenständlichungen mögen dann zu einem Erleben führen, das entsprechend als „Zeitdruck" tituliert wird und dessen Realität gar nicht mehr infrage gestellt wird. Zugleich tut man aber in anderen Kontexten jeden als irrational und abergläubisch ab, der beispielsweise vergegenständlichend von einem Albdrücken berichtet; denn es sei ja klar, dass es keine nachtaktiven Dämonen gibt, die sich auf die Brustkörbe von Schlafenden setzen. Nichtsdestoweniger leidet die Person aber, die über das Albdrücken klagt. Der entscheidende Punkt ist also in beiden Fällen derselbe: Auch wenn die materielle Existenz des Leidauslösers (hier also „die Zeit" beziehungsweise ein Dämon) eine Illusion ist, der Leidensdruck ist es nicht. Und den Nährboden für diesen Leidensdruck bilden eben die entsprechenden vergegenständlichenden Redeweisen.

Entsprechend kann man solche Wortverwendungen auch nicht einfach mit dem Hinweis abtun, es handle sich „ja bloß um metaphorische Redeweisen". Denn das Leiden ist echt und kann dementsprechend wohl nur durch die aktive Vermeidung solcher Verwendungsweisen nachhaltig gelindert werden. Das gilt, um nur ein weiteres Beispiel zu nennen, durchaus auch für innerphilosophische Auseinandersetzungen, wenn beispielsweise aus der Redeweise vom „Fließen der Zeit" die verunsichernde metaphysische Frage folgt, wie schnell genau sie denn fließe.[28]

---

28 Zu Letzterem vergleiche Olson 2009.

Mit diesen kritischen Beobachtungen soll aber keinesfalls generell gegen die Übertragungen von Redeweisen von einem Bereich in einen anderen argumentiert werden. Es geht nicht generell um den Gebrauch von Metaphern, sondern um deren konkrete Wahl und darum, wie hier der Umgang mit Sprache unser Denken und allgemeiner unser Erleben reflektieren und prägen kann. Deshalb sind metaphorische Redeweisen beispielsweise auch besonders wichtig, um sich etwa neue Phänomenbereiche gleichsam interaktiv zu erschließen – und auch umgekehrt, um Neues über den Phänomenbereich zu erfahren, aus dem die Metapher stammt. Allerdings geht es bei solch interaktiven Metaphern zumeist um strukturelle Zusammenhänge, also um Verhältnisse und nicht um simple Vergegenständlichungen.[29]

Redeweisen, die in eigentümlicher Weise vergegenständlichen, gibt es übrigens nicht nur zu „der Zeit" im Allgemeinen, sondern etwas spezifischer auch zu den drei Zeitekstasen Vergangenheit, Gegenwart und Zukunft.[30] Sie werden dann nicht als unselbstständige Teile von Ereignissen gedacht, sondern es wird beispielsweise „die Zukunft" als selbstständiger und quasi inhaltsfreier Gegenstand ausgewiesen oder postuliert. So konnte man im Bundestagswahlkampf 2020 auf Wahlplakaten lesen: „Der Schulweg muss wieder in die Zukunft führen." Und bis vor Kurzem rühmte sich die älteste Universität Deutschlands auf ihrem Logo damit, dass sie „Zukunft seit 1386" liefere. Kombiniert mit den Redeweisen von oben mag man sich hier fragen, ob dies nun bedeute, dass wir in der Zwischenzeit mehr als sechshundert Jahre Zukunft *gewonnen* haben oder doch eher *verloren*. Etwas allgemeiner und ernsthafter mag man sich fragen, ob denn Slogans angemessen sind, die mit einer solchen inhaltsleeren und damit vermeintlich auch völlig frei gestaltbaren Zukunft werben. Denn in Wirklichkeit geht es immer um konkrete Ereignisse, um konkrete gesellschaftliche Herausforderungen, denen wir begegnen.

Bemerkenswert – und irritierend – ist bei alledem, wie bereitwillig auf solche Vergegenständlichungen von Zeit zurückgegriffen wird und man das Wort „Zeitenwende" gar kürt, während gleichzeitig die Sensibilität für unangemessene und womöglich leidbringende Folgen von Sprache in anderen Kontexten immens steigt – wie beispielsweise bei Anreden und Genusformen. Irritierend ist dies vor allem auch deshalb, weil sich gerade bei vergegenständlichenden Redeweisen über Zeit sehr schnell wechselseitige Unstimmigkeiten einstellen. Beispielsweise möchte man sich üblicherweise dessen entledigen, was einem *im Nacken sitzt*. Aber bei der Zeit

---

[29] Vergleiche hierzu Black 1962, S. 32–44, und Hesse 1963, S. 157–177.
[30] Zu Zeitmetaphern allgemein sowie zu ihrer historischen Entwicklung vergleiche unter anderem Demandt 2015, S. 11–92.

sollte man das tunlichst nicht machen: *Zeit totschlagen*, wenn einem *die Zeit im Nacken sitzt*, ist kein guter Plan.

Und auch die aktuelle und mannigfaltige Ratgeberliteratur zum Thema Zeit ist voll solcher Unstimmigkeiten. Da wird beispielsweise aufs Schärfste gegen materiell-ökonomische Redeweisen gewettert, um die Leserinnen und Leser anschließend dazu aufzurufen, endlich „Zeit zu sparen".[31] Zu solchen begrifflichen Ungereimtheiten gesellen sich oftmals auch inhaltliche Fragwürdigkeiten – vor allem, wenn wieder einmal ein allgemeines „zurück zur Natur" ausgerufen wird, um dem vermeintlichen Niedergang der Menschheit zu begegnen, der auf Industrialisierung basiere und durch den Uhrenbau eingeläutet worden sei. Was den Umgang mit Zeit anbelange, müssten wir uns an vorindustriellen Gesellschaften orientieren und uns wieder den ureigensten natürlichen und insbesondere leiblichen Lebensrhythmen zuwenden.[32] Doch ist es wohl bestenfalls verklärte Romantik zu glauben, es sei so viel schöner, ein Gewitter oder eine Schwangerschaft in einer mittelalterlichen Stadt zu erleben statt in einer modernen. Und auch die zeitgeistig angesagte Flucht in klösterlich spirituelle Kontexte mutet in diesem Zusammenhang eher skurril an, sind doch gerade Klöster Orte höchst disziplinierter zeitlicher Taktungen und tatsächlich auch historisch zentrale Wegbereiter für das, was sich dann später in mechanischen Uhrwerken gleichsam eisern manifestierte.[33]

Begriffliche Unstimmigkeiten aufzudecken ist also wichtig, darf aber umgekehrt nicht dazu führen, an anderer Stelle zu verklären oder undifferenziert beispielsweise die Stechuhr als die vermeintliche Quelle des Bösen zu brandmarken. Stattdessen ist genauer zu fragen, wie beispielsweise der Uhrenbau zur Disziplinierung von Arbeitszeiten geführt hat und inwieweit dies den Rhythmus alltäglicher Lebensgewohnheiten und auch die Wahrnehmung von Zeit verändert hat. Doch dazu unten mehr. Hier ist vorerst nur wichtig anzumerken, dass vergegenständlichende und vor allem ökonomische Redeweisen über Zeit tatsächlich oft und schnell zu Unstimmigkeiten führen. Redeweisen von Zeit als Geld funktionieren nur sehr bedingt, da man Zeit eben nicht anhäufen kann, nicht wirklich verlieren und sie einem, solange man lebt, auch nicht ausgehen kann und so weiter. Damit fehlt solchen Redeweisen aber der interaktive Charakter, der ja gerade, wie eben schon betont, den Nutzen von Metaphern ausmacht. Einfach das Wort „Zeit" durch das Wort „Geld" zu ersetzen, ist in der Regel wenig erkenntnisfördernd.[34]

---

[31] So lauten beispielsweise die zentrale These und Aufforderung in Odell 2023.
[32] Vergleiche beispielhaft wiederum Odell 2023.
[33] Vergleiche Dohrn-van Rossum 1992, S. 39–44.
[34] Erkenntnisfördernd wäre hier wohl allenfalls der umgekehrte Weg, bei dem unser vergleichsweise komplexes Zeiterleben und -verständnis einen differenzierenden Einfluss darauf nähme, wie wir Geld wahrnehmen und mit ihm umgehen.

Wofür eine solch schlichte Eins-zu-Eins-Ersetzung allerdings sorgt, ist Stabilität. Und überhaupt ist Vergegenständlichung dann erstrebenswert, wenn man etwas eben *dingfest* machen und sich keinen Veränderungen aussetzen möchte. Doch das wirkt gerade beim Thema Zeit abwegig. Statt sich also allzu schnell vergegenständlichende Redeweisen über Zeit zu eigen zu machen, sollte man sich ihrer Unstimmigkeiten bewusst werden und versuchen, letztere zu explizieren. In der Folge ließen sich solche Redeweisen auch wieder abbauen. Es käme – um auch dies einmal in einer ökonomischen Metapher auszudrücken – zu einem „Abflauen einer Konjunktur". Denn um mehr geht es nicht bei solch substanzlosen Redeweisen. Zeittheoretisch gesprochen sind sie – wie vieles andere, das Konjunkturen durchlebt – nichts als *Kurzzeitphänomene des Zeitgeistes*.

2.3 Diverse Erfahrungen und eine übereilte Kulturkritik der Be- und Entschleunigung

Bei aller Kritik ist es aber, um eben nicht undifferenziert zu werden, auch wichtig, diejenigen Erfahrungskontexte anzuerkennen, in denen bestimmte Redeweisen ihren Sinn haben. Wie erwähnt können ökonomische Redeweisen sehr sinnvoll sein, wenn etwa Arbeitszeiten und Stundenlöhne verhandelt werden. Allerdings betreffen sie Menschen immer auch in unterschiedlicher Art und Weise. Zum Beispiel betreffen sie im heutigen Deutschland einen Angestellten anders als eine Rentnerin oder ein Kindergartenkind; und sie betreffen die Angestellte in Deutschland anders als diejenige in Indien, dem Iran oder auf Island. Überhaupt sind die sehr unterschiedlichen und oft recht komplexen Erfahrungskontexte ernst zu nehmen, in denen Menschen leben und in denen sie Zeit erleben. Das gilt beispielsweise, wie gerade schon angedeutet, im kultur- oder generationenübergreifenden Vergleich, aber es gilt insbesondere auch für Menschen, die eher am Rand unserer Gesellschaft stehen. Die Erfahrungen im Erleben und Umgang mit Zeit, wie sie etwa in Deutschland ein durchschnittlicher Angestellter macht, unterscheiden sich nämlich nicht nur von denjenigen eines hiesigen Kindergartenkindes und einer Rentnerin. Diese Erfahrungen dürften auch sehr verschieden sein von denjenigen, die ein Mensch macht, der arbeitslos ist oder ohne Arbeitserlaubnis in einer Flüchtlingsunterkunft lebt oder in einer Justizvollzugsanstalt einsitzt.

Wie unterschiedlich solche Erfahrungen im Erleben und Umgang mit Zeit sein können und dass sie auch keinesfalls „auf ewig" stabil sind, ist gerade während der COVID-19-Pandemie deutlich geworden. Während für die einen der Alltag zum Stresstest wurde zwischen *home schooling*, weiteren neuen Betreuungsaufgaben und komplizierten Hygieneregeln, haben andere die „zusätzliche Zeit" genossen, die durch das Wegfallen des Arbeitswegs entstand. Und für wieder andere gab es fast gar keine pandemiespezifischen Effekte.

Und so führte die Pandemie, wenn auch nicht für alle, so doch für viele zu deutlichen Veränderungen in den Taktungen des Alltags und damit zu Verschiebungen im Zeiterleben. Dadurch wurde auch mehr über Zeit und Zeiterfahrung diskutiert – und so manches Mal wurde aufgrund der unterschiedlichen Erfahrungen aneinander vorbeigeredet oder mussten die Äußerungen der einen (beispielsweise über besagte „zusätzliche Zeit") für die anderen wie ein blanker Zynismus wirken. Weiterhin ließen sich neue Erfahrungen zum Teil nicht ohne Weiteres einordnen, führten zu Unsicherheiten, konnten aber vielleicht dadurch abgemildert werden, dass sie verlässlich in tägliche Routinen – man könnte auch sagen: Rituale – eingebaut wurden. „Zeit in Zeiten von Corona" wurde zum Thema, und es hat sich durchaus ein breiteres Bewusstsein dafür entwickelt, dass und wie die Wahrnehmungen von Ereignisabfolgen und Zeitintervallen nicht immer gleich sind – und vor allem auch nicht für jeden in jeder Lebenssituation.[35]

Ähnlich divers oder vielfältig zeigt sich das Zeiterleben auch im Kontext neuer Technologien und der sogenannten Digitalisierung. Beides hat ohne Zweifel Einfluss auf unseren Umgang mit und in der Zeit, und beides bedarf einer breiten gesellschaftlichen Auseinandersetzung und kritischen Reflexion. Aber auch hier gibt es starke Unterschiede je nach Lebenssituation. Jüngere Menschen, im Sinne der sogenannten *digital natives*, wirken beispielsweise durch Smartphones und andere neuartige Technologien oftmals deutlich weniger gestresst als so manche Mitvierzigerin oder so mancher Mitsechziger. Aber auch innerhalb der verschiedenen Alterskohorten gibt es Differenzen etwa in den präferierten Kommunikationstechnologien, der dafür verwendeten Hardware und den damit einhergehenden Taktungen. Die eine schreibt schneller und lieber am Computer, der andere am Smartphone; um sich mit Freunden auszutauschen, verwendet die eine *texting apps*, der andere ist schnellere *chats* gewohnt.

Diese Befunde relativieren übrigens auch so manche Beschwerde über die „Beschleunigungen", denen der Einzelne oder auch die Gemeinschaft momentan vermeintlich gegenübersteht. Beschleunigungsbeschwerden als pauschale Kulturkritik anzumelden – und diese womöglich durch Entschleunigungsmaßnahmen kompensieren zu wollen – wird der Komplexität und Diversität von Lebenssituationen nicht gerecht. Beschleunigungserfahrungen sind sehr stark vom sozialen Umfeld geprägt und tätigkeitsabhängig. Eine Hebamme oder eine Straßenbahnfahrerin kann nur sehr bedingt aufgefordert werden, schneller zu arbeiten. Auch ist die Beschwerde, im Alltag ginge „alles immer schneller" mitnichten eine exklusive

---

35 Vergleiche hierzu Sieroka 2020c sowie 2020d.

Erfahrung des einundzwanzigsten Jahrhunderts. Und Beschwerden darüber, dass die Zeit (zu) schnell vergeht, beginnen auch nicht mit der industriellen Revolution des achtzehnten und neunzehnten Jahrhunderts. Bekanntermaßen bemängelte schon Vergil vor über zweitausend Jahren, dass *die Zeit flieht (fugit irreparabile tempus)*.

Besonders kurios wird es dort, wo wörtlich „Beschleunigungsbeschwerden" angebracht wären. Mit Aufkommen der Eisenbahn vor rund hundertfünfzig Jahren gab es Sorgen genau um die Beschleunigungen und Geschwindigkeiten, denen die Zugpassagiere auf Reisen ausgesetzt sind. Psychopathologien des Schocks und Traumas wurden in diesem Zusammenhang in prominenter Weise verhandelt.[36] Doch die Wahrnehmung hat sich seither komplett umgekehrt. Heute hat der Blick aus dem Fenster eines ICEs oder TGVs, der mit zweihundert oder dreihundert Stundenkilometern dahinzieht, eher etwas Besinnliches, als dass man aufgrund der hohen Geschwindigkeiten und Beschleunigungen nachhaltige Schäden für sein Nervenkostüm befürchtet.

Außerdem trifft auf viele dieser Redeweisen über Beschleunigungen auch die Kritik aus dem letzten Abschnitt zu: Sie stiften eine unstimmige Metaphorik beziehungsweise Vergegenständlichung von Zeit. So kann ein Satz wie „Die Zeit vergeht immer schneller" nicht dem direkten Wortsinne nach verstanden werden. Tatsächlich wäre eine solche Veränderung ja gar nicht wahrnehmbar: Würde wirklich Zeit schneller vergehen, dann müsste dies ja für sämtliche Prozesse gelten – von den psychischen und physischen Abläufen in meinem Körper über sämtliche gesellschaftliche Geschehnisse bis hin zu allen Naturereignissen. Doch für eine solche Veränderung gäbe es gar kein unabhängiges Maß, weil sie eben alles in gleicher Weise beträfe. Andererseits kann aber auch nicht gemeint sein, dass sich das Vergehen allein der physikalischen Zeit beschleunigt hätte. Ein Tag, so ließe sich dann lakonisch anmerken, dauert vierundzwanzig Stunden – egal, wie gestresst ich bin durch E-Mails, Termine, Messenger-Nachrichten und Fristen.

Dennoch lässt sich leicht rekonstruieren, was wohl gemeint ist mit der Aussage, die Zeit vergehe immer schneller, und mit Redeweisen über die Beschleunigung von Zeit. Und zwar geht es um ein *Verhältnis zwischen Ereignissen* beziehungsweise zwischen Ereignisketten. Denn nur über solche Verhältnisse lässt sich überhaupt etwas über eine vermeintliche „Geschwindigkeit der Zeit" aussagen. So kann ich etwa die Anzahl der Pendelschwingungen einer Uhr in ein Verhältnis dazu setzen, wie viel Verschiedenes ich währenddessen erlebt habe. Und je nachdem, wie dieses Verhältnis ausfällt, mag das zu Aussagen führen wie „Dieses Spiel war langweilig"

---

36 Vergleiche Koch 2014.

oder „Dieser Film war kurzweilig". Aber es sind eben Spiel und Film, die lang- beziehungsweise kurzweilig sind, und keinesfalls „die Zeit".[37]

Die oftmals beklagten Beschleunigungen haben also nichts direkt mit „der Zeit" zu tun, sondern mit den Verhältnissen zwischen Ereignissen. Nicht die Geschwindigkeit „der Zeit" kann zunehmen, aber die Anzahl von bestimmten Ereignissen in Relation zur Anzahl anderer Ereignisse. Nehmen wir als weiteres Beispiel noch eine Paketbotin: Mehr Pakete in der gleichen physikalischen Zeit ausliefern zu müssen bedeutet, dass sich das Verhältnis verändert zwischen der Anzahl der Ereignisse vom Typ „Paketabgabe" und vom Typ „Fortschreiten des Uhrzeigers". Da hat sich nicht die Zeit beschleunigt, allerdings hat sich, wenn man es so formulieren möchte, eine relative Frequenz zwischen Ereignissen erhöht: Statt zehn Paketen pro Stunde sind es jetzt zwanzig pro Stunde, die ausgeliefert werden müssen.[38]

2.4 Koordinationsprobleme und fehlgeleitete Aufmerksamkeit

Es ist also nicht „die Zeit", die hier für Schwierigkeiten sorgt – und kann es auch gar nicht sein, weil es sie als Gegenstand oder als Substanz nicht gibt. Stattdessen ist es das Verhältnis zwischen Ereignissen und vor allem unsere – unter Umständen sehr eingeschränkten – Möglichkeiten, diese Ereignisse zu koordinieren und sozusagen in ein harmonisches Verhältnis zu setzen. Hier stellen sich fortwährend Herausforderungen der Art: Ist es sinnvoll einzukaufen, *bevor* ich die Tochter vom Kindergarten abhole, oder lieber *danach*? Und, falls wir tatsächlich erst später gemeinsam einkaufen, wie koordinieren wir dann die weiteren Verpflichtungen des Tages? Auch hier gilt selbstredend, dass viele Möglichkeiten und Unmöglichkeiten von technischen Faktoren abhängen: Wann muss ich los, wenn ich mit dem Fahrrad

---

[37] Im Vorgriff auf die nachfolgenden Kapitel (in denen die Begriffe der Neuerung, Wiederholung und Kausalität erst noch genauer diskutiert werden) sei bereits auf einen anderen Effekt des vermeintlichen Schnellerwerdens hingewiesen: Je älter ein Mensch wird, desto weniger Neues erlebt er tendenziell in seinem Alltag. Sie oder er kennt das sozusagen alles schon. Und so gibt es im erinnernden Nachgang auch entsprechend wenig zu berichten, was dann zu dem Eindruck führt, „die Zeit vergehe im Alter immer schneller". Verstärkt wird dieser Effekt, wenn wohlbekannte Tätigkeiten nicht mehr so schnell von der Hand gehen. Denn dadurch verringert sich das, was an einem Tag erledigt werden kann – und das trägt ebenfalls zu dem Eindruck bei, „die Zeit vergehe im Alter immer schneller".

[38] Hier von „Frequenzen" zu sprechen, bietet sich besonders an, wenn die Bezugsgröße die physikalische Zeit ist. Denn als Fachbegriff trägt die Frequenz die Einheit 1/s, also „pro Sekunde". Es ließe sich aber selbstverständlich auch aus umgekehrter Perspektive davon sprechen, die Paketabgabedauer (gemessen in der Einheit „pro Paket") habe sich erniedrigt: Statt sechs Minuten pro Paket sind es jetzt nur noch drei.

oder dem Auto rechtzeitig beim Kindergarten ankommen möchte? Und je nachdem, was eingekauft werden muss, kann das womöglich online erledigt werden. Und das berufliche Gespräch, das noch ansteht, kann gegebenenfalls per Videokonferenzsystem erfolgen, sodass ich nicht noch quer durch die Stadt hetzen muss.

Damit soll nicht behauptet werden, solche Koordinationsaufgaben seien einfach zu meistern – und weiter unten wird unter dem Stichwort „Polyrhythmik" noch ausführlicher auf diese Herausforderung einzugehen sein. An dieser Stelle soll zunächst nur betont werden, *dass* die entscheidenden Herausforderungen eben in der Koordination von Ereignissen liegen und nicht von „der Zeit" ausgehen. Zeit als eine Substanz oder etwas Materielles zu benennen, das Druck auf uns ausübt und das sich mal schneller und mal langsamer bewegt, erschwert es gerade, die wirklichen und wirkmächtigen Zusammenhänge zu erkennen, die mit der Koordination von Ereignissen zu tun haben.

Hieraus ergibt sich auch eine Art Selbstanwendungsproblem: Wenn wir nämlich Ereignisse koordinieren, so tun wir dies oft, indem wir Termine vereinbaren, sie in einen Kalender eintragen und, bis es endlich so weit ist, womöglich auch noch mal verschieben müssen. Und dieser Prozess beinhaltet selbst wiederum eine Vergegenständlichung und sogar eine sehr konkrete Verräumlichung von Zeit. Das Ereignis – beispielsweise der Arztbesuch, die Ummeldung des Wohnorts oder das Aufziehen der Winterreifen – wird selbst zu einem Objekt, das in meinem Kalender einen bestimmten Raum einnimmt und hin- und hergeschoben werden kann. Weiterhin entbehrt es nicht einer gewissen Tragik, wenn diese Koordinationsaufgabe selbst zu einer Tätigkeit wird, für die im Kalender „Zeit blockiert" werden muss, weil ich mich zur bloßen Termin*vereinbarung* bereits zu ganz bestimmten Zeiten in die Warteschleifen diverser Hotlines einwählen muss.

Die grundsätzliche und unter Umständen eben leidvolle Problematik, die sich hinter diesem Beispiel verbirgt, beruht auf der besonderen und eingeschränkten Weise, wie hier die Aufmerksamkeit gelenkt wird. Statt um die Inhalte der Ereignisse geht es bei der Vereinbarung von Terminen ausschließlich um deren verräumlichte Ausdehnung und Anordnung in meinem Kalender – und darum, dass womöglich schon diese Vereinbarung selbst wiederum Raum im Kalender einnimmt. Hier wird die Koordination in eigentümlicher Weise zum Selbstzweck.

Eine Variante der gleichen Problematik ist das Unbehagen, das entstehen kann, wenn man länger auf eine Uhr schaut und in besonderer Weise das *Vergehen von Zeit* erlebt. Es ist dann gar nicht relevant, was wirklich geschieht und ob sich im Inneren der Uhr beispielsweise ein Quarzkristall oder eine Unruh befindet und welche Art physikalischer Prozesse, mechanisch oder elektrodynamisch, hier ablaufen. Auch ist nicht mehr relevant, was um mich herum sonst noch passiert. Meine Aufmerksamkeit richtet sich allein auf das regelmäßige Ticken des Zeigers, das für nichts weiter steht als eben für ein immer gleiches Vergehen von Zeit und das in der Regel als sehr unangenehm erlebt wird.

In gewisser Weise ist eine solche abstrahierende Aufmerksamkeitsleistung ebenfalls eine Vergegenständlichung von Zeit beziehungsweise ein Fehlschluss deplatzierter Konkretheit (worauf ebenfalls in einem der nachfolgenden Kapitel noch zurückzukommen sein wird). Daraus folgt allerdings nicht, dass jegliche Reflexion über Zeiterleben und den Zeitbegriff leidvoll sein muss. Und so bleibt beispielsweise auch umgekehrt zu hoffen, dass diejenigen, die diese Zeilen gerade lesen, dabei nicht permanent auf die Uhr schauen.

3 Zeit-Verstehen: Zeit als Teil und Verhältnis von Ereignissen

3.1 Zeit als Dimension von Ereignissen

Zeit, das wurde bereits betont, ist etwas, das einzelnen Ereignissen als unselbstständiger Teil anhaftet. So, wie man einen Ton nicht seiner Tonhöhe oder Lautheit berauben kann, ohne so den gesamten Ton aufzulösen, kann man einem Ereignis die zeitliche Teilbarkeit und die möglichen Anordnungen nicht nehmen, ohne das Ereignis selbst aufzulösen. Zeit ist nicht unabhängig von Ereignissen definierbar, und umgekehrt sind auch Ereignisse nicht unabhängig von Zeit definierbar. Ereignisse ohne zeitliche Ausdehnung wären keine Ereignisse mehr, sondern – so es so etwas denn gibt – fundamentale Zustände.

Dennoch ist es möglich – und soll im Folgenden versucht werden –, Ereignisse strukturell genauer zu analysieren. Wieder mögen Tonhöhen als Vergleich dienen: Auch wenn sie unselbstständige Teile von Tönen sind, so können wir trotzdem etwas über sie aussagen – und zwar gerade dann, wenn wir sie vergleichen. So können wir abstrahieren von Klangfarbe und Lautheit, die ebenfalls unselbstständige Teile von Tönen sind, und beispielsweise feststellen, ob dieser Klavierton höher ist als jener Klarinettenton; wir können feststellen, wie *harmonisch* es klingt, wenn Töne verschiedener Tonhöhe gemeinsam erklingen, und vieles mehr. Und Ähnliches gilt für Zeit: Wir können verschiedene Ereignisse miteinander in Relation setzen, um so etwas darüber auszusagen, welches Ereignis beispielsweise am längsten gedauert hat oder welches als besonders kurz- oder langweilig einzustufen ist. Und so, wie wir beim Ton davon abstrahieren können, auf welchem Instrument und wie laut er gespielt wurde, können wir einen analogen Abstraktionsschritt bei der zeitlichen Analyse von Ereignissen machen und davon abstrahieren, welchen Typs die jeweiligen Ereignisse sind.

Zeit, und auch das klang bereits an, tritt uns also erst dann lebendig und deutlich gegenüber, wenn es um Verhältnisse zwischen Ereignissen geht. In diesem Sinne lässt sich Zeit nicht nur als unselbstständiger Teil, sondern etwas spezifischer auch als *Ordnungsparameter* oder *Dimension* von Ereignissen fassen. Das kann durchaus dem Wortsinne nach verstanden werden, denn lateinisch *di-mensio* bezeichnet das *Vermessen* im Sinne eines Auseinanderteilens oder gar Entfaltens. Zeit ist etwas, das Ereignissen in einer Weise zukommt, die es erlaubt, diese zu trennen, zu unterteilen und zueinander in quantitative Verhältnisse zu setzen. Zeit ist eben nicht selbst eine Substanz, sondern etwas, das es ermöglicht, Ereignisse zu unterscheiden und sie in Ordnungen von früher-später oder von vergangen-gegenwärtig-zukünftig zu bringen.

Dies weckt zudem – durchaus willkommene – Assoziationen mit dem griechischen Verb *temno* (τέμνω), das „teilen" und „abtrennen" bedeutet und von dem sich das lateinische und das englische Wort für Zeit (*tempus, time*) ableiten.

3.2 Typen von Ereignissen und unterschiedliche Zeitskalen

Der Begriff „Typ" soll hier lediglich in loser Weise verwendet werden, um nochmals und nun präziser darauf hinzuweisen, dass Ereignisse von sehr unterschiedlicher Art sein können. Sturmfluten und Sonnenuntergänge sind beispielsweise Natur- oder physikalische Ereignisse, Erinnerungen und Geschmackserlebnisse sind individuell psychologische Ereignisse, Landtagswahlen und Großdemonstrationen sind politische Ereignisse, Volleyballweltmeisterschaften sind Sportereignisse, Rockkonzerte und andere Kulturanlässe sind ebenfalls Ereignisse, genauso wie die Völkerwanderung, die erste Mondlandung und vieles mehr.

Aber egal, um welchen Typ es gerade geht, Ereignisse sind immer Teile der Wirklichkeit. Nur können wir die Wirklichkeit eben in unterschiedlicher Weise teilen – ähnlich, wie wir auch auf einer Landkarte unterschiedliche Teilungen vornehmen können. Wir können das dargestellte Gebiet in politische Gebilde wie beispielsweise Landkreise und Gemeinden einteilen; wir können geographische oder geologische Besonderheiten wie etwa Gebirge und Bodenschätze markieren; wir können die Bevölkerungsdichte einzeichnen und anderes. Was gezeigt wird, ist interessenabhängig, aber immer wird es für das gleiche Gebiet gezeigt. Und so ähnlich verhält es sich mit Wirklichkeit und Ereignissen: Wir teilen nach unterschiedlichen Typen gemäß unseren unterschiedlichen Beschreibungsinteressen; und statt nur räumlich-visuell aufzuteilen wie bei der Karte, teilen wir bei den Ereignissen vor allem zeitlich (und weiter unten werden dann auditorische Gestalten als Mustererfahrungen für ein solches zeitliches Einteilen dienen).

Entsprechend stoßen wir bei der Einteilung in unterschiedliche Typen von Ereignissen auch auf unterschiedliche Grundeinheiten oder zeitliche Skalen. Während einer einzigen Legislaturperiode des Bundestags geht die Sonne mehr als ein Tausend Mal auf; zwischen zwei Volleyballweltmeisterschaften gibt es sehr viele Rockkonzerte und so weiter.

Mit diesen unterschiedlichen Grundeinheiten hängt direkt auch die variable Verwendungsweise der Wörter „gegenwärtig" und „jetzt" zusammen. Denn etwas wird als gegenwärtig (oder mit dem Wörtchen „jetzt") bezeichnet, wenn es zur Zeit dieser Benennung gerade vor sich geht. Entsprechend bezeichnet die *gegenwärtige Legislaturperiode* nicht die gleiche Zeitspanne wie die *gegenwärtige Theaterspielzeit* oder das *gegenwärtige Erdzeitalter*. Und wer sich *jetzt* gerade in der Ausbildung befindet, war dies sehr wahrscheinlich auch schon gestern und wird es auch noch morgen sein – was ihn oder sie beispielsweise von jemandem unterscheidet, der *jetzt gerade* im Supermarkt einkauft.

Zudem ist keine der genannten Grundeinheiten oder Skalen generell wichtiger oder fundamentaler als die anderen, und sie sind sogar ineinander übersetzbar. So kann beispielsweise die politische Grundeinheit *Legislaturperiode* übersetzt werden in Einheiten der Wiederkehr von Volleyballweltmeisterschaften oder auch in eine physikalische Zeitangabe. Letztere mag dann lauten „58 Monate und drei Tage". Umgekehrt könnte man auch die physikalische Dauer etwa einer Sturmflut in Bruchteile einer Legislaturperiode übersetzen. Dass wir Letzteres in der Regel nicht tun, hat vor allem pragmatische Gründe. Und diese Gründe haben nicht allein mit den Größenverhältnissen zwischen den Skalen zu tun – also nicht allein damit, dass in diesem Fall die Sturmflut nur einen winzigen Bruchteil einer Legislaturperiode ausmacht. Denn wir geben üblicherweise auch die Dauer zwischen zwei Sonnenfinsternissen nicht in Einheiten von Legislaturperioden an.[39]

Was sind also diese „pragmatischen Gründe", wenn es nicht primär solche Skalenverhältnisse sind? Tatsächlich ist es vor allem die Stabilität und Vergleichbarkeit der Verhältnisse. Eine Zeitskala ist umso nützlicher, mit je mehr Ereignissen beziehungsweise Ereignistypen sie kompatibel ist – und dies gerade nicht nur in Bezug auf unsere aktuellen politischen Setzungen und Konventionen. Deshalb bietet sich hier der Rückgriff auf natürliche Ereignisse an, wenn auch nicht in beliebiger Weise. So wäre eine Zeiteinteilung, die darauf basiert, wann an meinem Fenster ein Vogel vorbeifliegt, nicht besonders nützlich. Denn manchmal ist die Dauer zwischen zwei Vorbeiflügen derart, dass ich ein langes Telefongespräch führen oder in Ruhe Mittag essen kann, während es manchmal kaum möglich ist, zwischen zwei Vorbeiflügen auch nur eine Telefonnummer zu wählen oder den Tisch zu decken.

Früher hat man den (helllichten) Tag und die (dunkle) Nacht in jeweils zwölf Stunden eingeteilt. Das ist sicherlich deutlich besser als die Einteilung mittels der Vorbeiflüge von Vögeln. Aber es hatte die eigentümliche Konsequenz, dass – zumindest in mitteleuropäischen und besonders in nordeuropäischen Breiten – die so definierten zwölf Tagesstunden (also die hellen Stunden) im Winter deutlich kürzer waren als die zwölf (hellen) Tagesstunden im Sommer. Und dabei gewinnt der Begriff „kürzer" seine Bedeutung allein aus Vergleichen mit weiteren Ereignissen. Denn es stellt sich beispielsweise heraus, dass eine bestimmte Tätigkeit, die

---

[39] Übrigens können sich auch innerhalb eines Typs von Ereignissen die Skalen, die jeweils von Interesse sind, stark unterscheiden. Zum Beispiel ist die physikalische Zeitskala, die etwa für eine Astrophysikerin von Relevanz sein mag, diejenige von Jahrmillionen, während ihr Kollege aus der Psychoakustik Untersuchungen auf der Skala von Millisekunden und Sekunden betreiben mag und die Kollegin aus der Teilchenphysik an Ereignissen interessiert sein mag, die im Nanosekundenbereich ablaufen.

im Sommer einen halben Tag (sprich: sechs Stunden) benötigt, im Winter kaum unter neun Stunden zu erledigen ist. Umgekehrt sind im Winter deutlich weniger Nachtstunden nötig als im Sommer, um sich ausgeruht zu fühlen. Es bedarf wohl keiner weiteren Erläuterung, dass solche Konsequenzen, zumal sie lokal sehr unterschiedlich ausfielen, nicht besonders praktisch sind, um sich gemeinsam und über verschiedene Jahreszeiten hinweg stabil zu orientieren.

Tatsächlich lässt sich die gesamte Geschichte der Zeiteinteilungen und des Uhrenbaus letztlich beschreiben als eine fortwährende Suche nach immer stabileren und universelleren Naturereignissen. So lässt sich die Dauer vieler Ereignisse deutlich stabiler und universeller bestimmen, wenn man etwa die physikalischen Auslaufprozesse in einer Wasser- oder Sanduhr oder die Verbrennungsprozesse einer Kerzenuhr zugrunde legt, als wenn man Vogel-Vorbeiflüge zählt. Aber auch die Stabilität und Universalität von Sand-, Kerzen- und Wasseruhren kommen schnell an ihre Grenzen, wenn es um die Messung relativ kurzer Zeitintervalle geht, wie es beispielsweise in der Naturforschung und Experimentalkultur der frühen Neuzeit wichtig wurde.[40] Bis dahin dienten in der Tat der eigene Pulsschlag, das Beten und Psalmensingen als wichtige Referenzen für die Angabe von kurzen Dauern. So heißt es über ein Erdbeben aus dem Jahr 1295, es „weret wohl als lang als ainer ein paternoster und ain ave Maria möchte sprechen";[41] und Galileo Galilei fand bei seinen Fallexperimenten an einer Stelle „gar keine Unterschiede, auch nicht einmal von einem Zehntel eines Pulsschlages".[42]

Stabiler und universeller als Sand-, Kerzen- und Wasseruhren – und auch nicht individuell verkörpert wie Pulsschlag und Gesang – waren dann insbesondere Pendeluhren; später folgten unter anderem Quarz- und Digitaluhren und heute Atomuhren.[43] Doch bei all diesem Fortschritt bleibt zu betonen, dass er auf ope-

---

[40] Und auch die Gangstabilität beim Transport wurde nun wichtig. Dies gilt nicht nur für die private Taschenuhr, sondern insbesondere auch für die Einführung der Schiffsuhr, mit der erstmals eine befriedigende Bestimmung des Längengrads auf See möglich wurde, was wiederum unzählige Leben gerettet haben dürfte.
[41] Zitiert nach Dohrn-van Rossum 1992, S. 47. Zur Dauer von Psalmgesängen als Zeitmesser vergleiche ebenda, S. 61.
[42] Galilei 2015 [1638], S. 210. Vergleiche auch Dohrn-van Rossum 1992, S. 264–265, für Beispiele astronomischer Zeitbestimmungen mittels Puls bei Cardano und Kepler.
[43] Auch die Vergleichbarkeit von Zeitangaben über große Distanzen hinweg wurde immer wichtiger im Zuge dieser Entwicklung. Das galt bereits für die Handelsstädte des Spätmittelalters, für das Post- und Transportwesen, und es verstärkte sich zusehends im Taylorismus und Nationalismus des neunzehnten Jahrhunderts (vergleiche Dohrn-van Rossum 1992). Lokalzeiten traten in der Folge in ihrer Bedeutung zurück, unter anderem, da der nationale und internationale Bahnverkehr sowie neue Kommunikationsmittel wie etwa die Telegraphie einheitliche Zeitangaben erforderlich

rationellen Vergleichen basiert und es keine theorieunabhängigen Kriterien für die Güte (sprich: für die vermeintliche *zeitliche Regelmäßigkeit*) der zugrunde liegenden Naturabläufe gibt. Wenn vier Digitaluhren untereinander in ihren Zählprozessen sehr gut übereinstimmen, aber der Vergleich mit verschiedenen Pendeluhren nicht so konstant ausfällt, dann nehmen wir eben von nun an die Digitaluhren als Referenz. Wir suchen, um es etwas mathematischer zu formulieren, nach einer immer größeren Äquivalenzklasse von intervallkompatiblen Ereignissen. Eines unabhängigen Kriteriums der Regelmäßigkeit bedarf es dazu glücklicherweise nicht.

3.3 Antifundamentalismus und menschliches In-Beziehung-Setzen

Auch wenn wir aus pragmatischen Gründen unsere Uhren so bauen, dass sie auf der Abfolge von *physikalischen* Ereignissen basieren, so macht das diesen Ereignistyp nicht zu so etwas wie dem Fundamentaltypus von Zeit. Zugegeben: In Uhren laufen physikalische Ereignisse ab, die sich wiederholen und die auf eine bestimmte Art sinnlich wahrnehmbar sind – beispielsweise durch Sand, der durch ein Glas rinnt, durch ein Pendel, das schwingt, durch das Ineinandergreifen von Zahnrädern, die einen Zeiger im Kreis laufen lassen. Die Pointe beim Verwenden einer Uhr besteht aber gerade darin, die Anzahl dieser sinnlich wahrnehmbaren Ereignisse mit anderen Ereignissen zu vergleichen. Nur so komme ich zu Aussagen wie „Das Ei hat vier Minuten gekocht" oder „Sie lief das Hundertmeterrennen in 11,4 Sekunden". Solche Zuschreibungen sind nicht deshalb möglich, weil alles auf Physik reduzierbar ist, sondern weil *sämtliche* Ereignisse zeitbehaftet und mindestens ihrer Anzahl nach miteinander vergleichbar sind. Entsprechend müssen Zeitangaben auch gar nicht auf Uhren rekurrieren, sondern können auch über das In-Beziehung-Setzen anderer Erfahrungen erfolgen – wie etwa bei einem Kind, das fragt, wie oft es denn noch schlafen müsse, bis endlich sein Geburtstag sei.

Egal, um welchen Bereich der Wirklichkeit es geht: Um Zeitordnungen und -einheiten zu etablieren, müssen verschiedene Ereignisse zueinander in Beziehung gesetzt werden. Der Bau von Uhren ist in diesem Zusammenhang lediglich der prominente Fall, um dies von Seiten physikalischer Ereignisse aus möglichst universell und einfach zu gestalten.

---

machten. Und schließlich wurde Ende des neunzehnten Jahrhunderts die gesamte Erde in Zeitzonen aufgeteilt.

Jemand, der die Bedeutung eines solchen In-Beziehung-Setzens gerade auch für soziologische und psychologische Ereignisse klar herausgearbeitet hat, ist Norbert Elias. Er schreibt:

> Der Ausdruck „Zeit" verweist also auf dieses „In-Beziehung-Setzen" von Positionen oder Abschnitten zweier oder mehrerer kontinuierlich bewegter Geschehensabläufe. Die Geschehensabläufe selbst sind wahrnehmbar. Die Beziehung stellt eine Verarbeitung von Wahrnehmungen durch wissende Menschen dar. Sie findet ihren Ausdruck in einem kommunizierbaren sozialen Symbol, dem Begriff „Zeit", der innerhalb einer bestimmten Gesellschaft das erlebbare, aber nicht mit Sinnen wahrnehmbare Erinnerungsbild mit Hilfe eines wahrnehmbaren Lautmusters von einem Menschen zum anderen tragen kann.[44]

Was Elias hier als „Geschehensabläufe" bezeichnet, sind nichts weiter als Ketten von Ereignissen. Dabei bezieht er sich vermutlich insbesondere auf physikalische Ereignisse – wie beispielsweise das Ticken einer Uhr oder das Einfahren eines Zuges in einen Bahnhof. Solche Ereignisse stehen typischerweise nicht von sich aus in besonderer Beziehung zueinander. So gibt es keine direkte physikalische Verknüpfung zwischen Zugeinfahrt und Uhranzeige: Weder verursacht das Uhrwerk die Zugeinfahrt noch setzt der Zug die Uhrzeiger in Bewegung. Das In-Beziehung-Setzen von beiden, so betont Elias, erfolgt erst durch den Menschen, der diese Ereignisse wahrnimmt. Außerdem kann er oder sie noch weitere Ereignisse einbeziehen, etwa in Form weiterer Wahrnehmungen, Erinnerungen, Überzeugungen oder dergleichen. So mag sich dieser Mensch beispielsweise an die Angaben auf dem Fahrplan erinnern, was ihn dann zu der Aussage führt, der Zug sei pünktlich. Dies setzt aber eben ein Geflecht und In-Beziehung-Setzen dreier Ereignisse voraus: die Einfahrt des Zuges und die Anzeige einer bestimmten Uhrzeit, die als gleichzeitig wahrgenommen werden, und zudem die Übereinstimmung der angezeigten Uhrzeit mit der erinnerten Angabe auf dem Fahrplan.

Wichtig an der Passage von Elias ist außerdem die Betonung des Sozialen. Erfahrungen mit und Aussagen über Zeit sind in gemeinschaftliche Praktiken eingebettet. Beispiele für das, was Elias hier *soziale Symbole* nennt, wären nicht nur Wörter wie „Zeit" oder „pünktlich", sondern im genannten Beispiel auch der Fahrplan und vielleicht eine große Uhr, die in der Bahnhofshalle hängt. Und auch diese Symbole sind selbst wiederum zeitlich bedingt und beschränkt. So gilt der Fahrplan nur für eine Saison, und auch die erfolgreiche Verwendung von Sprache ist gemeinschaftlich und zeitlich bedingt. Um erfolgreich über die pünktliche Ankunft des Zuges zu sprechen, bedarf es nämlich, wie schon im Auftakt-Kapitel erwähnt, eines taktvollen Zusammenspiels der drei Zeitekstasen (i) Vergangenheit,

---

44 Elias 1984, S. XVII–XVIII.

(ii) Gegenwart und (iii) Zukunft: Es bedarf (i) der Erinnerung an vergangene Wortverwendungen von „Zug" und „pünktlich" sowie der Erinnerung an die Angaben auf dem Fahrplan, (ii) der Aufmerksamkeit auf den jetzt gerade einfahrenden Zug und auf die gerade angezeigte Uhrzeit und (iii) der, zumindest impliziten, Projektion auf weitere Wortverwendungen.

Was an der zitierten Passage zeittheoretisch weiterhin auffällt, ist die Formulierung, es handle sich um „*kontinuierlich bewegte* Geschehensabläufe" – also so, wie man es eben vermeintlich kennt von der Bewegung der Planeten oder dem Schwingen eines Pendels. Doch diese Formulierung verwundert, denn im zitierten Textabschnitt geht es ja um die *Etablierung* von Zeit beziehungsweise Zeitmaßstäben. Vor einer solchen Etablierung lässt sich aber gerade nichts aussagen über den zeitlichen Charakter von Abläufen. Nun könnte man Elias zugutehalten, dass es ihm um soziologische und psychologische Prozesse geht. Physikalische Geschehensabläufe mag er also schlicht als gegeben – und eben gleichmäßig – voraussetzen. Allerdings ist eine solche Voraussetzung im Kontext der vorliegenden Untersuchung unzulässig. Wie oben schon erläutert, gibt es auch bei physikalischen Ereignissen kein allgemeines oder unabhängiges Kriterium, um eine „gleichmäßige" Grundeinheit von Zeit – geschweige denn so etwas wie eine „kontinuierliche Fließgeschwindigkeit" von Zeit – zu bestimmen. Es kann immer nur um ein In-Beziehung-Setzen gehen, wobei sich dieses sicherlich jeweils als mehr oder minder stabil und universell herausstellen mag.

Wenn es um Zeit geht, das sei somit nochmals betont, genießt kein Ereignistyp – und mithin auch kein bestimmter Erfahrungskontext – eine metaphysische Priorität oder einen allgemeinen fundierenden Charakter. Der Uhrenbau konzentriert sich aus kontingenten Gründen auf das In-Beziehung-Setzen physikalischer Ereignisse; und bereits eine simple zeitbezogene Aussage wie „Der Zug ist pünktlich" basiert aus einem wechselseitigen Geflecht aus physikalischen Ereignissen, aktuellen Wahrnehmungen sowie Erinnerungen und Projektionen gemeinschaftlicher Übereinkünfte.

3.4 Der kausale Charakter von Ereignissen

Nach den bisherigen Überlegungen ist Zeit ein unselbstständiger Teil von Ereignissen, und über das Verhältnis oder In-Beziehung-Setzen von Ereignissen zueinander wird sie mess- und in besonderer Weise erfahrbar. Bevor es in den nächsten Kapiteln darum gehen wird, dieses Verständnis mithilfe von Musik und Hören weiter zu vertiefen, sollen hier zunächst noch einige allgemeinere und abstraktere Überlegungen zum Ereignisbegriff ergänzt werden.

Ein breit verstandener Ereignisbegriff war bereits aus mehreren Gründen wichtig. Durch ihn konnten Erfahrungen (eben als Ereignisse) verstanden werden und zugleich wurde verhindert, dass es von Beginn an zu einer metaphysischen Priorisierung kommt zwischen möglichen Reichen des Natürlichen (Physikalischen), Subjektiven und Gesellschaftlichen. Was, so mag man aber nun zurückfragen, charakterisiert dann letztlich ein Ereignis, wenn der Begriff so Unterschiedliches umfasst wie Sturmfluten, Zugeinfahrten, Urlaubserinnerungen, Volleyballweltmeisterschaften und Konzertbesuche? Und wieso sollte sich der Ereignisbegriff in besonderer Weise eignen, Zeitliches zu verstehen?

Um diese Fragen zu beantworten, sind Ereignisse zunächst einmal von Gegenständen und Tatsachen zu unterscheiden. Ein Glas, so würden wohl die meisten intuitiv behaupten, ist ein Gegenstand und kein Ereignis. Auch ein Kaufvertrag ist kein Ereignis, sondern – dem üblichen philosophischen Verständnis und üblichen Redeweisen nach – ein Gegenstand.[45] Dass das Glas auf dem Tisch steht und dass der Vertrag unterschrieben wurde, sind Tatsachen; oder zumindest sind sie das, wenn es denn zutrifft, dass das Glas dort steht beziehungsweise der Vertrag tatsächlich Unterschriften trägt. Beides sind keine Ereignisse. Anders verhält es sich mit dem *Unterschreiben des Vertrages* und dem *Abstellen des Glases* auf dem Tisch – oder mit einem *Regenschauer*, einem *Steinwurf* oder auch dem *Inkrafttreten* und dem *Auslaufen* eines Vertrags. Dies alles sind weder Gegenstände noch Tatsachen; es sind Ereignisse.

Doch wie lassen sich Ereignisse direkt charakterisieren, anstatt sie lediglich über Abgrenzungen und Beispiele zu beschreiben? Dazu gibt es innerhalb der Philosophie zwei prominente Ansätze. Der eine Ansatz nimmt als Grundcharakteristik von Ereignissen allgemeinere raumzeitliche Bestimmungen an, der andere Ansatz kausale Verknüpfungen.[46]

---

[45] Der Zusatz „dem üblichen philosophischen Verständnis nach" erklärt sich daraus, dass es philosophische Ansätze gibt, die Gegenstände für etwas Abgeleitetes halten, was seinerseits wiederum auf Ereignissen basiert. Laut solcher prozessphilosophischer Ansätze wäre etwa das, was wir üblicherweise als Glas bezeichnen, letztlich eine Menge an „gläsernen Ereignissen" oder eine Art gläserner Prozess – vergleiche insbesondere Whitehead 1979 [1929b]. Der hiesigen Analyse des Ereignisbegriffs tut eine solche Position selbstredend keinen Abbruch beziehungsweise stützt sie sogar.

[46] Es ist bemerkenswert, wie sich diese beiden philosophischen Ansätze innerhalb der Physik widerspiegeln im Unterschied fundamentaler Theorien, nämlich der Quantentheorie (fundamental für die Beschreibung starker, schwacher und elektromagnetischer Wechselwirkung) und der Allgemeinen Relativitätstheorie (fundamental bei Gravitation). Die Quantenmechanik versteht Ereignisse kausal. Ihrem Formalismus nach sind Ereignisse letztlich Realisationen von Beobachtungsgrößen. Die Allgemeine Relativitätstheorie hingegen versteht Ereignisse als Raumzeit-Regionen beziehungsweise -Punkte.

Hier ist der zweite, kausale Ansatz der wichtigere.[47] Denn auch der erste Ansatz würde letztlich auf den Kausalitätsbegriff zurückführen, weil eine Beschreibung von Ereignissen über *raumzeitliche* Verhältnisse bestenfalls ein erster Schritt sein kann, um den *zeitlichen* Charakter von Ereignissen besser zu verstehen. Es müsste dann in einem weiteren Schritt aufgezeigt werden, inwiefern die zeitlichen und räumlichen Dimensionen eines Ereignisses miteinander verwoben und inwiefern sie voneinander unterschieden sind. Und das gängige Leitmotiv hierzu lautet in der Tat *Kausalität*, und die Zeitdimension wird dann genau als die *kausale* Dimension der Raumzeit identifiziert.[48] Diese Besonderheit der Zeit gegenüber dem Raum lässt sich sehr schön verdeutlichen am Beispiel einer Tätersuche im Krimi, also der Suche nach einer Person, der oder die (kausaler) Urheber einer bestimmten Straftat ist: Hier gilt es als Alibi, wenn man nachweisen kann, *zur gleichen Zeit an einem anderen Ort* gewesen zu sein, nicht aber, wenn man nachweisen kann, *am gleichen Ort zu einer anderen Zeit* gewesen zu sein. Denn nur im ersten Fall wird ein direktes Verursachungsverhältnis für die fragliche Tat ausgeschlossen.

Der raumzeitliche Ansatz bietet also an dieser Stelle keinen Vorteil, da sich am Ende ohnehin der Kausalitätsbegriff als der grundlegendere entpuppt. Außerdem birgt der raumzeitliche Ansatz noch ein weiteres Problem. Er setzt nämlich einen physikalischen Reduktionismus voraus. Sollen sämtliche Ereignisse – also auch das Träumen vom nächsten Urlaub, die Angst vor Gewitter, der Ski-Weltcup und das soziale Engagement Jugendlicher – über ihre Ausdehnung in der Raumzeit definiert werden, so setzt dies die Annahme voraus, die gesamte Wirklichkeit ließe sich fundamental über physikalische Eigenschaften von Raumzeitpunkten charakterisieren.[49] Doch einem solchen Reduktionismus wurde gleich zu Beginn dieses Buches eine Absage erteilt. Oder, um es behutsamer zu formulieren: Ein solcher Physikalismus bedürfte diverser weiterer metaphysischer Annahmen, die nicht Gegenstand der vorliegenden Untersuchung sind.[50]

Man mag einwenden wollen, dass auch ein kausaler Ansatz womöglich eines Reduktionismus bedarf. Denn es müsse doch wohl jeweils die gleiche Art von Verursachung sein, die bei Schneelawinen wie auch Urlaubserinnerungen zum Tragen komme. Diesem Einwand kann jedoch mit dem Erfahrungsbegriff begegnet werden.[51] Denn Kausalität ist aus der Erfahrung insbesondere als eine Form von Widerständigkeit bekannt. Und auch wenn wir den Kausalitätsbegriff innerhalb

---

47 Vergleiche insbesondere Davidson 1969.
48 Vergleiche als einschlägiges Beispiel Mellor 1998 und ergänzend dazu Mellor 1995.
49 Vergleiche etwa Stoecker 1992.
50 Eine ausführlichere Begründung eines Antireduktionismus beim Zeitbegriff findet sich in Sieroka 2009. Vergleiche auch Sieroka 2020c.
51 Vergleiche Dewey 1958 [1925], S. 84–85.

physikalischer und anderer Theorien konzeptuell eingrenzen und formalisieren, so bleiben doch Handlungsbezüge aus der Lebenswirklichkeit bestehen. Denn diese Theorien können sich nur über operationalistische Einbettungen in Erfahrungskontexte bewähren.[52] Sprich: Es muss in irgendeiner Weise gemessen werden, was unweigerlich mit einer erlebten Wirksamkeit und Widerständigkeit einhergeht.

Tatsächlich hängt auch die erwähnte Abgrenzung von Ereignissen gegenüber Tatsachen und Gegenständen eng mit dem Kausalitätsbegriff zusammen. Sobald über kausale Zusammenhänge in der Welt gesprochen wird, wird unweigerlich über Ereignisse gesprochen, nicht über Tatsachen oder Gegenstände.[53] Ein Ereignis kann ein anderes verursachen – beispielsweise verursacht das Umkippen des Wasserglases (Ereignis 1), dass der Tisch nass wird (Ereignis 2). Aber es ist bestenfalls eine verkürzte Redeweise zu behaupten, das Wasserglas (Gegenstand 1) verursache den nassen Tisch (Gegenstand 2) oder die Tatsache, dass das Wasserglas umgekippt sei, verursache die Tatsache, dass der Tisch nass sei.

Was diesen beiden Alternativen fehlt, im Gegensatz zur Beschreibung in Form von Ereignissen, ist genau die Dynamik und sind genau die kausalen und damit auch zeitlichen Verhältnisse. Die Beschreibung über Gegenstände oder Tatsachen wirkt wie eine unzusammenhängende Aneinanderreihung von Standbildern.[54] Demgegenüber liefert Kausalität immer einen gerichteten Zusammenhang. Und ein solcher gerichteter Zusammenhang, wie er zwischen Ereignissen besteht, ist genau das, was deren *zeitlichen* Charakter ausmacht. Im Raum kann ich von links nach rechts und wieder nach links gehen, kann nach oben klettern und wieder hinunter, kann nach vorne schwimmen und wieder zurück: Aber von einem späteren Zeitpunkt gibt es kein Zurück zu einem früheren.[55] Und das hat mit Kausalität zu tun:

---

52 Vergleiche beispielsweise Janich 2015.
53 So nennt beispielsweise das Lemma *events* in der *Stanford Encyclopedia of Philosophy* Folgendes als ein „prima facie commitment": „Thinking about the temporal and causal aspects of the world seems to require parsing those aspects in terms of events and their descriptions" (online unter https://plato.stanford.edu/entries/events, letzter Zugriff am 21.01.2024).
54 Vergleiche hierzu auch einschlägige Kritiken etwa an der Tatsachenontologie aus Wittgensteins *Tractatus* (Wittgenstein 1984). Der Autor dieser Zeilen erinnert sich auch an diverse Diskussionen mit D. H. Mellor, der, wenn er nach zeitlichen Abläufen, Wandel oder Prozessen gefragt wurde, jeweils nur antwortete: „Well, it's just one damned fact after another". Und das war dann zumeist genau der Punkt, an dem die Grundüberzeugungen der Diskutierenden auseinanderliefen.
55 Der Ausdruck „Zeitpunkt" ist hier lose im Sinne von „Moment" zu verstehen. Es geht nicht um etwas Punktförmiges im mathematischen Sinne. Und auch der Hinweis auf Zeitreisen stellt hier keinen Einwand dar. Vielmehr ist es umgekehrt so, dass ihre Möglichkeit wiederum zu Diskussionen über Kausalität führt – vergleiche etwa das berühmte Großvaterparadox. Ich klammere die Diskussion von Zeitreisen allerdings an dieser Stelle aus, weil sie im Alltagskontext, um den es hier geht, ohnehin keine Rolle spielen. Und auch Ansätze, die im Kontext der Quantenmechanik eine (gele-

Von einer Wirkung – also von etwas Verursachtem – führt gleichsam *kein Weg zurück* zur Ursache. Denn es geht eben nicht um einen räumlichen Weg. Kausalität hat den Charakter eines zeitlichen Bindemittels, sie ist quasi der Kitt zwischen Ereignissen.[56]

Diese Überlegungen zum Kausalitätsbegriff wirken also einer gleichsam visuell geprägten Perspektive entgegen, nach der die Welt aus einer bloßen Reihe von Standbildern besteht. Kausalität, so mutet es zumindest an, verknüpft Ereignisse zu einer kontinuierlichen Wirklichkeit. Aber auch das wäre weiter zu präzisieren, da der Begriff der Kontinuität keineswegs gut verstanden und gerade im Kontext von Kausalität und Zeit strittig ist.[57] Eine große Schwierigkeit besteht darin, dass kontinuierlich zu sein mehr beinhaltet als das, was der Mathematiker als *dicht* bezeichnet. Das bedeutet: Selbst wenn Ereignisse so unterteilt werden können, dass zwischen zweien von ihnen immer noch ein weiteres liegen mag (und damit die Ereignisreihe *dicht* liegt), so bildet das noch keine *kontinuierliche* Ereigniskette aus. Es kann dann immer noch „Löcher in der Reihe" geben – so wie man beispielsweise das Intervall der reellen Zahlen zwischen Null und Eins beliebig oft durch Halbierungen zerlegen kann, ohne jemals genau auf den Wert von einem Fünftel (also auf 0,2) zu stoßen, obwohl ein Fünftel doch klarerweise im Kontinuum zwischen Null und Eins enthalten sein sollte.

Ein Ansatz, der für die Beschreibung eines Kontinuums vielversprechend ist – auch wenn er selbst zunächst nichts über Kausalität aussagt –, geht auf den mathematischen Intuitionismus zurück. Demnach ist ein Kontinuum ein „Medium freien Werdens".[58] Dieser logisch-mathematische Ansatz wurde auf unterschiedliche Weise immer wieder aufgegriffen und auf die physikalische Wirklichkeit übertragen, insbesondere auf die mit Uhren gemessene Zeit.[59] Doch muss sich diese Übertragung nicht auf die Kontinuität der physikalischen Zeit beschränken, son-

---

gentliche) sogenannte Retrokausalität annehmen (vergleiche Price 2012), klammere ich im gegenwärtigen Kontext aus.
56 Vergleiche auch nochmals obige Analyse des Handlungsbegriffs: Basierend auf Vergangenem, das als ursächlicher Hintergrund fungiert, wird in der Gegenwart auf eine Manipulation des Zukünftigen als Wirkung gezielt – vergleiche auch Woodward 2003.
57 Vergleiche Clay 2018.
58 Vergleiche etwa Weyl 1968d [1925], S. 528.
59 Vergleiche früh schon Weyl 1968b [1920] und 1968c [1921] (und dazu ausführlich Sieroka 2010b) und neuerdings insbesondere Dummett 2000 sowie Gisin 2020. Vergleiche aber auch Altaie et al. 2022 zu einer möglichen „Granularität" oder Diskretheit der physikalischen Zeit.

dern könnte auch auf andere Erfahrungskontexte angewendet werden. Damit wäre zudem die Verbindung zum Kausalitäts- und Zeitbegriff gegeben.[60]

3.5 Individuation von Ereignissen

Ereignisse über ihre kausalen Verknüpfungen identifizieren zu wollen, birgt eine Reihe von Schwierigkeiten.[61] Da sind zunächst einmal Schwierigkeiten der Abgrenzung: Mit welcher Handlung genau beginnt etwa mein Frühstück? Oder welche Personen sind in das Ereignis *Volleyballweltmeisterschaft 2022* involviert? Diese Art von Schwierigkeiten bei der Individuation beschränkt sich allerdings nicht auf den kausalen Ansatz und beschränkt sich auch nicht auf den Ereignisbegriff. Entsprechende Schwierigkeiten gibt es beispielsweise auch bei der Abgrenzung von Gegenständen: Wo genau beginnt etwa der Watzmann, wo hört er auf? Was gehört noch zum Apfelbaum, was nicht?

Doch zurück zu den spezifischen Schwierigkeiten bei der Individuation von Ereignissen: Dadurch, dass sie an mehreren Orten gleichzeitig geschehen können, stellen sich bei Ereignissen Fragen zu vermeintlichen Doppelungen. Wenn es beispielsweise gerade in Bremen und in Singapur regnet, dann gibt es mutmaßlich drei Ereignisse: Erstens regnet es, zweitens regnet es in Bremen, und drittens regnet es in Singapur. Und wenn man noch die Stärke des Regens oder zusätzliche Wetterdetails angeben möchte, so führt dies zu weiteren Fragen: Wie verhalten sich die Ereignisse, dass es in Singapur regnet und dass es in Singapur stark regnet, zueinander? Und wie verhalten sich beide dazu, dass es in Singapur bei schwachem Wind stark regnet?

Dies sind Fragen darüber, wie grob- oder feinkörnig Ereignisse zu beschreiben sind. Diese Fragen haben sowohl ein raumzeitlicher wie auch ein kausaler Ansatz zu beantworten – und sie werden dies jeweils über Verhältnisbestimmungen zwischen Teilen und Ganzem tun, über sogenannte *mereologische* Beziehungen. Beim kausalen Ansatz führt dies dazu, Teilursachen aus größeren Kausalketten herauszulösen. Letztendlich ist, um beim Beispiel des Regens zu bleiben, der Niederschlag in Bremen wie der in Singapur Teil eines gemeinsamen kausal verknüpften physikalischen Systems namens Erde. Also lässt sich der Regen in Singapur wie auch der in Bremen jeweils sozusagen als Teil des Großereignisses fassen, dass es regnet. Und auch mein Frühstück besteht aus einer Reihe von Teilereignissen, die ursächlich

---

60 So verwundert es auch wenig, dass es tatsächlich Betrachtungen zur erlebten Zeit waren, die die intuitionistische Kontinuumsauffassung ursprünglich motivierten. Vergleiche insbesondere Brouwer 1929, S. 153. Verwandte Überlegungen finden sich aber bereits auch in Weyl 1918.
61 Vergleiche für die folgende Diskussion insbesondere Stoecker 1992, S. 1–26.

miteinander verknüpft sind. So haben das Kochen des Wassers, das Auf-den-Tisch-Stellen der Schale mit dem Kandiszucker und das Rühren mit dem Löffel in der Tasse allesamt damit zu tun, dass ich zum Frühstück sehr gerne leicht gesüßten Assam-Tee trinke.

Mithilfe solcher Ganzes-Teil-Relationen lässt sich einiges über die innere Struktur von Ereignissen herausarbeiten, insbesondere auch etwas über die Dimension Zeit, die als unselbstständiger Teil an dieser inneren Struktur beteiligt ist. So ergeben sich formale Beziehungen zwischen Ereignissen, die sich beispielsweise als Abfolgen oder als Dauern verstehen lassen: Zuerst kochte das Wasser, später wurde der fertige Tee getrunken; das Aufkochen des Wassers, nicht aber das Trinken des Tees, überlappte mit dem Decken des Tisches und so weiter.

Gelingt eine solche Untersuchung, so erwiesen sich also zeitliche Zusammenhänge als nichts anderes als Nebenprodukte der Möglichkeit, bestimmte Ereignisstrukturen aufzuzeigen. Beispielsweise könnte der Grenzfall einer Ereigniskette, die aus sich überlappenden und immer feinkörniger werdenden Ereignissen besteht, somit zum Begriff eines Zeitpunkts führen. Allerdings übergehe ich hier die formalen Details dieser und ähnlicher Herleitungen wie auch weiterer Fragen zur Identifikation von Ereignissen. Berühmte Ansätze dazu finden sich bereits bei Whitehead; und neuerdings werden solch logische und mereologische Überlegungen mit Bezugnahmen zu Topologie und Kategorientheorie erweitert und vertieft.[62]

3.6 Ähnliche Ereignisse: Expression und Wiederholung

Angenommen, alle genannten Formalisierungen und Ausformulierungen, die noch ausstehen, um zu einem überzeugenden und kohärenten Ereignisbegriff zu gelangen, seien erfolgreich durchgeführt worden. Damit wäre es möglich, Ereignisse zu identifizieren und ihre zeitlichen Charakteristika von Dauer und Abfolge zu bestimmen.

Was dann noch zu ergänzen wäre, ist ein Kriterium für die *Ähnlichkeit* von Ereignissen. Zum Auftakt (Kapitel 1) wurde ja bereits auf die zentrale zeittheoretische Bedeutung von Wiederholung und Neuerung hingewiesen – und im nächsten Kapitel wird dies noch genauer ausgeführt. Deshalb ist ein Kriterium der Ähn-

---

[62] Vergleiche Whitehead 1964 [1920] und Whitehead 1979 [1929b]. Für neuere Ansätze vergleiche unter anderem Thomason 1989, Forbes 1993 sowie Pianesi und Varzi 1996. Der Rückgriff auf den topologischen Begriff des *Rands* erlaubt es beispielsweise, einteilige von verstreuten Ereignissen zu unterscheiden. Somit kann elegant etwa zwischen Bremer und Singapurer Regenschauer unterschieden werden – oder auch zwischen den Urlaubserinnerungen unterschiedlicher Personen.

lichkeit wichtig, um so unterscheiden zu können zwischen einem Ereignis, das in einem gegebenen Kontext als neu gilt, und einem, das als Wiederholung eines anderen gilt.

Ein solches Kriterium kann beispielsweise gewonnen werden im Anschluss an Gottfried Wilhelm Leibniz' Begriff der *Expression* oder des *Ausdrucks*.[63] Etwas drückt nach Leibniz etwas anderes aus, wenn sich bestimmte Strukturmerkmale gleichen. Er verdeutlicht dies mehrfach anhand von Kegelschnitten: So drücke etwa eine Ellipse einen Kreis aus und umgekehrt, aber auch Kreis und Parabel drückten einander aus und so weiter.[64] Demnach gehören beispielsweise die Abstände zwischen zwei Punkten nicht zu den Strukturmerkmalen, die sich gleichen: Denn wenn man beispielsweise einen Kreis zu einer Ellipse verzerrt, so werden sich diese Abstände typischerweise ändern. Was sich aber beispielsweise nicht verändert, ist Folgendes: Wenn auf einem Kreis vier Punkte A, B, C, D so angeordnet sind, dass ein Weg von A nach C entweder durch B oder D verläuft (was beispielsweise der Fall ist, wenn man die Punkte in alphabetischer Reihenfolge über den Kreis verteilt), so gilt diese Separation von A und C durch B und D auch noch, wenn man den Kreis etwa in eine Ellipse oder eine Parabel deformiert.

Mit einem solchen Begriff des Ausdrucks, der also eine bestimmte Form der Strukturgleichheit impliziert, wäre zweierlei geleistet: Zum einen könnten Wiederholungen von Ereignissen darüber bestimmt werden, welches Ereignis als Ausdruck eines bestimmten anderen Ereignisses gilt. Zum anderen zeigt das Beispiel der Kegelschnitte aber auch etwas Allgemeineres über Zeitvorstellungen. Im Auftakt-Kapitel wurde bereits auf die prominente Unterscheidung zwischen zyklischen und linearen Zeiten hingewiesen. An sie knüpfen weitere Differenzierungen und Mischformen an, wie etwa die bereits erwähnte spiralförmige Zeit, bei der sich zyklische und lineare Zeit überlagern, aber auch eine okkasionelle Zeit, bei der sozusagen Sprünge im Zeitverlauf erlaubt sind. All dies kann gerade durch den Vergleich mit Kegelschnitten strukturell genauer untersucht werden. So gelangt man beim Ablaufen eines Kreises oder einer Ellipse immer wieder an dieselben Stellen und es wiederholt sich alles, während dies bei einer Parabel nicht der Fall ist. Hier geht es sozusagen immer nur voran, es gibt immer wieder Neues. Und bei

---

[63] Vergleiche auch den Ausdrucksbegriff in Goodman 1976 sowie den dort entwickelten Begriff der Exemplifikation.
[64] Vergleiche beispielsweise Leibniz 1875–1890, Band 1, S. 383, Band V, S. 118 (= *Nouveaux Essais* II.8.13), Band VI, S. 327 (= *Theodicée* §357), Band VII, S. 263–264. Im modernen mathematischen Sinne kommt der topologische Begriff eines Homöomorphismus dem am nächsten, was Leibniz hier beschreibt. Vergleiche dazu ausführlich Sieroka 2015.

einer Hyperbel, die ebenfalls ein Kegelschnitt ist und also Kreis, Ellipse und Parabel ausdrückt, gibt es sogar eine Sprungstelle.

Eine Anknüpfung an Leibniz' Begriff des Ausdrucks erlaubt es also, wichtige Fragen über die Zusammenhänge solcher Zeitvorstellungen zu stellen. Und er erlaubt es auch, strukturelle Zusammenhänge zwischen verschiedenen Ereignistypen herzustellen. So lassen sich beispielsweise Aussagen darüber treffen, inwiefern eine Abfolge physikalischer Ereignisse eine Abfolge individueller Erlebnisse *ausdrückt*.[65] Im ersten Kapitel wurde eine solche Suche nach strukturellen Analogien in der Taktung ähnlicher Ereignisse bereits mit dem Begriff der Variation in Verbindung gebracht. Auf diesen Begriff wird im folgenden Kapitel genauer eingegangen. Denn nun sind sämtliche formalen Voraussetzungen für den Ereignisbegriff benannt, wenn auch nicht im Detail ausgeführt, um das Zusammenspiel von Wiederholung und Neuerung genauer zu beschreiben und dessen lebens- und erlebensrelevante Charakteristika herauszuarbeiten. Und damit sind wir zurück beim Thema Zeit.

---

[65] Diese und ähnliche Fragen zum *Ausdrucksverhältnis* zwischen physikalischer, neurophysiologisch implementierter und wahrgenommener Zeit werden ebenfalls ausführlich diskutiert in Sieroka 2015.

4 Zeit-Variationen: Zusammenspiel von Wiederholung und Neuerung

4.1 Stabilität ohne Ermüdung, Kreativität ohne Chaos

Wie schon im Auftakt-Kapitel betont, sind Wiederholung und Neuerung zentral für zeitliche Ordnungen. Beide und vor allem ihr Zusammenspiel sind wichtig für unsere Orientierung in der Wirklichkeit. Das schlägt sich sowohl im individuellen Erleben als auch im gemeinschaftlichen Zusammenleben nieder. Auf die Bedeutung im Bereich des Uhrenbaus und physikalischen Zeitmessens wurde bereits hingewiesen: Hier wird zum einen die Wiederkehr von Ereignissen benötigt wie etwa das Schwingen eines Pendels; zum anderen gibt es aber einen Faktor der Neuerung – beispielsweise die herabsinkenden Gewichte der Pendeluhr, die (zumindest ohne zusätzliches Eingreifen) nicht in ihre vorherige Position zurückkehren.

Beim Erleben und Zusammenleben bietet die Wiederholung Rückhalt und Stabilität. Es gibt etwas, das wiedererkannt wird. Aber wieder und wieder exakt das Gleiche zu erleben, wäre eintönig und würde zu Ermüdung führen. Es bedarf auch der Neuerung als Element des Schöpferischen oder Kreativen.[66] Oder zumindest bedarf es einer neuen Betonung in der Abfolge, einer Taktverschiebung, damit es nicht zu Bedeutungsverlusten kommt. Wenn alles immer gleich betont wird, die Gültigkeit von allem immer gleichbleibt, wird es eben dem Wortsinne nach *gleichgültig*. Ein simples Beispiel aus dem Bereich der Sprache ist die sogenannte semantische Sättigung, der sich etwa auch der Dadaismus häufiger bedient hat: Wenn

---

[66] Vergleiche hierzu etwa Whitehead 1958 [1929a], S. 25–32, und Whitehead 1967 [1933], Kapitel XI. Überhaupt schließen sich folgende Überlegungen zu Wiederholung und Neuerung viel stärker einer pragmatistischen Tradition an (zu der ich auch Whitehead zähle) als einer hegelschen, wie man sie etwa in Gilles Deleuze 2007 [1968] findet. Zudem wird Zeit bei Deleuze (1) in einer spezifisch modalzeitlichen (genauer: präsentistischen) Weise verstanden und (2) allein auf die Wiederholung bezogen. Beides sind starke Voraussetzungen beziehungsweise Einschränkungen, die hier gerade nicht getroffen werden sollen. Im Vergleich zu neueren französischsprachigen Denkern ergeben sich Parallelen eher zur Rhythmusanalyse und den Musikbezügen bei Henri Lefebvre 2004 (einführend dazu Rau 2019). Gemeinsame Anklänge ergeben sich außerdem zu Arbeiten von Paul Ricœur. Ricœur 1986 [1975], S. I, sieht seine metaphern- und zeittheoretischen Werke darin vereint, „dass das Phänomen, um das letztlich meine Gedanken kreisen, der Zusammenhang zwischen dem Schöpferischen und der Regel ist". Dem nicht unähnlich wird im Folgenden ein Zusammenspiel von Neuerung und Wiederholung expliziert, an das sich neben zeittheoretischen auch methodische Überlegungen zum Variations- und Analogiebegriff anschließen. Und auch der Begriff der Erzählung oder des Narrativs ist hier wie dort wichtig.

man ein Wort immer und immer wieder wiederholt, verliert es beim Sprechen und Hören seine Bedeutung (höre Playlist-Beitrag #1).

Ein anderes Beispiel dafür, wie eintönig, ermüdend und leidvoll dauernde identische Wiederholungen sein können, bietet beispielsweise der Kino-Kassenschlager der 1990er *Und täglich grüßt das Murmeltier*, in dem der Hauptdarsteller wieder und wieder den gleichen Tag erlebt. Auch mag so mancher den sprichwörtlichen „grauen Alltag" als in einem existenziellen Sinne ermüdend erleben. Tagesabläufe ähneln einander zu sehr. Es fehlen die Kontraste beim vermeintlich immer gleichen morgendlichen Duschen und Frühstücken, beim immer gleichen Weg zur Arbeit, der Routinen am Arbeitsplatz und so weiter. Es sind dann oft die berühmten „kleinen Dinge", die einen wichtigen Unterschied machen und eben bedeutungsvoll werden: eine kleine Änderung in der morgendlichen Routine, das kurze unerwartete Gespräch mit dem Kollegen und Ähnliches. Ein Bewusstsein für die Wichtigkeit dieses Zusammenhangs zeigt sich – um einmal ein etwas exotisches Beispiel zu wählen – in Forschungen im Bereich der bemannten Raumfahrt. Hier geht es immer wieder um die Ermöglichung neuer Wahrnehmungen und Erfahrungen: Wie schafft man es, einer kleinen Gruppe von Menschen, die über einen langen Zeitraum in einem extrem kargen Umfeld die immer gleichen Routinen durchleben, neue Kontraste und Kontraststeigerungen zu bieten?[67]

Aber umgekehrt darf es – im Weltall wie im irdischen Alltag – auch nicht zu viel Veränderung geben. Wenn tatsächlich *alles* anders wäre, würde uns völlig die Orientierung fehlen. Wir stünden dann schlicht einem unverständlichen Chaos gegenüber. Damit sollen individuelle Unterschiede im Erleben nicht geleugnet werden. Wie viel Wiederholung oder Routine jemand als angenehm erlebt und wie viel Neuerung ihr oder ihm lieb ist, ist unterschiedlich. Aber für jeden und jede gibt es wohl Grenzen, ab wann Situationen als zu monoton und ermüdend beziehungsweise zu wirr und chaotisch erlebt werden.

Wiederholung oder Neuerung begrifflich voneinander zu trennen, kann also durchaus hilfreich sein, sollte aber nicht dazu führen, sie gleichsam *in Reinform* für real oder wünschenswert zu halten. Das wäre dann erneut ein Fehlschluss deplatzierter Konkretheit. Betrachtet man sie aber lediglich als gegenläufige Tendenzen, die begrifflich zu trennen sind, so mag man sie mit F. W. J. Schelling und Friedrich Nietzsche gleichsam theatralisch etikettieren als einerseits das „Apollinische", das das primär Ordnende und hier also die Wiederholung benennt, und andererseits das „Dionysische", den Schöpferdrang, der alles Bekannte sprengt.[68]

---

67 Vergleiche beispielsweise Thirsk 2020.
68 Vergleiche Schelling 2022 [1831–1832] sowie Nietzsche 2013 [1886]. Laut Nietzsche 2013 [1886], S. 261, bedeutet die Musik „als apollinische Kunst [...] doch nur, genau genommen, [...] Wellenschlag

Eine weitere klassisch griechische und idealtypische Unterscheidung, die in diesem Kontext zu nennen ist, ist die zwischen *Chronos* und *Kairos* – also der Götterpaarung aus stetem Zeitfluss und sich neu bietender Gelegenheit. Ebenfalls zu nennen, wenn es um frühe Hochkulturen geht, wäre hier auch das Zusammenspiel von Neuerung und Dauerhaftigkeit – oder etwas präziser: von Wandel und Vollendung – in der altägyptischen Zeitvorstellung.[69]

Dass sich Wiederholungen in irgendwelchen Details voneinander unterscheiden, ist nicht nur wichtig, um eine Ermüdung in der Erfahrung zu vermeiden. Solche fortwährenden Unterscheidungen sind zentral auch im allgemeineren Kontext der kausalen Verknüpfung von Ereignissen. Im vorigen Kapitel wurde die Bedeutung von Kausalität als einer Art Bindemittel zwischen Ereignissen hervorgehoben. Hier hätte es in der Tat starke Auswirkungen, wenn mit dem Begriff der Wiederholung eine perfekte Identität gemeint wäre. Denn wenn es bei kausal verknüpften Ereignissen zu identischen Wiederholungen kommt, kann letztlich gar nicht mehr zwischen verursachendem und verursachtem Ereignis unterschieden werden. Statt einer klaren Gerichtetheit der Zeit käme es so zu einer fortwährenden Wiederauflage des Immergleichen.

Bereits zum Auftakt (Kapitel 1) wurde deshalb eine solch strikt zyklische Zeitordnung als idealisierte Grenzidee beschrieben. Sie wäre bestenfalls der gleichsam dekadente Grenzfall eines Fortschrittsmodells, bei dem alles immer in sich selbst läuft.[70] Eine solche *ewige Wiederkehr* als unendlichen „Fortschritt" zu benennen, wäre trügerisch, weil in ihr nicht der kleinste Spielraum für Veränderungen bliebe. Selbst der erwähnte Murmeltier-Kassenschlager lebt ja davon, wie sich die Hauptfigur, trotz aller Wiederholungen, im Detail immer wieder anders verhalten und andere kausale Zusammenhänge auslösen kann, wenn der Tag von Neuem beginnt.[71] Es ist eben doch keine ewige und identische Wiederkehr. Denn das wäre in der Tat völlig trostlos und ermüdend – und würde thematisch kaum für einen Kinofilm taugen.[72]

---

des Rhythmus", während dasjenige „das den Charakter der dionysischen Musik [...] ausmacht, die erschütternde Gewalt des Tones" sei; hier dränge „etwas Nieempfundenes [...] zur Äußerung".
69 Vergleiche Assmann 1984.
70 Zu dieser Einschätzung kommt auch Koselleck 2006.
71 Die hier angedeutete Problematik ewiger Wiederkehr ist klar zu trennen von der Frage, ob man denn, wenn man sein Leben „noch mal von vorne beginnen" könnte, wieder die gleichen Entscheidungen träfe. Letzteres hat weniger mit der Frage unendlicher Wiederholungen zu tun als vielmehr mit der Frage, ob man mit seinen Entscheidungen in gewisser Weise zufrieden ist und ein geschlossenes Narrativ des eigenen Lebens formen kann. (Mehr zum Begriff des Narrativs folgt in Kapitel 8.)
72 Ähnliche Erwägungen zur Frage mangelnder Neuerung kommen auch in der Auseinandersetzung zwischen Thomas Nagel 1979 und Bernard Williams 1973 zur Sprache – dort allerdings im Kontext der Frage, ob denn Unsterblichkeit etwas Wünschenswertes sei.

Zeitliche Ordnungen, die keine bloßen idealisierten Grenzfälle sind, bestehen also aus einer Mischung, genauer: einem Zusammenspiel von neuen und sich wiederholenden Ereignissen. Und da Erfahrungen selbst ebenfalls Ereignisse sind, überträgt sich dieser Befund direkt auf unsere Erfahrung von Zeit: Wiederholung und Neuerung sind das, was in jeder zeitlichen Erfahrung zusammenkommt. Völlige Eintönigkeit oder völliges Chaos würden schlichtweg nicht als zeitliche Ordnungen erlebt werden. Das, was erlebt wird, wiederholt sich immer nur in gewisser Weise und ist auch nur in gewisser Weise neu. Allgemein mögen sich Ereignisse strukturell sehr stark ähneln, aber im Detail sind sie jeweils einmalig – selbst in Fällen wie dem täglich grüßenden Murmeltier.

Im Folgenden werde ich, um diese Art der Mischung und des Wechselverhältnisses zu beschreiben, auf einen Begriff aus dem Auftakt-Kapitel zurückgreifen, nämlich den der Variation. Während eine strikte Wiederholung eine Identität voraussetzt, verweist eine Variation auf eine bloße Ähnlichkeit – oder, mit Leibniz formuliert, auf eine Ausdrucksrelation. Ereignisse und Erfahrungen können in diesem Sinne *variieren:* Das heutige Frühstück kann eine Variation des gestrigen sein, das Gewitter der letzten Woche eine Variation des bevorstehenden.[73]

4.2 Gemeinschaft und Ritual

Diese Bemerkungen über das Zusammenspiel oder Wechselverhältnis von Wiederholung und Neuerung gelten nicht nur für die zeitlichen Ordnungen von physikalischen und individuell erlebten Ereignissen, sondern auch im Bereich des Sozialen.[74] Auch hier geht es um Variationen. Auch hier wird einerseits nach Neuerung gestrebt, andererseits bedarf es gerade im gesellschaftlichen Miteinander der erkennbaren Wiederholung, um überhaupt ein sinnvolles Gemeinwesen zu etablieren. Insbesondere für Fragen der Handlungsfähigkeit wurde das bereits diskutiert: Hier geht es jeweils um Erwartungen, die zukünftige Ereignisse betreffen und die auf Erfahrungen wiederholter und wiederholbarer früherer Vorkommnisse basieren. Planung und Prognose sind wichtig, und das gilt auf individueller Ebene wie auch innerhalb einer Gemeinschaft.

Besonders klar tritt die Bedeutung erkennbarer Wiederholungen bei solchen gesellschaftlichen Institutionen hervor, die mit Arbeit, Verwaltung und Recht zu tun haben. Öffnungszeiten von Geschäften und Behörden folgen festen Rhythmen,

---

73 Zum Variationsbegriff im Kontext von Erfahrungen vergleiche Dewey 1958 [1925], insbesondere S. 212–213 und 281.
74 Vergleiche, wie schon erwähnt, Koselleck 2006.

Rechtssicherheit bedeutet nichts anderes als eine stabile Prognostizierbarkeit von Handlungskonsequenzen. Auf der stabilen Abfolge von Ereignissen basieren auch die Fahrpläne im öffentlichen Verkehr, Sonntagsfahrverbote für Lastkraftwagen, die Mitgliederversammlungen von Parteien, das Training im Sportverein, die Festivitäten religiöser Gemeinschaften und so weiter.

Auch Sprache und Kommunikation basieren, wie bereits angedeutet, auf Wiederholung. Für Alltagssprachen wie für formale Sprachen gilt: Wörter oder Zeichen müssen wiedererkennbar sein. Sprachhandlungen müssen, wie alle Handlungen, bis zu einem gewissen Grade plan- und prognostizierbar sein. Dementsprechend lassen sich Sprachen, zumindest auf pragmatischer Ebene, auch nicht einfach von heute auf morgen ändern. Direkte Eingriffe sind am ehesten noch auf der semantischen Ebene möglich, indem beispielsweise der Duden einen neuen Begriff einführt oder der Zeitungsverlag eine bestimmte Wortwahl fordert. Andererseits bleiben Redeweisen wie etwa „zwischen den Jahren" pragmatisch bestehen, auch wenn viele Menschen vermutlich nicht genau wissen, inwiefern sich diese Redeweise auf die gregorianische Kalenderreform bezieht beziehungsweise den Unterschied zwischen Sonnen- und Mondkalender. Oder ähnlich der Begriff *noon* im Englischen: Wer ist sich schon dessen bewusst, dass hier – aufgrund von mittelalterlichen Verschiebungen zwischen Tages- und Gebetszeiten – der Mittag mit der *neunten Stunde* (*nona hora*) identifiziert wird, obwohl diese doch klarerweise in den mittleren Nachmittag fallen müsste?[75]

Um aber den Bogen wieder dahin zu spannen, dass neben der Wiederholung auch Neuerung wichtig ist: Die rhetorische Überzeugungskraft einer Sprecherin ist in der Regel dann besonders groß, wenn es ihr gelingt, wiederholbare und wohlbekannte Sprachelemente in einen neuen Kontext einzubringen, und sie somit dem Zuhörer etwas Einmaliges und Neues vergegenwärtigt, was dieser direkt einordnen kann. Auch hier gilt: Jemand, der zu viel nachplappert, ist ermüdend; jemand, der zu viele Neologismen einführt, ist unverständlich. Stattdessen sind Variationen gefragt.

Ein weiterer prominenter Kontext, bei dem nicht nur auf individueller, sondern gerade auch auf gesellschaftlicher Ebene Wiederholungen eine zentrale Rolle spielen, sind Bräuche oder Rituale. Auch sie etablieren Stabilität und Orientierung;[76] und auch bei ihnen gleichen sich die einzelnen Wiederholungen nicht völlig. Man mag jedes Jahr an Ostern Eier suchen oder am (lunaren) Neujahr Hong Baos überreichen. Aber es ist doch jedes Mal ein bisschen anders. Wären beispielsweise

---

75 Vergleiche Dohrn-van Rossum 1992, S. 37.
76 Vergleiche beispielsweise, mit jeweils sehr unterschiedlicher Akzentsetzung, Demandt 2015, S. 351, Lübbe 1991 und Dewey 1958 [1925], S. 210–216.

die Ostereier jedes Jahr am exakt gleichen Ort versteckt, würde das den Spaß beim Suchen wohl erheblich schmälern. Auch hier sind Variationen gefragt.

Im Gegensatz zu der Orientierung, die beispielsweise Öffnungszeiten und Fahrpläne liefern, indem sie bestimmte individuelle Handlungen planbar machen, zielen Rituale vor allem auf die Ebene des (gemeinsamen) Erlebens. Selbstredend spielt auch bei Ritualen eine gewisse Form der Planbarkeit eine Rolle – wir müssen uns zum Beispiel einig sein, *wann* Ostern ist.[77] Aber die individuelle Orientierungsleistung ergibt sich vor allem darüber, was hier vom Einzelnen *in der Gemeinschaft* erlebt wird.

Auch wenn ein Ritual nicht aus strikt identischen Wiederholungen besteht, so gibt es bei manchen Ritualen dennoch einzelne Bestandteile, die sehr genau eingehalten werden müssen, damit es überhaupt als (geglückte) Durchführung des Rituals gelten kann. In gewisser Weise ließen sich etablierte Gepflogenheiten bereits hierunter fassen. So mag für den einen ein Jahrmarktbesuch „gar kein echter Jahrmarktbesuch" sein, wenn er oder sie dabei keine Dampfnudel isst. Oder man mag auf formale Elemente verweisen wie etwa den An- und Abpfiff beim Sport: Ohne Anpfiff beginnt das Handballspiel nicht, ohne Abpfiff endet es nicht. Besonders eindrücklich sind solch feste Elemente bei religiösen Ritualen. Hier gibt es ebenfalls klar relevante und irrelevante Handlungsanteile. So ist beispielsweise die Tonlage, in der die Pastorin spricht, und auch die Richtung, aus der das Kleinkind zum Taufbecken getragen wird, irrelevant für das Sakrament der Taufe. Aber wenn die Pastorin nicht bestimmte Worte spricht und bestimmte Handbewegungen vollführt, ist das Kind anschließend schlichtweg nicht getauft.

Rituelle Wiederholungen geben also sowohl den Einzelnen als auch Gemeinschaften Stabilität. Mehr noch: Sie sind gemeinschaftsstiftend. Sie begründen neben Religionsgemeinschaften unter anderem auch politische Gemeinschaften, in denen es beispielsweise in regelmäßigen Abständen öffentliche Feiertage und demokratische Wahlen geben mag. Dabei müssen die Ereignisse, um die es bei der rituellen Wiederholung geht, nicht unbedingt positiv konnotiert sein. Es ist ebenso gemeinschaftsstiftend, an ein Ereignis zu erinnern, von dem gerade *nicht* gewünscht wird, dass es sich wiederholt. Denn auch hier bleibt ja die (Nicht-)Wiederholung der entscheidende Marker – so beispielsweise, wenn eines Krieges oder eines Genozids gedacht wird wie etwa beim *Remembrance Day* und *Yom HaShoah*.[78]

---

77 Dieses Beispiel ist bewusst gewählt, stellte doch die Bestimmung des Ostertermins ein delikates Zusammenspiel aus religiösen und zeitrechnerischen Überlegungen dar, der sogar eine eigene Literaturgattung, der *Computus*, gewidmet war (vergleiche Dohrn-van Rossum 1992, S. 45–48).
78 Zu Fragen des Erinnerns und des kulturellen Gedächtnisses vergleiche insbesondere Ricœur 2004 [2003].

Wichtig ist in diesem Fall auch, klar zu trennen zwischen dem Ereignis, an das erinnert wird, und der Erinnerungskultur selbst. Denn die jährlichen Wiederholungen, sprich die Variationen, betreffen das Erinnerungsritual, nicht das Ereignis, das sie ausgelöst hat. Für das Erinnerungsritual selbst ist in der Regel nicht einmal entscheidend, wann es das erste Mal durchgeführt wurde und dass die einzelnen Wiederholungen sich genau auf dieses erste Mal beziehen. Wichtig ist es, am *Remembrance Day* und an *Yom HaShoah* der Opfer des Ersten Weltkrieges beziehungsweise des Holocaust zu gedenken. Wann aber der *Remembrance Day* oder *Yom HaShoah* erstmals begangen wurden, ist vergleichsweise unwichtig.[79]

Diese und ähnliche Überlegungen legen es nahe, den Begriff der Variation nichthierarchisch zu verstehen. Es geht nicht darum zu behaupten, es gebe jeweils das *eigentliche* Thema auf der einen Seite und die *bloße* Variation auf der anderen. Vergleiche hierzu auch den Fall der Musik: Selbst wenn bei einer Sonate von einer *Exposition*, einer *Durchführung* und einer *Reprise* gesprochen wird, so wäre es doch eigentümlich zu behaupten, bei der Exposition handle es sich um das *eigentliche* Thema, während alles andere lediglich Variationen seien. Letztlich sind alles Variationen eines Themas, und es gibt quasi nur Variationen von Variationen.[80]

Anders formuliert: In der Regel gibt es kein klar identifizierbares *Ur-Ereignis*, auf das sich die anderen Ereignisse gleichsam definitorisch als dessen Wiederholung beziehen lassen. Ein solcher Bezug ist lediglich in einzelnen und spezifischen Kontexten von Belang – insbesondere bei religiösen Festivitäten, die dann beispielsweise auf die Geburt Buddhas oder Jesu Bezug nehmen.[81] Im Zuge der hier vorgelegten philosophisch-deskriptiven Untersuchung sind derartige Ur-Ereignisse hingegen nicht von zentraler Bedeutung. Wir haben es, wie man es nennen könnte, nicht mit *verankerten*, sondern mit *freien* Variationen zu tun. Man mag es mit Nelson Goodman vielleicht sogar zuspitzen auf die Formulierung: „[T]he search for a universal or necessary beginning is best left for theology."[82] Gleichermaßen gibt es auch kein *Ziel-Ereignis*, mit dem die Variationen zu einem Abschluss kämen. Die

---

79 Und insofern beispielsweise der *Remembrance Day* auch eine zukunftsbezogene, warnende Dimension hat, so richtet sich diese gegen Krieg im Allgemeinen und nicht etwa, was unsinnig wäre, gegen die konkrete Möglichkeit eines *zweiten* Ersten Weltkriegs.
80 Vergleiche Goodman 1978, S. 1–7, sowie Sieroka 2010a, S. 11–14.
81 Eine solche Bezugnahme in einem religiösen Kontext birgt oftmals eine zusätzliche Schwierigkeit, indem sie sich auf Jahrestage einer eschatologischen Chronik bezieht. So wird im christlichen Kirchenjahr nicht nur die Geburt, sondern auch der Tod und die Auferstehung Jesu verortet. Das heißt, es bedarf eines alljährlichen „Zeitsprungs", ähnlich dem Überschreiten der Datumsgrenze bei einer Reise um die Erde. Im christlichen Kontext passiert dieser Sprung zwischen Himmelfahrt und Advent.
82 Goodman 1978, S. 7.

anhaltende Möglichkeit der variierenden Fortführung ist gerade im Kontext von Erfahrungen besonders wichtig und wird uns noch ausgiebig beschäftigen.

4.3 Uhrzeigersinn, Lebenssinn und historische Wechselverhältnisse

Allgemein geht es beim Zusammenspiel von Wiederholung und Neuerung also darum, Orientierung und auch neue Kontraste zu bieten. Erst durch dieses Zusammenspiel, also durch die Variation, entsteht eine fortlaufende Ordnung, die zu orientieren vermag, ohne zu ermüden. Erst durch dieses Zusammenspiel entsteht so etwas wie Sinn. Weder eine Kette immer neuer und unverbundener einmaliger Ereignisse noch eine auf Dauer gestellte Wiederholung des immer Gleichen kann hier das allein relevante Deutungsobjekt sein.

Aus ähnlichen Überlegungen heraus war bereits im Auftakt-Kapitel auf methodischer Ebene von *strukturellen Analogien* die Rede. Denn auch Analogien sind Verbindungen von Wiederholung und Neuerung, mit denen Sinn generiert werden kann. Ein noch unbekannter Phänomenbereich wird dadurch erschlossen, dass Bezüge zu bekannten Strukturen aus einem anderen Bereich probeweise hergestellt werden und damit hoffentlich ein fruchtbares Wechselverhältnis entsteht, das das Verständnis beider Phänomenbereiche vertieft.[83] Analogien fungieren also als methodisches Pendant zu den Variationen, um die es hier beim Zeitbegriff auf inhaltlicher Ebene geht.

Wie eng die Vorstellungen von Variation und Sinngenerierung mit dem Verständnis von Zeit verbunden sind, belegt sehr schön das Wort „Uhrzeigersinn". Es verweist auf den Zeiger einer Uhr, der in einer bestimmten Richtung immer weiter über die immer gleichen Ziffern des Zifferblatts streicht: eine Kombination also aus ungebremstem Fortschreiten und anhaltender Wiederkehr. Zudem wird diese Kombination im Deutschen explizit mit dem Wort „Sinn" belegt, denn die Bewegung des Zeigers gibt eben eine Richtung vor, bietet uns gleichsam eine *U(h)rerfahrung* von Orientierung.[84]

---

[83] Vergleiche neben der bereits erwähnten interaktiven Metapherntheorie in Black 1962 und Hesse 1963 auch die Bemerkungen zu Analogie und wissenschaftlicher Modellbildung in Zill 2008.
[84] Dies ist bei einer Uhr anders als etwa bei einem Gewinde. Dort spricht man zwar auch von einer Orientierung, nämlich einem Links- und Rechtsgewinde, allerdings handelt es sich hier um eine andere, schwächere, Wortverwendung. Denn ein Gewinde lässt sich typischerweise in beide Richtungen drehen, wohingegen Stunden- und Minutenzeiger sich immer *im Uhrzeigersinn* drehen, nicht *gegen* ihn.

So nimmt es auch nicht Wunder, dass sich entlang des Zeitbegriffs – und genauer entlang des Zusammenspiels oder Wechselverhältnisses von Wiederholung und Neuerung – wohl eine ganze Philosophiegeschichte entwickeln ließe. Bereits das älteste Konzept, das uns innerhalb der abendländischen Philosophie im Kontext eines Textfragments von Anaximander überliefert ist, behandelt eine Art fortwährender Neuerung, aus der alles entsteht. Das *Unerschöpfliche* (*a-peiron* – ἄπειρον) ist etwas, das den Horizont des uns Bekannten übersteigt. Es liegt nicht im Bereich des uns empirisch bereits Bekannten (quasi der *em-peiria*), sondern ist (noch) unbestimmt, ist uns aber dennoch zumindest schrittweise zugänglich.[85] Die Möglichkeit, nach Neuem zu streben und neue Kontraste zu erleben, steht also quasi am Anfang zumindest der abendländischen Philosophie.

Nun sind aber die Konnotationen bei Anaximander, wenn es um dieses *Unerschöpfliche* geht, primär räumliche, keine zeitlichen. Allerdings tritt auch die Zeit bei Anaximander im Kontext des gleichen Textfragments auf. Es wird nämlich behauptet, alles verliefe „gemäß der Ordnung der Zeit".[86] Dabei ist mit dieser Ordnung vor allem eine der Wiederholung und des Ausgleichs gemeint.[87] Die allgemeine Zeitordnung ist gleichsam die stabile Rechtsordnung im Hintergrund. Alles läuft nach wiederkehrenden zeitlichen Mustern ab und gelangt immer wieder ins Gleichgewicht oder strebt diesem zumindest immer wieder zu. Gleichheit beziehungsweise Gleichmaß, so lässt sich vermuten, ist überhaupt ein wichtiger Beweggrund auch für die Anfänge von Zeitmessungen. So wurden Wasseruhren bereits im Alten Ägypten bei Gericht verwendet, um für gleich lange Redezeiten und somit für gerechte Rahmenbedingungen zu sorgen. Und auch die nachfolgende Entwicklung des Uhrenbaus ist ja, wie bereits diskutiert, eine Suche nach dem größtmöglichen Gleichmaß zwischen physikalischen Abläufen.[88]

Kurz nach Anaximander benennt Heraklit nicht die Ordnung und das Streben nach Ausgleich, sondern genau die Gegensätzlichkeiten und den Streit als Quelle von allem.[89] Die gesamte Wirklichkeit bedürfe, um überhaupt existieren zu können,

---

[85] Vergleiche Sieroka 2017a und Sieroka 2019.
[86] Vergleiche DK 12 A 9, B 1 (κατὰ τὴν τοῦ χρόνου τάξιν). Fragmente und Testimonien frühgriechischer Philosophen werden hier und im Folgenden nach der üblichen Nomenklatur und Zählung gemäß Diels und Kranz 1951–1952 (= DK) zitiert.
[87] Vom griechischen Word *taxis* (τάξις), das Anaximander hier verwendet und das „Ordnung" bedeutet, leitet sich unter anderem auch das lateinische Wort *tactus* ab – und damit der „Takt" und die „Taktung", die ab dem nächsten Kapitel ausführlich diskutiert werden.
[88] Vergleiche auch Janich 2015, S. 47–50.
[89] Vergleiche DK 22 B 80.

des Wandels; ohne dauernde Veränderung gäbe es nur leblose Gleichförmigkeit.⁹⁰ Oder anders: Ohne Neuerung gäbe es nur Ermüdung.

Auch wenn sich zwischen Anaximander und Heraklit somit relative Gewichtungen verschieben, so bleibt doch bei beiden das Wechselverhältnis von Wiederholung und Neuerung (in Form von Unerschöpflichkeit, Ausgleich und Streit) das Leitmotiv, um die Wirklichkeit in ihrer zeitlichen Strukturiertheit zu verstehen. Diese Motivlage, bei der immer schon eine normative Saite mitschwingt, ließe sich nun, wie erwähnt, über diese beiden frühgriechischen Philosophen hinaus weiterverfolgen durch die gesamte Geschichte der Philosophie. Da das allerdings hier nicht geleistet werden kann, mögen als Ergänzung ein paar wenige Hinweise zur neuzeitlichen Philosophie genügen.

So betont beispielsweise Schelling die Rolle der Wiederholung und des Rhythmus von Ereignissen, wenn es darum geht, überhaupt so etwas wie Bedeutung zu generieren.⁹¹ Auch mag man an dieser Stelle an Martin Heidegger denken, der das Wesen und den *Sinn* des menschlichen Daseins darin ausmacht, wie dieses auf Zukünftiges hin ausgerichtet ist. Bei Heidegger ist dann in düster-gravitätischer Weise von einem „Sein zum Tode" die Rede oder einem „Vorlaufen", das den eigenen Tod erschließt, der seinerseits wiederum eine spezielle Kombination darstellt aus etwas, das sich allgemein wiederholt (nämlich der Tod der anderen), und etwas, das für den Einzelnen neu und einmalig ist.⁹²

Immer wieder, wenn Fragen behandelt werden nach der Zeit und danach, wie sich ein individuelles Leben oder auch eine Gesellschaft „sinnvoll" ausbilden können, wird das Zusammenspiel von Wiederholung und Neuerung thematisiert. Und ein wichtiger Teil der Antwort lautet, salopp gesagt, weder in stumpfer Wiederholung zu stagnieren noch sich in einem puren Aktionismus zu verlieren. Richard Rorty – um abschließend noch ein Beispiel zu nennen, das etwas aktueller ist –

---

90 In diesem Sinne ist auch die berühmte Flussmetapher aus DK 22 B 12 zu verstehen: „Denen, die in dieselben Flüsse hineinsteigen, strömen andere und immer wieder andere Gewässer zu."
91 Vergleiche etwa Schelling 1985 [1802–1803], § 79 (= GW I/5, 493): „Allgemein nun angesehen ist Rhythmus überhaupt Verwandlung der an sich bedeutungslosen Succession in eine bedeutende. Die Succession rein als solche hat den Charakter der Zufälligkeit. Verwandlung des Zufälligen der Succession in Notwendigkeit = Rhythmus, wodurch das Ganze nicht mehr der Zeit unterworfen ist, sondern sie *in sich selbst* hat."
92 Vergleiche Heidegger 1993 [1927], §§ 51–53. Nun mag man aber – kontra Heidegger, aber mit beispielsweise Birnbacher 2017, S. 127–134 – bezweifeln, dass Lebenssinn und -führung gesamthaft nur im Bewusstsein von Endlichkeit entstehen. Entgegen dieser Position, die letztlich den Tod zum Ziel des Lebens erklärt, mag das Sterben über den Ermüdungsbegriff charakterisiert werden und darüber, wie es zu immer weniger Neuerungen kommt, bis diese schließlich völlig und dauerhaft ausbleiben. Vergleiche auch Sieroka 2017b.

verwendet in diesem Zusammenhang den Begriff der Ironie, die einen Mittelweg zwischen übertriebener Sicherheit und akademischer Skepsis sucht.[93]

Nun sind Begriffe wie *Ironie*, *Sein zum Tode* und *das Unerschöpfliche* sehr voraussetzungsreich. Sie setzen diverse Vorstellungen über Kommunikation und Handlungsabläufe auf kognitiv und gesellschaftlich hoher und komplexer Ebene voraus. Das war zum Zweck der Motivation, um den es mir bisher ging, angemessen. Denn bis hierher sollte lediglich aufgezeigt werden, *dass* das Zusammenspiel von Wiederholung und Neuerung zentral ist, um allgemein Orientierung und Bedeutung in unterschiedlichsten Kontexten zu genieren. Um aber genauer zu explizieren, *wie* dieses Wechselverhältnis funktioniert, ist es sinnvoll, auf weniger voraussetzungsreiche und komplexe Zusammenhänge zurückzugreifen.

Dabei soll es im Folgenden auch nicht vornehmlich um semantische oder sprachphilosophische Untersuchungen gehen. Wenn hier also von „Bedeutung" die Rede ist, so ist das nicht beschränkt auf die Semantik zu verstehen, sondern eher ähnlich breit wie die Redeweise von Orientierung; wobei beides an den bereits diskutierten Erfahrungsbegriff anknüpft.[94] Anders ausgedrückt: Selbst wenn Sprache – oder genauer Kommunikation – einen wichtigen Beitrag dazu leistet, wie wir Wirklichkeit erfahren, bedeutet das nicht, dass Philosophie ausschließlich Analyse des Sprachgebrauchs ist; zumal Sprache nicht nur durch prosaische Dimensionen des Lebens geprägt wird, derer sich die analytisch Forschenden annehmen, sondern auch durch kreativ-spielerische (*poetische*) Kräfte.[95] Dementsprechend wird in den folgenden Kapiteln weniger die Sprache, sondern werden vielmehr Klänge und wird das Hören dazu dienen, exemplarisch einiges über den Zeitbegriff und über Variationen herauszuarbeiten. Als erste Vorarbeit hierzu erfolgt zum Abschluss dieses Kapitels eine kurze Einordnung, die sich bereits der akustisch konnotierten Redeweise von hohen und niedrigen Frequenzen bedient, um nochmals einige der bereits genannten Problematiken und auch weitere aktuelle gesellschaftliche Fragestellungen kritisch anklingen zu lassen.

4.4 Das Nieder- und das Hochfrequente

Kommen wir zunächst zurück zu der Frage, warum vergegenständlichende Redeweisen über Zeit so prominent sind und es häufig zu Fehlschlüssen deplatzierter Konkretheit kommt. Der offenkundige Grund dafür ist die Hoffnung auf Stabilität

---

93 Vergleiche Rorty 1989. Auf den Begriff der Ironie wird in Kapitel 9 noch zurückzukommen sein.
94 Vergleiche hierzu Liptow 2017, S. 83 und 93.
95 Vergleiche hierzu auch Dewey 1958 [1925], S. 92–93.

und Orientierung, die sich vermeintlich in der Dauerhaftigkeit des Stillstands finden lassen oder der perfekten, immer gleichen Wiederholung. Nun wurde aber bereits diskutiert, dass ewige Wiederkehr insbesondere zu Ermüdung und Absterben führt – so wie auch der Stillstand kein lebendiger Zustand ist.

Entsprechend ist Unveränderlichkeit generell nicht attraktiv, weil mit ihr alles an Wert und Bedeutung verlieren würde. Wären etwa unsere Handlungsmöglichkeiten immer gleich und unser Leben unendlich lang, so könnte ich alles, was ich einmal tun möchte, auch an einem anderen Tag machen. Ich hätte gleichsam keinen Grund mehr, morgens überhaupt noch aufzustehen. Alles verlöre seine Bedeutung, seinen orientierenden Sinn. In dieser Weise gleicht ein ewiges Leben einer Existenz in einer (sinnlosen) Welt, in der sich nichts verändert und die nicht erstrebenswert wäre.[96]

Das bedeutet im Umkehrschluss: Um so etwas wie eine *lebendige Stabilität* zu erhalten, bedarf es nicht der strikten Unveränderlichkeit, sondern der langsamen Veränderung. Um eine bedeutungsvolle Orientierung zu schaffen, darf sich *ruhig* etwas ändern, nur eben nicht zu vieles zu schnell.

Die sonore Stimme eines Gutenachtgeschichtenerzählers mag dies verdeutlichen. Hier sind es die langsamen Veränderungen in Form der niedrigen Sprechfrequenzen, die mit einem Gefühl der Sicherheit und Geborgenheit verbunden sind. Aber nicht nur bei hörbaren Frequenzen zeigen sich derartige Effekte, sondern auch bei den Frequenzen (zeitlichen Taktungen) vieler anderer Alltagsphänomene. Auch hier sind es in der Regel die langsamen Veränderungen, die stabilisierend und orientierend wirken, nicht die schnellen und auch nicht die (vermeintlichen) Unveränderlichkeiten, die eben komplett aus der Zeit zu fallen scheinen. Beispielsweise wurden Teile dieses Textes mit Ausblick auf die Weser geschrieben, wo die Bewegungen und Geräuschkulisse der Güterschifffahrt – im Gegensatz zu den sehr viel höheren Frequenzen im Straßenverkehr – ebenfalls etwas vergleichsweise Beruhigendes und Orientierendes vermitteln. Noch stärker ist dieser Eindruck, wenn sich die Aufmerksamkeit – statt auf die Schiffe – auf den Wasserstand richtet, der sich aufgrund der Gezeiten zweimal am Tag hebt und senkt. Und nochmals niederfrequenter und besinnlicher geht es zu, wenn man über mehrere Tage hinweg den Unterschied im Tidenhub zwischen Springflut und Nippflut bemerkt.

Dass es das Niederfrequente ist, das Orientierung verleiht, und nicht das Unveränderliche, ist auch deshalb plausibel, weil menschliche Unternehmungen in der Regel gar nicht auf Zeitlosigkeit abzielen. Sie hängen mit Erfahrung zusammen und

---

96 Vergleiche Dewey 1958 [1925], S. 90: „A world that consisted entirely of stable objects directly presented and possessed would have no esthetic qualities; it would just be, and would lack power to satisfy and to inspire. [...] Festal celebration and consummatory delights belong only in a world that knows risks and hardship."

sind genuin zeitbehaftet.[97] Und wenn sie doch einmal zeitlos anmuten, dann liegt es eben daran, dass sie extrem niederfrequent sind. Am Gebäude auf der anderen Weserseite mag ich auch während mehrerer Wochen keine Veränderung wahrnehmen. Doch selbst wenn das Gebäude *für mich* nicht zur niederfrequenten Orientierung taugt, so geht auch an ihm „die Zeit nicht spurlos vorbei".

Ein weiterer Paradefall für solch unterschiedliche Frequenzen und vermeintliche Zeitlosigkeiten sind die Ansprüche, die wir an bestimmte Kulturunternehmungen stellen. So sind beispielsweise die Veränderungen in den Ansprüchen, die wir an die Mathematik stellen, extrem niederfrequent im Vergleich etwa zu denjenigen, die wir an die Biologie oder gar die Politik stellen. Die Biologie hat sich in den vergangenen Jahrhunderten grundlegend aus- und umgestaltet, und auch politische Anforderungen an Staatsform und Sozialstaatlichkeit haben sich in dieser Zeit stark gewandelt. Im Vergleich dazu haben sich bestimmte Anforderungen an Kohärenz und Widerspruchsfreiheit, die für die Mathematik grundlegend sind, über die vergangenen Jahrhunderte und gar Jahrtausende kaum gewandelt. Und genau das mag den Eindruck erwecken, die Mathematik sei selbst eine zeitlose Disziplin.

Tatsächlich wäre es eher mühsam, die Zeitbehaftetheit des Niederfrequenten – die eben auch für die Mathematik gilt – unentwegt explizit mitzudenken und zu formulieren. Um uns zu orientieren und unsere Beschreibungen und Begriffe möglichst einfach zu gestalten, behandeln wir dementsprechend (nicht nur mathematische) Aussagen immer wieder so, *als ob* sie ewige Gültigkeit hätten.[98] Das ändert allerdings nichts am Gangunterschied, der eben beispielsweise die Mathematik von Erfahrungskontexten trennt, die mit Politik, Medizin oder Ingenieurskunst zu tun haben und die in diesem Sinne deutlich *hochfrequenter* ihre Ansprüche und Anforderungen wandeln.

So wie niederfrequente Prozesse solche sind, die primär für Orientierung und Halt sorgen, sind es die hochfrequenten, die primär unseren Bedarf nach Neuerung bedienen und gegebenenfalls auch unseren Puls in die Höhe schnellen lassen. Um schon das Thema des nächsten Abschnitts anklingen zu lassen, könnte man davon sprechen, dass wir immer noch eine weitere Obertonschwingung hinzunehmen. Wir setzen „immer noch einen obendrauf", um neue und in diesem Sinne

---

[97] In diesem Sinne niederfrequent und orientierend ist beispielsweise auch die Einteilung der Geschichte in Epochen und Perioden (vergleiche Demandt 2015, S. 430–464); oder man denke, etwas spezifischer, an die *longue durée* als Ebene gleichsam niederfrequenter historischer Grundstrukturen, der die Ebene der hochfrequenten Ereignisgeschichte gegenübersteht (vergleiche Braudel 1992 [1956]); oder man vergleiche – um auch ein innerphilosophisches Beispiel zu geben – die Entwicklung des Weltgeistes bei Hegel 1987 [1807].

[98] Vergleiche hierzu – inklusive der Anklänge an Kant und Vaihinger (*Die Philosophie des Als Ob*) – Blumenberg 1986, passim.

schnellere Möglichkeiten zu generieren. Das ist vor dem Hintergrund einer Kontraststeigerung beziehungsweise neuer Kontraste durchaus sinnvoll, trifft aber auch auf Grenzen. Das zeigt sich insbesondere darin, dass sich Menschen darüber beschweren, alles werde immer schneller, was eben als ein „es gibt immer höherfrequente Prozesse" interpretiert werden sollte. So ergeben sich viele neue und zusätzliche Möglichkeiten, wenn beispielsweise Botschaften nicht mehr per Bote oder Brieftaube versendet werden, und auch nicht mehr per Schiff oder Kutsche, sondern elektronisch. Es etablieren sich somit jeweils höherfrequente Prozesse und, statt beispielsweise noch eine E-Mail, geschweige denn einen Brief zu schreiben, verwenden wir lieber einen Messenger-Dienst, weil dies hoffentlich dazu führt, dass im Gegenzug auch der Adressat uns schneller antwortet.

Wir dehnen unseren Erfahrungs- und Wirkungsbereich also gleichsam über einen immer größeren Frequenzbereich aus. Und das gilt nicht nur am hochfrequenten Ende im Zusammenhang mit neuen Medien, Nanosekunden-Finanzgeschäften oder allgemein der sogenannten Digitalisierung. Auch am anderen Ende des Frequenzspektrums erschließen wir uns neue Zeitskalen, mit denen wir jeweils lernen müssen umzugehen. Selbstverständlich zeitigten auch schon früher bestimmte menschliche Handlungen langanhaltende Wirkungen. Aber diese erstreckten sich womöglich über einige Generationen, nicht aber über die gleichen Zeitspannen, die heute virulent sind, wenn es etwa um den Klimawandel geht und um Endlagerstätten für radioaktiven Müll.[99] Hier hat unser Handeln eine neue zeitliche Eindringtiefe erreicht, die Hunderttausende von Jahren weit reicht und die nicht den beruhigenden Charakter eines langsam fahrenden Schiffs oder einer sonoren Stimme hat. Die niedrigen Frequenzen, die neu hinzukommen, können durchaus etwas Beunruhigendes haben, auch wenn selbstredend der orientierende Charakter erhalten bleibt. Nur wäre es wohl zynisch zu sagen, der radioaktive Abfall gebe uns in seiner Dauerhaftigkeit Halt. Zutreffend bleibt aber, dass das Langanhaltende eben auch langanhaltend unsere Handlungen prägt.

Insgesamt erweitern wir also gleichsam das Frequenzspektrum unserer Erfahrung. Neue Kontraste und Kontraststeigerungen entstehen gerade dadurch, dass wir uns neue Zeitskalen erschließen.[100] Und dieser Prozess ist manchmal schmerzhaft, weil die neuen Taktungen eben außerhalb dessen liegen, was uns bereits vertraut ist.

---

[99] Das wichtige Schlagwort hier lautet *deep time*. Vergleiche Hanusch 2023 – auch zur Idee eines „Chronopolitismus", der auf einem Prinzip zeitlicher Invarianz basieren und den Kosmopolitismus der Vereinten Nationen ergänzen solle.

[100] Vergleiche Baier 1990, demzufolge die Herrschaft über Zeit beziehungsweise über „die Zukunft" das vornehmliche Expansionsziel vieler moderner westlicher Staaten sei, nachdem andere Formen der Expansion (insbesondere eine territoriale) sich als nicht mehr angemessen oder als unmöglich erwiesen.

5 Zeit-Hören I: Bezüge zu Musik und Klang

5.1 Musik und Klang als einfache Modelle, Hören als Mustererfahrung

Zeit, so hat sich in den ersten Kapiteln erwiesen, ist keine unabhängige Substanz, sondern etwas, das Ereignissen inhärent ist und das uns in prominenter Weise begegnet, wenn wir Ereignisse zueinander in Beziehung setzen, wenn wir sie gleichsam takten. Um sinnvoll takten zu können, ist es wichtig, zumindest begrifflich zu unterscheiden zwischen Ereignissen, die als Wiederholungen anderer Ereignisse gelten, und solchen, die eine Neuerung darstellen. Beides, so hatte sich gezeigt, tritt nicht in Reinform auf, es ist vielmehr das Zusammenspiel zwischen Wiederholung und Neuerung, das charakteristisch für zeitliche Verläufe und Ordnungen ist. Dieses Zusammenspiel führte auf den Begriff der Variation.

Wenn Begriffe wie *Taktung* und *Variation* eine so zentrale Rolle spielen, liegt es nahe, bei der Untersuchung von Zeitbegriff und Zeiterleben verstärkt auf den Kontext der Musik zu setzen, um weitere strukturelle Analogien herauszuarbeiten. Denn in der Musik werden Taktung und Variation selbst thematisch. Dadurch kann auch das Kriterium von oben erfüllt werden, wonach der Untersuchungsgegenstand nicht so komplex sein sollte wie etwa die zeitlichen Taktungen innerhalb einer Gesellschaft. Dabei meint komplex hier vor allem die zusätzlichen Ebenen, die hineinspielen, wenn Taktung und Variation gleichsam zum Organisationsmittel höherer Stufe werden. Das soll nicht in Abrede stellen, dass die zeitlichen Taktungen auch innerhalb einer musikalischen Komposition oder Darbietung sehr kompliziert werden können und dass oftmals nur ein breites historisches und kulturelles Wissen auch ein vertieftes Verständnis der dargebotenen Musik erlaubt. Dennoch treten Taktung und Variation als eigenständige Themen in der Musik stärker hervor, als dies beispielsweise der Fall ist, wenn wir die Taktung von Wahlen innerhalb einer Demokratie betrachten oder es darum geht, wann und wie ein religiöses Fest zu begehen sei. Bei den Gesetzen, Traditionen und Gepflogenheiten, die den Wahlen und Festen zugrunde liegen, treten vermittelnde Charakteristika hinzu, die den Taktungs- und Variationscharakter oft schwerer erkennbar werden lassen und auch nur vermittelt auf ihn abzielen. So führt die relative Taktung von Wahlen zu bestimmten Formen der Anhäufung beziehungsweise Verteilung von Macht. Führt man viele wichtige Wahlen zeitgleich durch, so ergibt sich ein eher zyklisches System, wie etwa in den Vereinigten Staaten, die politisch sehr stark durch Präsidentschaftsperioden geprägt sind. Demgegenüber werden in der Europäischen Union Wahlen bewusst zeitlich verteilt – Europäisches Parlament, Deutscher Bundestag, französischer Präsident und so weiter werden gerade nicht am gleichen Tag gewählt – was eher einer linearen Vorstellung von Kontinuität und Fortschreiten entspricht. Doch wie auch immer: Den Anlass für diese Taktung bilden Ziele, die komplex sind in dem Sinne, dass sie primär mit der Verteilung von Macht zu tun haben und Variation und Taktung nur vermittelt Beachtung finden – eben als Ordnungsmittel höherer Stufe.

Nun mag, wie gerade schon angedeutet, auch von der Musik behauptet werden, dass Taktung und Variation in ihr letztlich Ordnungsmittel höherer Stufe seien. Wird etwa eine Kantate oder Fuge von Johann Sebastian Bach als Beispiel herangezogen, so impliziert dies bereits eine Reihe von strukturierenden Ordnungen, die kulturell etabliert sind. Es gibt die Skala von zwölf Tönen und bestimmte Vorstellungen dazu, wie sie (harmonisch) anzuordnen sind, was als Schluss einer musikalischen Phrase erlaubt ist und so weiter. Dies ist sicherlich korrekt und sollte uns davor bewahren zu behaupten, in der Musik spielten kulturelle Vermittlungs- und Organisationsleistungen keine Rolle. Dennoch werden in einer Fuge oder Kantate, anders als etwa bei der Taktung von Wahlen, Variation und Neuerung auch in einer direkten Form thematisch.

Um in diesem Sinne die Komplexität noch etwas weiter zu reduzieren, sind unter den konkreten Hörbeispielen, die ab dem nächsten Abschnitt genauer diskutiert werden, immer wieder auch schlichte Klangereignisse wie beispielsweise ein Rauschen oder elektronisch generierte Töne und Geräusche. Denn auch bei einfachen Tönen und Klängen spielen zeitliche Abfolgen und Taktungen eine besondere Rolle. Nicht ohne Grund spricht man beispielsweise von einer *Be-ton-ung*, wenn etwas innerhalb einer Abfolge oder Reihe heraussticht.

Dass Musik und Klang eine im genannten Sinne geringe Komplexität aufweisen, dennoch aber inhaltlich einschlägig sind, lässt sich auch evolutionstheoretisch nachvollziehen. So ist Musik menschheitsgeschichtlich älter als Sprache. Singen und Klopfen sind sehr alte Formen eines gemeinsamen kommunikativen Austausches, der vergleichsweise wenig intersubjektives Vorwissen und Übereinkommen voraussetzt, aber eben auf Rhythmen und Variationen basiert. Außerdem ist mit der Fähigkeit, Geräusche hervorzubringen, die vielleicht einfachste Möglichkeit gegeben, als kausaler Faktor in der Welt zu wirken und sich auch als solcher zu erleben. So verursacht etwa ein Baby, das schreit, in der Regel eine ganze Reihe von Handlungszusammenhängen, die für es selbst relevant sind: Die Eltern füttern es, Windeln werden gewechselt und so weiter. Und jemand, der beispielsweise bei einem Spaziergang im Wald verängstigt ist, mag versuchen, sich diesen Ort durch Pfeifen, Selbstgespräche oder dergleichen akustisch anzueignen. Nennenswert sind in diesem Zusammenhang auch neue aktive Therapieformen, bei denen Menschen, die körperlich sehr stark eingeschränkt sind, über einfachste und minimale Körperbewegungen musikalische Klänge erzeugen. Dies führt nämlich bei vielen genau zu einem besonderen Erleben der eigenen Person als einem kausalen Faktor in der

Welt. Das eigene Handeln, mag es auch eine noch so geringfügige Bewegung sein, führt dann ganz „offenhörlich" zu einem Unterschied in der Welt.[101]

Musik und Klang sollen hier also als ein einfaches Modell dienen – als ein *toy model*, wie man es in der Physik nennen würde. Dort entsprechen *toy models* starken Idealisierungen, die zur Vereinfachung nur sehr wenige Kausalfaktoren beachten und die gezielt zur Beschreibung bestimmter Phänomene angelegt sind.[102] Dabei ist einerseits klar, dass solche Modelle in ihrer Komplexität nicht an alles heranreichen, was „in Wirklichkeit" von Relevanz ist – also vergleichbar mit dem Fall hier, bei dem nicht sogleich Spezifika eingebunden werden sollen, die sich bei demokratischen Wahlen, religiösen Festen und Ähnlichem ergeben. Andererseits, so die Hoffnung, werden gerade durch diese Vereinfachung grundlegende strukturelle Zusammenhänge besonders deutlich erkenn- und analysierbar.

Oben wurde bereits auf die Rolle von Analogien für die Offenlegung struktureller Zusammenhänge verwiesen. Und wenn die vermuteten Zusammenhänge komplex sind, tut man gut daran, sich auf Weniges – und hoffentlich Einschlägiges – zu konzentrieren. Annahme und Hoffnung sind also, dass die im Alltag häufig geäußerte Überzeugung, mit Musik lasse sich vieles ausdrücken, auch im Leibniz'schen Sinne des *Ausdrückens* zutrifft – und dies insbesondere im Kontext von Zeitbegriff und Zeiterfahrung.

Nun sind philosophische Erwägungen darüber, in welcher Weise Musik ein gutes Modell für die Philosophie sein mag, nicht neu. Sie finden sich insbesondere in der Romantik, etwa bei Friedrich Schlegel.[103] Auch für Schelling und für Arthur Schopenhauer spielt die Musik eine herausragende Rolle innerhalb der Philosophie.[104] Und obwohl die gegenwärtige Philosophie deutlich zurückhaltender ist, was eine allgemeine Systembildung angeht, finden sich auch hier Ansätze, die auf ihre Weise die besondere philosophische Relevanz von Musik betonen. So knüpft etwa Andrew Bowie an Ansätze von Stanley Cavell an und streicht heraus, wie ästhetische Urteile – und man mag wohl ergänzen: auch moralische Überzeugungen – oftmals nicht durch den Rückgriff auf einen artikulierten Schluss gerechtfertigt werden können.[105] Dennoch gäbe es hier ein geteiltes Wissen über die Welt; und die Situation gleiche eben derjenigen, die auch im Kontext der Musik anzutreffen sei. Musik sei nichtpropositional, dennoch würden Menschen Musik in einer bestimmten Art *erleben* und auch *verstehen* – auch wenn sich das Erlebte eben nicht

---

[101] Vergleiche hierzu mehrere Beiträge bei der Konferenz *Interactive Digital Art & Societal Health* (Humboldt-Universität zu Berlin, Dezember 2022).
[102] Vergleiche etwa Bailer-Jones 2009.
[103] Vergleiche etwa Schlegel 1981.
[104] Vergleiche Schelling 1985 [1802–1803] und Schopenhauer 1986 [1818/1819], insbesondere § 52.
[105] Vergleiche Bowie 2007, S. 13, sowie Cavell 1976, S. 93.

direkt in Sätze fassen ließe. Also, so Bowies Vermutung, könne die moderne Philosophie vermutlich viel lernen, wenn sie sich intensiver mit Musik auseinandersetze.

Ähnlich hat sich schon vor mehreren Jahrzehnten der Phänomenologe und Soziologe Alfred Schütz geäußert. Er weist der Auseinandersetzung mit der Musik eine Musterrolle zu, gerade wenn es um die Analyse gesellschaftlicher Zusammenhänge geht, und schreibt:

> Musik ist ein Sinnzusammenhang, der nicht an ein Begriffsschema gebunden ist. Und dennoch kann dieser Sinnzusammenhang ein Gegenstand der Kommunikation sein. [...] Sinnstruktur kann nicht in der Begriffssprache ausgedrückt werden.[106]

Schütz streicht damit nochmals heraus, dass Musik nicht die gleiche begriffliche Form von Weltbezug (Intentionalität) voraussetzt wie Sprache. Musik ist nicht in der gleichen Art immer schon begrifflich und propositional vorstrukturiert, eignet sich aber dennoch, um gemeinsam die Wirklichkeit zu erleben und zu gestalten. Hieraus ergeben sich unweigerlich eine Reihe soziologischer Fragestellungen.

Schütz' wie Bowies Überlegungen klingen sehr plausibel, ich möchte sie allerdings in eine etwas andere Richtung lenken beziehungsweise fortsetzen. Mir wird, anders als bei Bowie, die Musik nicht als Leitfaden für eine nichtdiskursive Fundierung von Ethik und Ästhetik dienen, sondern als Modell, um die strukturellen und nichtpropositionalen Grundlagen von Zeit zu verstehen.[107] Denn für die Musik gilt wie auch für die Sprache und überhaupt für sämtliche menschlichen Sinnzusammenhänge: In der Erfahrung sind sie allesamt durch das innere Zeitbewusstsein vorstrukturiert. Ein einfaches Hörerlebnis bezieht sich nicht in der gleichen Weise auf beispielsweise einen konkreten Sachverhalt oder eine Handlungsanweisung wie etwa ein konkreter Denk- oder Sprechakt. Dennoch ist auch das einfache Hörerlebnis geeignet, die zeitliche Strukturiertheit offenzulegen, die eben alle geistigen Akte teilen.

Um dies zu betonen, wird insbesondere im nächsten Kapitel auf einen Bereich der Musik intensiver eingegangen, der (leider) in philosophischen und musiktheoretischen Kontexten oft vernachlässigt wird. Gemeint ist der Jazz.[108] Als Musikform,

---

[106] Schütz 1972, S. 129.
[107] Entsprechend geht es mir auch, anders als etwa Johnson 2015, nicht darum, die kulturgeschichtliche Entwicklung der Moderne entlang der kultur- beziehungsweise sozialgeschichtlichen Entwicklung der Musik zu verstehen.
[108] Vergleiche Bowie 2007, S. 14. Kurioserweise hinterfragt er selbstkritisch diese Vernachlässigung des Jazz, tut sie dann aber mit dem Kommentar ab, die Praxis des Jazz entziehe sich eben besonders stark einer diskursiven Auseinandersetzung. Doch das wirkt widersprüchlich, da Bowie ja gerade

die in besonderer Weise mit Improvisation verknüpft ist, wird gerade der Jazz geeignet sein, um strukturelle Eigenschaften von Zeit und Zeiterleben offenzulegen.[109] Außerdem, auch das unterscheidet das Folgende von Bowie wie Schütz, wird es immer wieder um schlichte Klänge gehen, um – wie erwähnt – nicht immer schon komplexe kulturelle Besonderheiten (abendländischer) Musik vorauszusetzen.[110]

Ein in diesem Sinne breiteres Verständnis von dem, was Musik beziehungsweise allgemeines Klangerleben auszeichnet und inwiefern diese über einen nichtrepräsentationalen (und damit auch nichtpropositionalen) Gehalt verfügen, findet sich neuerdings bei Jin Hyun Kim.[111] Sie versteht unter Musik Praktiken der beziehungsorientierten kommunikativen Interaktion, die auf Klang und Bewegung basieren und zu strukturierten gemeinsamen Erfahrungen führen. Da sie sich nicht auf einen repräsentationalen Gehalt bezieht, ist dieser Ansatz kulturell vergleichsweise offen. Der musikalische Gehalt ist nicht vorgegeben, sondern entsteht über die gemeinsamen Erfahrungen. Und für solche Erfahrungen kann beispielsweise die Kadenz, wie sie in der westlichen Musik vorkommt, prägend sein. Aber ebenso können klangfarbliche Mikrostrukturen, wie sie in anderen Kulturkontexten vorkommen, die musikalische Form bestimmen. Dies erlaubt ein breites Verständnis von musikalischer Form, demzufolge – um es etwas provozierend zu formulieren – neben Schubert-Liedern auch Schamanen-Gesänge, neben Bach'schem Klavierkonzert auch balinesischer Kecak und neben Werken von Sibelius und Ravel auch Silent Rave als musikalische Formen gelten.

Der Hinweis darauf, das Verstehen und Erleben von Zeit und Musik sei möglicherweise in zentralen Teilen nichtpropositional, ruft sogleich Rückfragen hervor

---

Nichtpropositionalität und Nichtdiskursivität betonen möchte. Noch ein Grund mehr also, zu versuchen, dem Jazz Gehör zu verschaffen. Vergleiche ergänzend Sieroka 2024.

109 Und wie schon bei der auskomponierten Musik, so gilt auch hier: Die These ist nicht, Jazz sei nicht kulturell geprägt. Das ist er sehr wohl. Aber er ist es in einem geringeren Maße als etwa eine (semantische) Sprache; und bei ihm werden, was eben für eine Untersuchung über Zeit zentral ist, Rhythmus und Taktung in besonderer Weise selbst thematisch.

110 Nur um dies erneut zu betonen: Die nachfolgenden Bezüge zu musikalischen und anderen Klängen dienen dazu, etwas *über Zeit* erfahrbar zu machen. Es geht nicht darum, einen genuin *musikphilosophischen* Beitrag zu leisten und mich etwa intensiv mit den – nach wie vor wirkmächtigen Arbeiten von Adorno (wie etwa Adorno 1978 [1940–1948] und Adorno 2005 [1927–1959]) auseinanderzusetzen. Auch sind Diskussionen in der Musikphilosophie typischerweise von anderen Fragestellungen geprägt, wie etwa solchen zum Verhältnis von Musikphilosophie zu Musikwissenschaft oder auch zum musikalischen Werkbegriff (vergleiche etwa Fuhrmann und Mahnkopf 2021). Auch sollen mit dem Folgenden keine Ambitionen wiederbelebt werden, die – wie etwa im 17. Jahrhundert bei Athanasius Kircher – die Musiktheorie zu einer Universalwissenschaft und eigentlichen Metaphysik verklären (vergleiche Wald-Fuhrmann 2006).

111 Vergleiche Kim 2023.

zur Redeweise über einfache Modelle (*toy models*). Da sie bewusst Komplexität reduzieren, werden *toy models* häufig als pädagogisches Mittel verwendet, um bei individuellen Menschen einen Verstehensprozess begleitend zu unterstützen. Wenn in einer Quantenmechanik-Vorlesung beispielsweise ein harmonischer Oszillator als Modell verwendet wird, geschieht das, um die Studierenden langsam an die Komplexität des betrachteten Systems heranzuführen und auf diesem Weg bereits relevante Fähigkeiten und Betrachtungsweisen mit ihnen einzuüben. Was heißt das aber für den Kontext von Musik, Hören und Zeit, wenn dieser, anders als Quantenmechanik, nicht propositional handhabbar ist?

Tatsächlich kann auch im Kontext von Musik, Hören und Zeit an der Grundidee festgehalten werden, etwas von reduzierter Komplexität anzubieten, um so einen individuellen Verstehensprozess zu erleichtern und begleitend zu unterstützen. Nur kann das Angebotene eben nicht, oder zumindest nicht ausschließlich, propositionaler Natur sein wie vermeintlich die quantenmechanische Beschreibung eines harmonischen Oszillators. Die Art von Modell, die hier benötigt wird, ist eher vergleichbar mit einem sogenannten Idiotenhügel, an dem man das Auto- beziehungsweise Skifahren erlernt. Theoretische Explikationen allein erschöpfen hier nicht das, was relevant ist; vielmehr bedarf es auch des eigenen direkten Erlebens. Und dieses Erleben ist zugleich spezifisch und nichtpropositional. Es gibt, wie es in der philosophischen Literatur üblicherweise ausgedrückt wird, eine spezifische Form des „wie es ist", etwas zu erleben – hier also: etwas zu hören – das sich nicht erschöpft in einem Wissensbestand, den man in Satzform niederschreiben kann.[112] Und um für einen solchen erlebnisorientierten Zugang zumindest erleichternde Rahmenbedingungen zu schaffen, sind in den folgenden Unterabschnitten dieses und des nächsten Kapitels vermehrt Hyperlinks angegeben, durch deren Anklicken das, was jeweils begrifflich dargestellt oder zumindest angedeutet wird, direkt angehört und selbst erlebt werden kann.

Genauer müsste also davon die Rede sein, die folgende beschreibende Auseinandersetzung mit Musik und Klang diene als *toy model* (als *einfaches Modell*), während das individuelle Hören über die Hyperlinks vor allem die Rolle einer *toy experience* übernehme – oder doppeldeutig formuliert: die Rolle einer *Mustererfahrung*. Denn hier werden bestimmte Muster, die mit zeitlichen Taktungen zu tun haben, beispiel- oder gleichsam musterhaft erfahren. Vielleicht lässt sich also, wer diesen Text liest und so auf strukturelle Analogien begrifflich hingewiesen wird, auch auf die Hörbeispiele ein und *erfährt* so strukturelle Ähnlichkeiten zwischen konkretem Hör- und allgemeinem Zeiterleben.

---

[112] Vergleiche Nagel 1974 und Bieri 1982. Vergleiche auch Jackson 1986, der die Problematik allerdings einmal mehr an einem visuellen Beispiel erarbeitet.

Anders ausgedrückt: Das Lesen dieses Textes kann lediglich *Aussagen über* einen solchen Erfahrungsprozess liefern. Der Text formuliert propositionale Zusammenhänge, kann aber nicht direkt Änderungen im Erleben hervorrufen. Dazu müsste vielmehr das geändert werden, was man philosophisch als „propositionale Einstellung" bezeichnet, was aber selbst nichts Propositionales ist und sich auch nicht über das pure Lesen von Propositionen zwangsweise einstellt. Andererseits soll der Text diesen Prozess aber zumindest unterstützen. Entsprechend schwingen Bezüge zum Hören immer schon mit und werden im Text vermehrt auditorisch konnotierte Ausdrücke verwendet.[113]

Doch zurück zu den Mustererfahrungen: Mit den Hörbeispielen soll also ein (nichtpropositionaler) Erfahrungsprozess angestoßen werden, bei dem es nicht darum geht, etwas theoretisch zu beweisen, sondern sich etwas wahrnehmend zu vergegenwärtigen. Damit soll das Hören nicht zum *eigentlichen* oder gar *letztbegründendem* Weltzugang erklärt werden, wohl aber zu einem, der viel über zeitliche Ordnungen und konstitutive Beiträge zum Zeitbewusstsein offenlegen kann. Gerade wenn es um Zeit geht, sollte unser Weltbild vielleicht auch ein Klangbild sein.

Mustererfahrungen sind die folgenden Hörbeispiele auch insofern, als mit ihnen innerlich experimentiert werden kann.[114] Es können die möglichen Konsequenzen von unterschiedlichen Taktungen exploriert werden, ohne sich dem Druck konkreter Situationen in Alltag und Außenwelt überantworten zu müssen.[115] Dadurch kann Unsicherheit überwunden werden und können sich neue Muster – neue Rhythmen – etablieren. Die Erfahrungswelt kann sich vertiefen und erweitern; und die Einstellungen gegenüber anderen sowie das gemeinsame Handeln können als zeitliche Gestalten betrachtet werden, die eben analog zu den auditorischen Phänomenen sind.

Dass gerade Musik und Klang ein solch beispielhaftes Experimentieren und (nichtpropositionales) Erfahren von zeitlichen Strukturen erlauben, verdeutlicht bereits folgender simpler Sachverhalt: Während man nämlich etwa einen aufgezeichneten Vortrag mit eineinhalbfacher, doppelter oder halber Geschwindigkeit abspielen kann, ohne dass sich dessen Gehalt dadurch ändern würde, ist dies bei Musik und Klang nicht möglich. Denn während der Gehalt des Vortrags vornehmlich ein semantischer ist, ist der Gehalt von Musik vornehmlich ein klanglicher. Und

---

113 Vergleiche Sieroka 2023 zu der Vorstellung, mit Texten „philosophische Themen hörbar" zu machen. Vergleiche auch Gabriel 1990 (sowie Fricke 1990) zum Verhältnis literarischer Form und nichtpropositionaler Erkenntnis in der Philosophie allgemein.
114 Vergleiche Dewey 1958 [1925], S. 166, auch wenn er das „innere Experimentieren" vornehmlich auf eine sprachlich artikulierte Ebene bezieht.
115 Die Erfahrung wird „befreit" (*liberated*), wie es in Dewey 1958 [1925], S. 166, heißt.

letzterer ist *zeitlich nicht hintergehbar*, da eine Änderung in der Wiedergabegeschwindigkeit schlicht zu anderen Klängen führt. Damit unterscheidet sich die Wahrnehmung von Klang und Musik auch von diversen anderen Bereichen des Geistigen, in denen etwas, was vorher in einzelnen Teilen vorlag, zu einer Einheit verschmelzen und *auf einen Schlag* erfasst werden kann. In diesem Sinne stehen mir etwa Aussagen oder mathematische Beweise, die ich einmal verstanden habe, fortan in einer direkteren Weise zur Verfügung, als dies bei musikalischen Stücken der Fall ist.[116] Der Gehalt von Musik – egal ob von einer Symphonie von Gustav Mahler, einem Solo von John Coltrane oder einem Song von *Led Zeppelin* – lässt sich nicht auf ein einzelnes und instantanes Aha-Erlebnis verkürzen. Aber beim Gehalt des Satzes des Pythagoras ist genau das möglich; nämlich dann, wenn bei mir endlich „der Groschen fällt". Anschließend ist mir der Gehalt gegeben, ohne dass ich mir jeweils den gesamten Verstehensprozess vergegenwärtigen müsste. Aber im Fall von Symphonie, Solo und Songs ist dies anders. Sie sind eben nicht in dieser Weise zeitlich hintergehbar.

Das verneint selbstverständlich nicht die Möglichkeit, ein Musikstück schneller oder langsamer abzuspielen und sich am so Gehörten etwas zu verdeutlichen. In besonderen Fällen – wie bei John Cages *ORGAN2/ASLSP*, das derzeit in Halberstadt aufgeführt wird und 639 Jahre dauert – mag man sogar auf einen derartigen Zeitraffer angewiesen sein, um einen Eindruck vom Gesamtstück zu bekommen. Dennoch ist das, was dann gehört wird, eben nicht das ursprüngliche Stück. Die Übertragungsleistung ist also eine andere als beim Verweis auf den einmal verstandenen Satz des Pythagoras.[117]

5.2 Sinn für Zeit und auditorische Gestalten

Wie schon im Auftakt-Kapitel betont, fand und findet das Hören innerhalb der Philosophie selten genauere Beachtung. Bezeichnend ist allerdings, dass sich Ausnahmen vor allem dann finden, wenn es um eine genauere Betrachtung des Zeit-

---

116 Vergleiche Schütz 1972, S. 143, der im Anschluss an Husserl vom grundsätzlich „polythetischen" Charakter von Musik spricht und dies vom „monothetischen" Charakter von Aussagesätzen und mathematischen Beweisen abgrenzt.
117 Außerdem – doch auch das ist an dieser Stelle unproblematisch – gibt es in der Musik, ähnlich wie in der Literatur, einen Unterschied zwischen der Erzählzeit und der erzählten Zeit, also zwischen der physikalischen Dauer eines Musikstücks und dem Zeitraum, der im Stück vergegenwärtigt wird. So dauert das Lied *Seven Days* von Sting nicht sieben Tage; und auch wenn Richard Wagners *Ring der Nibelungen* eine beeindruckende Aufführungsdauer von rund fünfzehn Stunden hat, so ragt dies doch bei Weitem nicht an den Zeitraum heran, der auf der Bühne dargestellt wird.

bewusstseins geht. Das berühmteste Beispiel dürfte Edmund Husserl bieten.[118] Seine Phänomenologie – die sich begrifflich von *phainomai* (φαίνομαι – erscheinen/ leuchten) ableitet – bedient sich vieler visuell konnotierter Ausdrücke wie etwa *Abschattung, Horizont* oder *Zeithof.* Wenn er allerdings das Zeitbewusstsein analysiert, so handeln die Beispiele, anders als sonst, von Tönen und Melodien. Auch bei ihm wird also, wenn es um Zeit geht, das Hören zur Mustererfahrung.

Kommen wir also zur Ebene konkreter Hörerfahrungen und zu der Frage, inwiefern diese eine besonders enge Beziehung zum Erleben von zeitlichen Ordnungen haben: Tatsächlich zeigt sich dies bereits durch einige einfache psychologische Marker.[119] So fällt es Menschen in der Regel sehr viel leichter, die Dauer von akustischen Reizen (also Tönen, Klängen, Geräuschen) voneinander zu unterscheiden als diejenigen Dauern, mit denen ihnen beispielsweise Bilder präsentiert werden oder sie eine Berührung auf ihrer Haut spüren. Auch fällt es Menschen in der Regel leichter, ein zeitliches Muster (einen Rhythmus) nachzuklopfen oder -klatschen, wenn ihnen dieses Muster zuvor akustisch präsentiert wurde, als dann, wenn es ihnen visuell dargeboten wurde (höre Playlist-Beitrag #2). Und entsprechend leichter fällt es den meisten Musizierenden, sich an einem handelsüblichen akustischen Metronom zu orientieren als an einem, das mit Stroboskop (also Lichtblitzen) arbeitet.

Diese Beispiele betreffen allein das Erleben zeitlicher Abfolgen und Dauern. Aber gerade beim Hören gibt es, was zeitliche Abfolgen und Dauern anbelangt, enge Verbindungen auch zwischen dem individuell Erlebten und dem, was sich physikalisch (als Schallereignis) bestimmen lässt. So gehen letztlich sämtliche auditorischen Qualitäten, die wir an einem Ton wahrnehmen, mit zeitlichen Wiederholungsmustern einher. Einer gehörten Tonhöhe ist auf physikalischer Seite eine bestimmte Frequenz zugeordnet. Dabei bezeichnet „Frequenz" nichts anderes als die Zeitkonstante der wiederkehrenden Form einer Schallwelle; sie bezeichnet, wie oft sich das Schallmuster pro Sekunde wiederholt. Eine Klangfarbe – also das, was den Unterschied ausmacht, wenn man etwa den gleichen Ton einmal auf einem Klavier und einmal auf einer Klarinette gespielt hört – entspricht einem charakteristischen Gemisch weiterer Frequenzen, die zur Tonhöhe hinzukommen.[120] Die Lautheit eines Klangs hat damit zu tun, wie stark die zeitlichen Schallmuster ausgeprägt sind. Und dass Rhythmus es mit zeitlichen Abfolgen zu tun hat, dürfte ohnehin klar sein. Weniger geläufig, aber ebenfalls bemerkenswert ist die Tatsache,

---

118 Vergleiche Husserl 2000 [1928].
119 Einschlägige Monographien in diesem Zusammenhang sind etwa Fraisse 1985 [1957] und, für den Zusammenhang auch von Akustik und Mechanik, Terhardt 1998 sowie Zwicker und Fastl 1999.
120 Entsprechend wäre ein Sinuston als derjenige Grenzfall zu beschreiben, bei dem Tonhöhe und Klangfarbe zusammenfallen (weil eben genau keine weiteren Frequenzen hinzukommen).

dass selbst die horizontale räumliche Zuordnung von akustischen Reizen mit Zeit zu tun hat. Eine Schallwelle, die beispielsweise von rechts kommt, wird das rechte Ohr des Hörenden früher erreichen als das linke. Und diese zeitliche Differenz wird dann entsprechend physiologisch weiterverarbeitet.

Es bestehen also enge Verbindungen zwischen den auditorischen Wahrnehmungsqualitäten, die individuell erlebt werden, und zeitlichen Regularitäten physikalischer Ereignisse. Wie schon betont, soll das aber nicht einem physikalischen Reduktionismus das Wort reden. Der Hinweis auf diese Verbindungen soll lediglich die Empfänglichkeit steigern, beim Hören dessen zeitliche Strukturierung in ihrem exemplarischen Charakter mitzuerfassen. Um dies nicht nur zu diskutieren, sondern auch erlebbar zu machen, komme ich nun zu konkreten akustischen Phänomenen, die als Mustererfahrungen im obigen Sinne dienen mögen.[121]

Die eben genannten Verbindungen zwischen Wahrnehmungsqualitäten und physikalischen Regularitäten zeigen sich besonders eindrücklich bei Übergangsphänomenen; sprich: wenn eine kontinuierliche Veränderung der Zeitkonstanten auf Seiten der physikalischen Regularität zu einem qualitativen Sprung auf Seiten des Erlebens führt. Ein eingängiges Beispiel hierfür ist die Abfolge von Klickgeräuschen, also zeitlich minimal ausgedehnten akustischen Impulsen: Folgen Klicks beispielsweise im Sekundentakt aufeinander, so werden sie schlicht als Abfolge von Klicks wahrgenommen. Verringert man aber das Intervall ihres Aufeinanderfolgens, so hören wir irgendwann keine einzelnen Klicks mehr. Die immer schneller aufeinander folgenden Klicks verschmelzen gleichsam miteinander und rufen als Hörerlebnis nun eine Tonhöhe hervor. Folgen die Klicks beispielsweise irgendwann im Millisekundentakt aufeinander, so wird ein kontinuierlicher Ton mit der Frequenz von 1.000 Hertz wahrgenommen (höre Playlist-Beitrag #3).

In diesem Beispiel fügt sich die intervallstabile Wiederholung von Klicks also zu einer einheitlichen Wahrnehmungseigenschaft, nämlich der Tonhöhe. Man könnte auch davon sprechen, dass mit der Tonhöhe eine (wenn auch rudimentäre) Form von Bedeutung generiert wurde und dass dies geschehen ist allein über die zeitliche Taktung, nämlich in diesem Fall über die Erhöhung der Wiederholungsrate. Oder anders formuliert: Es kommt zu einem Übergang von einer Vielheit – hier exemplifiziert durch die einzeln wahrgenommenen und abzählbaren Klicks – zu einer Einheit in Form einer ganzheitlichen sinnlichen Gegebenheit – hier eben die einheitliche Tonhöhenwahrnehmung.[122]

---

[121] Zu den akustischen Beispielen dieses Abschnitts vergleiche erläuternd und ergänzend auch Sieroka und Uppenkamp 2022 sowie Herbin und Sieroka 2023.
[122] Genau solche taktungsbedingten Übergänge hin zu neuen Wahrnehmungsqualitäten sind es auch, die in den zeitphilosophischen Arbeiten von Henri Bergson zentral sind – wir werden darauf in Kapitel 7 zurückkommen.

Ein ähnliches Prinzip unterliegt auch sogenannten *singenden Straßen*, wie es sie beispielsweise in Dänemark und Ungarn gibt. Hier führen kleine Erhebungen beziehungsweise Rillen im Straßenbelag dazu, dass ein Fahrzeug beim Befahren in Vibrationen bestimmter Frequenzen gerät, die ihrerseits ins Fahrzeuginnere als hörbare Tonfolge übertragen werden. Die Straße *singt* (höre Playlist-Beitrag #4).

Ein ebenfalls verwandtes Phänomen – und im gegenwärtigen Kontext vielleicht noch beeindruckender – ist die Wahrnehmung von sogenanntem *iterated rippled noise*.[123] Der Ausgangspunkt hierfür ist, ähnlich wie bei den Klicks, ein Klangmaterial, das selbst durch keine differenzierbare Tonhöhe ausgezeichnet ist: nämlich ein (weißes) Rauschen. Überlagert man ein solches Rauschen mehrfach mit sich selbst, jeweils zeitlich versetzt um die jeweils gleiche Dauer, so nimmt der verrauschte Charakter dessen, was man hört, ab, und es wird eine Tonhöhe wahrnehmbar (höre Playlist-Beitrag #5).[124]

Dieses Phänomen regelmäßiger Rauschüberlagerung, die eine Tonhöhe erzeugt, ist übrigens keinesfalls ein technisches Artefakt, das erst im Zeitalter elektronischer Klanggenerierung bekannt wurde. Vielmehr hat es der niederländische Physiker und Mathematiker Christiaan Huygens bereits Ende des siebzehnten Jahrhunderts beschrieben. Er hatte nämlich eine deutliche Tonhöhe wahrgenommen, als er am Schloss Chantilly an der Freitreppe stand, an der sich das Rauschen eines Springbrunnens bei der Reflexion vielfach überlagerte. Da die Tiefe der einzelnen Stufen jeweils die gleiche ist, ist auch der zeitliche Versatz konstant zwischen den Schallwellen, die von jeweils benachbarten Stufen der Freitreppe reflektiert werden; und somit nimmt auch hier der verrauschte Charakter des Gehörten ab und eine Tonhöhe wird wahrnehmbar.

Das Erzeugen einer Tonhöhenwahrnehmung über Klicks und über *iterated rippled noise* ist deshalb zeittheoretisch bemerkenswert, weil hier Bedeutung allein über eine intervallstabile Wiederholung generiert wird. Das, was getaktet wird – Klicks beziehungsweise Rauschen – trägt selbst keine differenzierte Tonhöhe in sich, lässt aber durch seine zeitliche Taktung Bedeutung im Sinne einer einheitlichen Tonhöhe entstehen.[125]

---

123 Vergleiche Yost 1996.
124 Die Tonhöhe entspricht dann dem Inversen dieser zeitlichen Versatzdauer; so wird beispielsweise bei einem Versatz von jeweils zwei Millisekunden zwischen den überlagerten Rauschebenen eine Tonhöhe von 500 Hertz wahrnehmbar.
125 Nun ließe sich beim *iterated rippled noise* einwenden, es läge durch die besondere Form der Überlagerung ja letztlich doch eine frequenzspezifische Gewichtung und damit eine Tonhöhe im dargebotenen physikalischen Reiz vor. Ein solcher Einwand kann hier aber außer Acht bleiben, weil es nicht um die Ebene des physikalischen Außenreizes geht, sondern um diejenige der Wahrnehmung. (Und selbst, was die frequenzspezifischen Gewichtungen und Phasen des physikalischen

Weiterhin sind diese Fälle deshalb zeittheoretisch bemerkenswert, weil es hier *identische* oder *reine* Wiederholungen sind, die zu Bedeutung führen. Im vorangegangenen Kapitel wurde demgegenüber das Zusammenspiel aus Wiederholung und Neuerung betont: Um im Alltag etwas von besonderer Bedeutung zu erzeugen, bedarf es in der Regel nicht eines solch identischen Zusammenspiels, sondern eines, bei dem auch variiert wird. Eine reine Wiederholung wirkt in der Regel ermüdend – um nicht zu sagen *monoton* oder *eintönig* – und kann zu Bedeutungsverlust führen wie beim erwähnten Phänomen semantischer Sättigung (höre nochmals Playlist-Beitrag #1).

Doch damit liegt kein Widerspruch vor. Auch bei Ritualen, die uns im Alltag begegnen, war ja die exakte Wiederholung einzelner Teile oder Teilhandlungen zentral für die Entstehung von Bedeutung. Und umgekehrt hat das Hören eines langanhaltenden Tons von konstanter Tonhöhe auch durchaus etwas Ermüdendes. Die Gemengelage ist also insgesamt komplexer, und ein musikalisches Beispiel mag verdeutlichen, wie hier auch mit verschiedenen Ebenen der Bedeutungserzeugung und des Bedeutungsverlustes gespielt werden kann: Im Lied *Ain't no sunshine* wiederholt Bill Withers immer wieder die Phrase „I know" (höre Playlist-Beitrag #6 von 0′54″ bis 1′11″). Auf semantischer Ebene führt dies zu einer Sättigung; die Worte verlieren durch die permanente Wiederholung ihre inhaltliche Bedeutung und werden zu reinen Klangelementen. Andererseits steigt aber gleichzeitig die Spannung darüber, wie sich der Sänger mithilfe dieser Klangelemente – die ihn gleichsam, als sie noch semantische Bedeutung hatten, aus der musikalischen Form getragen haben – nun wieder auf der musikalischen Bedeutungsebenen in *timing* und *groove* hineinfinden wird.[126]

Zusammengenommen lässt sich also festhalten: Liegt (noch) keine Bedeutung vor, so kann eine identische Wiederholung unter Umständen eine neue Bedeutungsebene erzeugen – etwa in Form einer Tonhöhe. Liegt umgekehrt bereits eine bestimmte Form der Bedeutung auf höherer Ebene vor, so kann diese gerade bei *identischer* Wiederholung wieder verloren gehen.

Auch die Stabilität von wahrgenommenen Tonhöhen – die sogenannte Tonhöhensalienz – hat mit Zeit und mit identischen Wiederholungen zu tun. Unterschreitet ein Ton eine gewisse Dauer, so ist seine Tonhöhe nicht mehr erkennbar. Im Extremfall wird er zum bloßen Klickgeräusch. Um eine klare und stabile Tonhöhe wahrnehmen zu können, sind in der Regel mehrere Wiederholungen (Zyklen) der

---

Außenreizes anbelangt, ließen sich noch elaboriertere Beispiele anfügen wie etwa die sogenannte Huggins-Tonhöhe.)
126 Mit *timing* ist hier die allgemeine Fähigkeit gemeint, einen Takt oder Rhythmus zu halten, während sich *groove* auf ein konkreteres (und stärker verkörpertes) gemeinsames rhythmisches Grundmuster bezieht.

Grundstruktur nötig: bei einem Sinuston von 500 Hertz, dessen Schallwellenmuster sich nach jeweils zwei Millisekunden wiederholt, also beispielsweise eine Dauer von rund zehn Millisekunden (höre Playlist-Beitrag #7).

Neben diesen ersten und eher schlichten Beispielen gibt es eine Reihe komplexerer akustischer Reize, die die enge Beziehung zwischen Hörwahrnehmung und Regularitäten in der physikalischen Zeit untermauern. Insbesondere gibt es auditorische Gestaltphänomene, die in mancherlei Weise den verblüffenden Fällen ähneln, die vermutlich aus dem visuellen Kontext bekannt sein dürften – so wie beispielsweise Kippbilder. Allerdings haben diese Phänomene im auditorischen Fall nichts mit räumlicher Anordnung zu tun, sondern eben mit zeitlicher. Auch ihre nachfolgende Diskussion mag also helfen, Erkenntnisse über Zeit und über (zeitliche) Variationen zu gewinnen.

Als erstes Beispiel hierzu dient ein sogenannter Shepard-Ton (höre Playlist-Beitrag #8). Dies ist ein Ton, der sich aus mehreren (oktavierten) Frequenzen zusammensetzt und der dem Hörerlebnis nach immer tiefer beziehungsweise immer höher wird, egal, wie lange er abgespielt wird. Diesen Effekt nutzen mittlerweile auch die Macher von Filmen und Videospielen, um bestimmte Stimmungen zu erzeugen (höre Playlist-Beitrag #9). Erzeugt wird dieser Effekt beim höherwerdenden Shepard-Ton dadurch, dass fortwährend tiefe Frequenzen „nachgefüttert" werden, während die hohen nach oben aus dem hörbaren Bereich verschwinden. Und umgekehrt im Falle des immer tieferwerdenden Shepard-Tons. Es handelt sich also um einen rein zeitlichen Effekt basierend auf Frequenzverschiebungen. Räumlich-visuelle Analoga dazu sind der sogenannte Barber-Pole, bei dem sich verschiedene Farbbänder ebenfalls *ohne Ende* nach unten beziehungsweise oben zu drehen scheinen, oder auch die (vermeintlich unendliche) Penrose-Treppe, die vor allem durch diverse Darstellungen des niederländischen Künstlers M. C. Escher Berühmtheit erlangt hat.

In einem weiteren Schritt kann man mit Shepard-Tönen beispielsweise Melodien (Tonfolgen) erstellen, bei denen sich die wahrgenommene Tonhöhe einzelner Töne erst durch den Kontext manifestiert. Das heißt, die Tonhöhenwahrnehmung lässt sich durch die Abfolge dessen, was zuvor gehört wurde, manipulieren (höre Playlist-Beitrag #10).[127] Ob ein Ton beispielsweise höher oder tiefer als sein Vorgänger klingt, kann also davon abhängen, welche Töne zuvor gehört wurden. Damit ist es erneut ein rein zeitlicher Kontext, nämlich die vorgängige Tonfolge, der die Bedeutung, nämlich die nun wahrgenommene Tonhöhe, konstituiert.

---

[127] Beim Playlist-Beitrag findet sich auch ein Link zu der Webseite, von der das Hörbeispiel stammt und auf der man selbst mit Melodiebeispielen experimentieren kann.

So viel zu den Besonderheiten von Shepard-Tönen. Ein weiteres wichtiges Phänomen, das ganz allgemein Tonfolgen betrifft, sind sogenannte Klangströme und deren Separierung. Dieses auditorische Phänomen findet sein visuelles Gegenstück in Kippbildern wie etwa dem Necker-Würfel.[128] So wie es dort zwei Möglichkeiten gibt, die Lage des Würfels im Raum wahrzunehmen, gibt es auch zwei mögliche Arten, alternierende Tonfolgen wahrzunehmen. Diese Arten der Wahrnehmung unterscheiden sich allerdings nicht räumlich, sondern zeitlich – oder besser: sie unterscheiden sich in ihrer Taktung. Als Beispiel mag eine Reihe von Tonpaaren der Tonhöhe A dienen, die sich jeweils mit einzelnen Tönen der Tonhöhe B abwechseln und also eine Abfolge der Form $AABAABAAB$... erzeugen: Diese Folge kann einerseits als ein einheitlicher Klangstrom und damit als eine Art *Galopp* wahrgenommen werden. Oder die Töne A und B werden als unabhängig voneinander und in diesem Sinne als *zwei* Klangströme wahrgenommen. Im ersten Fall erfolgt also eine zeitliche Gruppierung der Art ...*ABA-ABA-ABA-*...; im zweiten Fall erfolgen zwei Gruppierungen in ...*AA-AA-AA-*... und ...*B-B-B-*... Und genau wie bei einem Kippbild wechselt („kippt") die Wahrnehmung nach einer Weile von selbst (höre Playlist-Beitrag #11).

Zudem ist es möglich, eine der beiden Wahrnehmungen zu forcieren. Beim Necker-Würfel gelingt dies über *räumliche* Kenngrößen – etwa indem man bestimmte Linien des Würfels dicker zeichnet oder manche nur gestrichelt. Bei den Klangströmen gelingt es durch *zeitliche* Kenngrößen, nämlich Pausen und Frequenzunterschiede. So „zerfällt" ein Galopp in zwei Klangströme, wenn die Pausen zwischen den einzelnen Tönen zu groß werden oder wenn das Intervall (Tonhöhenunterschied) zwischen den Tönen (hier: A und B) zu groß wird (höre Playlist-Beitrag #12).

Während die psychoakustischen und neurowissenschaftlichen Untersuchungen zu Klangströmen eher neu sind, ist der praktische Umgang mit Klangströmen in der Musik bereits seit Langem geläufig.[129] So finden sich zum Beispiel in den Cello-Suiten von Bach immer wieder Passagen, in denen alternierende Tonfolgen gespielt werden, deren Intervall sich dann vergrößert (höre Playlist-Beitrag #13). Damit wird das, was zuvor – vergleichbar einem galoppierenden Klangstrom – noch als *eine* Melodielinie gehört wurde, nun in *zwei* melodische Zusammenhänge aufgespalten – nämlich einen tiefen und einen hohen. Etwas emphatischer könnte man dieses Phänomen auch so umschreiben, als entstünde hier der Eindruck, dass nun gleichsam *zwei* Celli spielten.

---

[128] Vergleiche Sieroka 2018a, S. 72–73.
[129] Zu weiteren, auch subliminalen, Wahrnehmungen von Klangfolgen, ihren neurophysiologischen Analoga und ihrer philosophischen Relevanz vergleiche insbesondere Sieroka 2015.

Ähnliche klangliche Separierungen und auch Verschmelzungen lassen sich nicht nur über die Tonhöhe erzeugen, sondern auch über Klangfarben. Und selbstredend kann dies auch – im Gegensatz zum gerade geschilderten Fall der Cello-Suite – genutzt werden, um beispielsweise *einen* einheitlichen Klangstrom zu etablieren, wo eigentlich diverse Instrumente nach- und nebeneinander erklingen.[130] So spielen etwa in Anton Weberns Orchesterfassung von Bachs *Ricercar* unterschiedliche Instrumente nacheinander jeweils nur wenige Töne des Themas, ohne dass deshalb dessen Einheit verloren ginge (höre Playlist-Beitrag #14).

Innerhalb der auskomponierten Musik des zwanzigsten Jahrhunderts spielen klangfarbliche Gruppierungen insbesondere in polyphonen Kontexten eine wichtige Rolle. Ein Beispiel für intensive Verschmelzungen bietet György Ligetis *Lontano*: Durch vornehmlich kleine Tonschritte und durch Einsätze „zwischen den Zählzeiten" werden die Klänge hier so eng miteinander verwoben, dass es kaum gelingt, einzelne Instrumente und Instrumentengruppen klar herauszuhören (höre Playlist-Beitrag #15 und vergleiche auch den angezeigten Spektralverlauf). Im Gegensatz dazu liefert die *Polyphonie X* von Pierre Boulez ein Beispiel dafür, wie auch bei einer komplexen Komposition immer noch sehr genau zwischen einzelnen Instrumente und Instrumentengruppen unterschieden werden kann (höre Playlist-Beitrag #16).[131]

Nach wie vor sind auditorische Gestaltphänomene dieser Art sehr viel weniger bekannt und untersucht als ihre visuellen Analoga. Immerhin hat sich in den vergangenen rund drei Jahrzehnten mit der sogenannten *auditory scene analysis* ein Zweig innerhalb der auditorischen Grundlagenforschung etabliert, der insbe-

---

130 Vergleiche auch Di Bona 2022.
131 Das Verschmelzen und Trennen von Klängen ist selbstredend nicht nur in der auskomponierten Musik anzutreffen. Im Vorgriff auf das nächste Kapitel sei bereits der Jazz genannt, bei dem solche Spiele mit Klangfarben insbesondere innerhalb des Free Jazz anzutreffen sind (höre Playlist-Beitrag #17). Aber auch die elektronische Populärmusik arbeitet seit ihren Anfängen damit (höre Playlist-Beitrag #18). Dass in dieser Untersuchung übrigens die Populärmusik vergleichsweise wenig zu Wort kommt, liegt daran, dass sie vergleichsweise stark wie auch facettenreich kulturell überformt ist durch Mode, Medien, Personenkult und dergleichen. Man mag dem Philosophen Alva Noë zustimmen (der selbst ein großer Verehrer populärer Musik ist), dass diese Richtung *als kulturelles Phänomen* nur dann gut verstanden wird, wenn gerade die Musik und das Hören *nicht* beachtet werden. Ein Popkonzert sei gerade *keine* „opportunity for careful listening" (Noë 2015, S. 169), und man könne sich mit Populärmusik sehr ernsthaft auseinandersetzen „without engaging in it *as music*. Indeed, to engage with pop music as music is, almost always, to fail to engage with it at all" (Noë 2015, S. 168). Allerdings, so möchte ich betonen, trifft dies nicht für sämtliche Unterbereiche und deren Künstlerinnen und Künstler in gleicher Weise zu. Wenn hier also doch einmal Beispiele aus etwa Rock und Chanson referenziert werden, dann geschieht das, weil diese Beispiele eben doch auch *zum Hinhören* auffordern.

sondere Gestaltphänomene untersucht.[132] Allgemein gilt, dass ein Hörerlebnis – wie auch ein Seheindruck – immer schon in irgendeiner Weise koordiniert oder organisiert vorliegt. Die allgemeinen Gestaltgesetze, die mittlerweile für das Auditorische aufgezeigt wurden, sind analog denen aus der Gestaltpsychologie des Visuellen – nur dass eben die Zeit und nicht der Raum die entscheidende Bezugsgröße darstellt.

Entsprechend hat beispielsweise die auditorische Variante des sogenannten *Gesetzes der Nähe* mit zeitlicher und weniger mit räumlicher Nachbarschaft zu tun.[133] So werden auditorische Reize, die in der zeitlichen Abfolge oder in der Frequenz relativ nahe beieinander liegen, eher zu einer Gestalt verschmolzen also solche, die relativ weit auseinanderliegen. Ein einschlägiges Beispiel hierfür sind die gerade diskutierten Klangströme, die eben auseinanderfallen, wenn sich die zeitliche Distanz in Form von Pausen oder Intervallen zu sehr erhöht.

Nach dem *Gesetz der Ähnlichkeit* können auch Klangfarben, die ja ebenfalls auf Frequenzzusammensetzungen und damit auf zeitlichen Regularitäten beruhen, Gestalten ausbilden. Beispiele hierfür sind die erwähnten Stücke von Webern und Ligeti, bei denen ein komplexes Zusammenspiel verschiedener Instrumente dennoch einen einheitlichen Melodieverlauf beziehungsweise Klang erzeugt.

Erwähnenswert ist weiterhin das *Gesetz des Kontextes*, demzufolge das, was wahrgenommen wird, auch davon bestimmt wird, in welchen Zusammenhang es steht. Eindrückliche Beispiele hierfür sind die oben aufgeführten Shepard-Ton-Melodien, bei denen der wahrgenommene Tonhöhenverlauf zweier direkt aufeinander folgender Töne davon abhängt, welche Töne unmittelbar zuvor gehört wurden. Dabei ist der Kontext, um den es geht, in zweierlei Hinsicht ein zeitlicher: nämlich die Abfolge der Töne und ihre Frequenz (Tonhöhe).

Schließlich ist noch das *Gesetz der guten Fortsetzung oder Kontinuität* zu nennen – oder, wie man im auditorischen Kontext geneigt sein könnte zu sagen: das *Gesetz der Stimmigkeit*. Wenn ein Geräusch durch ein anderes kurz unterbrochen

---

132 Zwar finden sich frühe empirische Einzelstudien zur Gestaltpsychologie des Hörens bereits bei Ortmann 1926; und eine erste phänomenologisch-deskriptive Auseinandersetzung über „Gestaltqualitäten", die auch Melodien als Gestalten nennt, findet sich sogar schon bei Ehrenfels 1890. Allerdings hat dies in den nachfolgenden Jahrzehnten nicht zu einer breiteren Forschungsaktivität geführt, sodass für die aktuelle Forschung in diesem Bereich vielmehr Bregman 1990 als wegweisend erachtet werden muss.
133 Die vorsichtige Formulierung „weniger" erklärt sich daraus, dass die gemeinsame Gruppierung von Klängen, die in *räumlicher Nähe* zueinander lokalisiert werden, ebenfalls einen (speziellen) Fall dieses Gesetzes darstellt. Allerdings korrespondiert ja, wie bereits erwähnt, selbst die Lokalisation von Tönen mit der Verarbeitung spezifischer Zeitdifferenzen.

wird, es nach der Unterbrechung aber wieder hörbar ist, bleibt unter bestimmten Umständen der Eindruck eines fortdauernden Klangs erhalten. Werden beispielsweise aus einem Lied kurze Intervalle herausgeschnitten und durch Rauschen ersetzt, so geht der Eindruck, ein geschlossenes Lied zu hören, nicht verloren. Physikalisch liegt zwar ein dauernder und strikter Wechsel zwischen Liedschnipsel und Rauschen vor, gehört wird im Gegensatz dazu aber ein durchgängiges Lied, auch wenn dieses immer wieder für kurze Zeit verrauscht klingt (höre Playlist-Beitrag #19).

Es geht nicht darum, hier eine vollständige oder trennscharfe Liste auditorischer Gestaltgesetze zu liefern.[134] Wichtig ist allerdings, deutlich zu machen, wie sehr die *auditory scene analysis* eine Theorie *zeitlicher Gestalten* ist. So ist die gerade erwähnte Kontinuität, die zwischen den Liedschnipseln erzeugt wurde, eben eine zeitliche, keine räumliche; und Entsprechendes galt für die Beispiele zu Kontext, Ähnlichkeit und Nähe. Damit zeigt sich auch der aktive und ganzheitliche Charakter des Hörens. Wenn wir etwas hören, so wird nicht einfach die uns umgebende Wirklichkeit eins zu eins abgebildet, sondern Wirklichkeit wird immer schon hörend gestaltet und interpretiert. Dabei sind die *allgemeinen* Gesetze der Gestaltung und Interpretation – zumindest bei den gerade geschriebenen Formen der auditorischen Gestaltwahrnehmung – in weiten Teilen kulturunabhängig. Dies ist im gegenwärtigen Kontext wichtig, weil ja das Hörerleben als Mustererfahrung für allgemeine Zeitphänomene dienen soll.[135]

Um es nochmals zu betonen: *Dass* wir beim Hören zeitliche Gestalten gemäß allgemeinen (impliziten) Gesetzen formen, ist kultur- und personenunabhängig – nicht aber deren konkrete Ausformung. *Was* genau der Einzelne oder die Einzelne hörend gruppiert und gestaltet, hängt sehr wohl von kulturellen Rahmenbedingungen, persönlichen Hörgewohnheiten und Ähnlichem ab. Es ist also keinesfalls so, dass sich alles für alle immer gleich anhört. Auch in diesem Sinne ist das Hören ein aktiver und individueller Prozess. Zum Abschluss dieses Kapitels deshalb noch ein Beispiel, das solch individuellen Unterschiede herausstreicht – nämlich die Fähigkeit beziehungsweise Angewohnheit, mehr oder minder *synthetisch* beziehungsweise *analytisch* zu hören.[136] Damit ist Folgendes gemeint: Töne, insbesondere

---

134 Auch wurde in der Darstellung nicht systematisch auf die Unterscheidung zurückgegriffen zwischen einem aufmerksamen und nichtaufmerksamen Hören (*attentive listening* versus *simple hearing*) – vergleiche hierzu insbesondere Worthington und Fitch-Hauser 2018.
135 Damit sollen selbstredend weder individuelle Wahrnehmungsunterschiede geleugnet werden noch die Tatsache, dass identische Sequenzen von Tönen – je nach konkreter körperlich-geistiger Verfasstheit – beim gleichen Hörenden sehr unterschiedliche Emotionen hervorrufen können (vergleiche etwa Kim 2023).
136 Vergleiche Terhardt 1998, S. 310–316.

Instrumentalklänge, bestehen typischerweise aus einem Grundton und diversen Obertönen, also Vielfachen der Frequenz des Grundtons. Wenn ein Ton nun nicht mehr voll erklingt, sondern nur noch (sämtliche oder einige) seiner Obertöne, gibt es zwei mögliche Hörerlebnisse: Entweder man nimmt weiterhin die ursprüngliche Tonhöhe wahr, weil man sozusagen das, was physikalisch nicht mehr vorhanden ist, selbst implizit *synthetisiert*; oder man *analysiert* (implizit) das, was physikalisch wirklich vorhanden ist, und nimmt so die tiefste verbliebene Obertonfrequenz als neuen Grundton wahr (höre Playlist-Beitrag #20). Tatsächlich finden sich – auch innerhalb des gleichen Kulturkreises und einer homogenen Gruppe von Menschen – sehr subtile Unterschiede, wann wer analytisch oder synthetisch hört. Hören ist eben ein aktiver und individueller Prozess.

6 Zeit-Hören II: Zeitkunstwerke und Improvisieren als Extemporieren

6.1 Musikalische Zeitkunstwerke

Im vorigen Kapitel wurde bereits beschrieben, wie aus Klicks, die selbst keine definierte Tonhöhe besitzen und die als Einzelne von kleinstmöglicher zeitlicher Ausdehnung sind, anhaltende Töne mit wohldefinierter Tonhöhe erzeugt werden können, nämlich durch eine entsprechende zeitlich getaktete Aneinanderreihung. Aber nicht nur Tonhöhen lassen sich erzeugen, indem man diese gleichsam klanglosen Einzelelemente entsprechend taktet, sondern auch Klangfarben – und selbstredend auch Rhythmen und Tonlängen. Denn all diese Eigenschaften beruhen, wie schon diskutiert, auf zeitlichen Regularitäten in Form von Obertonfrequenzen, Pausen und so weiter. Allein mithilfe von Klicks ließe sich also ein komplettes Musikstück komponieren, und sein gesamter Klang wäre allein über die zeitliche Abfolge eben dieser Klicks bestimmt.

Dass die prinzipielle Möglichkeit, Musik allein auf solche zeitliche Abfolgen zu reduzieren, eine große Faszination auf Komponisten auszuüben vermag, verwundert wenig. Entsprechende Voraussetzungen, dies auch technisch umzusetzen, ergaben sich ab den frühen Fünfzigerjahren des vergangenen Jahrhunderts. Zwar konnten noch keine Klicks am Computer generiert werden, aber Sinusgeneratoren und Ähnliches taten erste wichtige Dienste, um mit Klängen und neuen Klangzusammensetzungen zu arbeiten. So wurde insbesondere mit Klangmaterial experimentiert, das selbst möglichst wenig zeitliche und spektrale Strukturiertheit aufwies (und in diesem Sinne einem Klick ähnelt), um daraus Klangqualitäten von Tonhöhe und Klangfarbe bis zum Rhythmus zu erzeugen. Ebenfalls gespielt wurde mit den zeit- beziehungsweise taktungsbedingten Übergängen zwischen Klangqualitäten. Beispielsweise konnte am Sinusgenerator die Frequenz eines Tons immer weiter verringert werden, bis gar nicht mehr ein andauernder Ton gehört wurde, sondern das Gehörte in eine Reihe kurzer Impulse zerfiel. Solch ein frühes Experimentieren und Spielen mit Klängen wird besonders deutlich im Stück *Kontakte* von Karlheinz Stockhausen (höre Playlist-Beitrag #21, wobei das Zerfallen eines Tons in Impulse beispielsweise zwischen 17'20" und 17'40" besonders explizit hervortritt;[137] höre auch nochmals Playlist-Beitrag #3).

Im Zusammenhang solcher Arbeiten nahm entsprechend das allgemeine Bewusstsein darüber zu, wie zentral zeitliches Aufeinanderfolgen für Musik ist – nicht

---

[137] Vergleiche hierzu auch Sieroka 2022b.

nur für den Verlauf einer Melodie, sondern ganz allgemein für auditorische Qualitäten wie eben auch Tonhöhe und Klangfarbe. Alles Musikalische konnte quasi als eine Frage der zeitlichen Abfolge verstanden werden. Der gerade erwähnte Stockhausen identifiziert Musik denn auch als „tönend erlebte Zeit".[138] Ein Musikstück zu verstehen, erschöpft sich für ihn, gerade in der Neuen Musik, nicht mehr in einer „musikalischen Logik", in der auf der tonalen Ebene vom Vergangenen auf das Nächste geschlossen werden kann. Vielmehr kann es auch um größere Klangverbunde gehen, die in gewisser Weise unbewusst (subliminal) und vor allem eben in ihrer zeitlichen Abfolge wahrgenommen werden (höre Stockhausen im Gespräch mit Theodor W. Adorno in Playlist-Beitrag #22, insbesondere von 18'05" bis 20'45" und von 25'08" bis 27'32"). Hier wird nicht mehr die Harmonielehre betont, und es wird auch nicht differenzierend über Rhythmen, Klangfarben und Tonhöhen gesprochen. Stattdessen geht es um eine gesamthafte Klang- oder Tongestalt, die sich im Moment und durch die Zeit darbietet. Die zeitliche Dimension umfasst hier schlicht alles musikalisch Relevante.[139]

Man könnte diese Position eine klang- und zeitbasierte Auffassung nennen: Musik und Musikverstehen werden über Klang und dann vor allem über dessen zeitliche Strukturiertheit, wie sie im Moment wahrgenommen wird, bestimmt. Eine solche Auffassung passt nicht nur zu Komponisten wie Stockhausen, sondern beispielsweise auch zu einer Position innerhalb der Philosophie der Musik, die Jerrold Levinson unter dem Titel *concatenationism* beschreibt und vertritt: „All that basic understanding [of music] requires is, as it were, listening in the moment."[140] Dabei wird *moment* verstanden als eine ausgedehnte Gegenwart der Wahrnehmung, in der das, was soeben erklungen ist, dem Hörenden noch präsent ist und sie oder er zugleich hingeneigt ist auf das, was sogleich erklingen wird. Eine solche Auffassung einer gehörten Gegenwart findet sich beispielsweise auch beim Musikpädagogen und Jazzbassisten Edwin Gordon unter dem Schlagwort *audiation*; und es gibt sie in ganz allgemeiner und prominenter Form – und nicht nur beschränkt auf die musikalischen, sondern auf sämtliche Formen der bewussten Wahrnehmung und des Erlebens bezogen – bei Edmund Husserl und mithin in der phänomenologischen Tradition.[141] Darüber hinaus wird diese Auffassung durch neuere kognitionswis-

---
138 Stockhausen 1963, S. 98. Vergleiche auch Büttemeyer 1993.
139 Ganz anders als für Stockhausen bedeutet dies für Adorno allerdings einen, wie er es an anderer Stelle formuliert, „Verzicht auf musiksprachliche Mittel", durch den „die Sinnlosigkeit schlechterdings zum Programm" werde (Adorno 2022 [1956], S. 143 und 149).
140 Levinson 1998, S. xi.
141 Auf den Husserl'schen Begriff einer ausgedehnten Gegenwart wird in Kapitel 8 noch genauer eingegangen. Einen direkten Vergleich der Ansätze von Husserl, Levinson und Gordon bietet Sieroka 2005.

senschaftliche Untersuchungen flankiert, die sich auf die Wahrnehmung und auch die zerebrale Verarbeitung von rein klangfarblichen Veränderungen stützen.[142]

Wenn diese klanglich-zeitliche Auffassung zutrifft, dann wäre insbesondere der Unterschied zwischen einem vermeintlich *tieferen* und einem vermeintlich *oberflächlicheren* Verständnis von Musik letztlich nur ein Unterschied im zeitlichen Auflöse- und Antizipationsvermögen. Dies würde beispielsweise erklären, warum Laien oftmals stärker durch Rhythmus und Klangfarben affiziert werden als durch Melodik und Harmonik. Denn Rhythmus und Klangfarben bilden die beiden vergleichsweise leicht unterscheidbaren, sehr großen und sehr kleinen Zeitskalen von Musik – also beispielsweise die hundert *beats per minute* einerseits und der charakteristische Klang (Obertonspektrum) einer Trompete andererseits. Sie sind somit leichter aufzulösen beziehungsweise abzutrennen als die Zeitskalen von Melodik und Harmonik, die sich dazwischen befinden.[143] Ein ausgeprägteres Musikverständnis würde sich also, ingenieurshaft formuliert, durch eine feinere Aufspaltung in zusätzliche *Frequenzbänder* auszeichnen. Wo der eine nur oder vornehmlich zwischen den hohen (insbesondere klangfarbenbestimmenden) und tiefen (insbesondere rhythmusbestimmenden) Frequenzen unterscheidet, trennt die andere das Gehörte noch in weitere Zwischenbereiche auf.[144]

Allerdings steht dieser klanglich-zeitlichen Auffassung von Musik eine andere Auffassung gegenüber, die die größere tonal-harmonische Architektur von Musik herausstreicht und die musikalische Großform und Formenlehre als zentral für bereits elementare Formen des Musikverstehens erachtet: der sogenannte *architectonicism*, wie er insbesondere von Peter Kivy vertreten wird.[145] Doch bei der hier vorliegenden Untersuchung ist weder das architektonische Verständnis musikalischer Großformen zentral noch soll es, wie bereits erwähnt, um eine vermeintliche (und trügerische) Propositionalität von Musik gehen, was sich gegebenenfalls leicht mit einem *architectonicism* verknüpfen ließe. Mögliche Schwierigkeiten einer solchen Position sind starke kulturelle Kontextualisierungen, die sogar infrage stellen mögen, ob Menschen, die nicht über ein (explizites oder implizites) architektonisches Musikwissen verfügen, Musik wirklich *als Musik* hören.

Eine verwandte Skepsis und Kritik trifft auch die Auffassung des Musikwissenschaftlers Harold Fiske, der das Verstehen von Musik über einen Entschei-

---

142 Vergleiche hierzu Santoyo et al. 2023.
143 Vergleiche Sieroka 2018, S. 71, zu den einzelnen Zeitskalen sowie Sieroka 2024 zu der daran anknüpfenden Unterscheidung im Musikverstehen.
144 Nur um dies nochmals zu betonen: Mit den „rhythmusbestimmenden" Frequenzen sind hier direkt die Zeitskalen des Rhythmus gemeint – wie eben „hundert *beats per minute*". Was demgegenüber *nicht* gemeint ist, sind die Frequenzbereiche der Instrumente, die diesen Rhythmus spielen.
145 Vergleiche Kivy 2001.

dungsbegriff zu explizieren sucht. Zunächst mag dessen Ansatz verwandt klingen mit dem, was hier vertreten wird. So bestimmt sich bei Fiske die Tiefe des musikalischen Verständnisses darüber, wie feingliedrig Töne und Rhythmen über Ja-Nein-Entscheidungen voneinander getrennt werden.[146] Doch fehlt bei ihm die konsequente Erweiterung auf Klangfarben, wie sie eben bei einem rein zeitlichen Ansatz immer schon implizit sind. Außerdem setzt Fiskes Begriff der Entscheidung eine gewisse Form der Bewusstheit und der begrifflichen Strukturiertheit voraus, die gerade im Falle von Tonhöhen einmal mehr an ein spezifisch westliches Musikerbe gebunden ist.[147] Eine solche „Vor-Entscheidung" ist allerdings fraglich, weshalb hier auf ein breiteres Verständnis gesetzt wird von Musik als einem Klangphänomen, das sich nicht notwendig propositional oder diskursiv, wohl aber zeitlich strukturiert präsentiert.

Tatsächlich fällt auf, dass gerade vonseiten Komponierender die zeitliche Strukturiertheit von Musik immer wieder betont wurde. Gerade im zwanzigsten Jahrhundert – vor allem, aber nicht nur, in der zweiten Hälfte – haben sich neben Stockhausen auch viele andere Komponistinnen und Komponisten intensiv mit Zeit beschäftigt und haben Musik sogar im direkten Bezug dazu begrifflich bestimmt. So etwa Arthur Honegger, wenn er von Musik als „Geometrie in der Zeit" spricht, Morton Feldman, der Musik als „Klangmoment" identifiziert, oder Bernd Alois Zimmermann, der Musik als „Kunst der zeitlichen Ordnung innerhalb der ständigen Gegenwart" oder einfach kurz als „Zeitkunst" auffasst.[148] Und auch viele andere, die in dieser Zeit komponieren, haben sich intensiv mit dem Verhältnis von Zeit und Musik beschäftigt – so etwa Olivier Messiaen, Pierre Boulez, John Cage, Éliane Radigue und György Ligeti. Einige kurze Verweise mögen dies – gerade auch in der Buntheit dessen, was Komponistinnen und Komponisten hier erschaffen haben – verdeutlichen.

Ein Beispiel, das mit Zeit vor allem auf der physikalischen beziehungsweise psychoakustischen Ebene spielt, ist *Figures – Doubles – Prismes* von Boulez (höre Playlist-Beitrag #23). Hier wird insbesondere die Sitzordnung des Orchesters verändert, was zu veränderten Laufzeiten der Schallwellen zwischen den Instru-

---

[146] Vergleiche Fiske 1990, S. 81, sowie ebenda, S. 85: „[M]eaning is a response embodied in the process of pattern construction and, particularly, pattern comparison (decision-making) activity. Depth of understanding, level of comprehension, richness or profoundness of meaning is dependent upon and constituted by the extent of penetrating the decision network."
[147] Vergleiche Fiske 1990, S. 129: „[N]on-tonal-rhythmic associations of any kind follow only after the [cognitive] music module emits a decision resulting from some stage of the decision hierarchy. Whether non-tonal rhythmic associations are ‚musical' decisions is best left to the listener's discretion. I do not think that they are."
[148] Vergleiche Honegger 1952, S. 85, Herzfeld 2007, S. 243, und Zimmermann 1974, S. 12.

mentengruppen und dem Publikum führt; und dies wiederum führt zu neuen Klanggestalten.[149]

Eine kulturgeschichtliche Auseinandersetzung mit Musik und Zeit findet sich beispielsweise in den musikalischen Collagen Zimmermanns wie etwa der *Musique pour les soupers du roi Ubu* (höre Playlist-Beitrag #24). Hier überlagern sich jeweils diverse Schichten musikalischer Traditionen von Renaissance-Tänzen über die Romantik bis zur Moderne, sodass gleichsam die gesamte abendländische Musikgeschichte auf einen Schlag (historisch-kritisch) vergegenwärtigt wird.[150]

Zeittheoretisch mag man sich dabei fragen, ob dies eine Art Ersatzhandlung darstellt in einer Zeit, in der es nicht mehr – wie noch im Mittelalter – überzeugend und verheißungsvoll anmuten mag, durch das permanente Wiederholen immer gleicher musikalischer Phrasen eine göttliche Ewigkeit zu suggerieren.[151] Denn durch eine solche Collage gelingt es immerhin noch, sich gleichsam *im Moment* große Teile der Kultur- und Menschheitsgeschichte musikalisch anzueignen.[152]

Aber selbstredend hat die regelmäßige Wiederholung immer gleicher Phrasen weiterhin eine (wenn auch nicht göttliche, so doch) starke emotionale Kraft und belegt damit das weiterhin enge Verwandtschaftsverhältnis zwischen Musik und Ritual.[153] Bezeugt wird dies in den vergangenen Jahrzehnten insbesondere durch den Erfolg der *minimal music* von Komponierenden wie Steve Reich, Philip Glass und Meredith Monk (höre etwa Playlist-Beitrag #26).[154] Sich wiederholende Klangfolgen, die sich sehr langsam gegeneinander verschieben, sind zu einem häufigen und ausdrucksstarken Bestandteil nicht nur vieler moderner auskomponierter Konzertmusik geworden. Sie sind auch prägend für viele Filmmusiken und haben

---

149 Vergleiche Nauck 1997, S. 88.
150 Vergleiche auch Büttemeyer 1993, S. 285–290, sowie Ebbeke 1998, S. 179–181.
151 Man mag hier auch zurückdenken an Platon 2003 (= *Timaios*), 37d6–7, für den die Zeit das Abbild der Ewigkeit bedeutete – versinnbildlicht in der Sphärenharmonie des immer gleichen Umlaufs der Planeten, sodass auch hier die dauerhafte Wiederholung teilhat an der Idee der Ewigkeit. Tatsächlich spricht auch Zimmermann von einer „Kugelgestalt der Zeit", die für ihn bedeute, dass „Gegenwart, Vergangenheit und Zukunft gleichzeitig vorhanden [sind], nicht im Sinne einer unauflöslichen Identität, aber im Sinne eines komplexen Zustandes" (höre Playlist-Beitrag #25).
152 Überhaupt bleibt der Versuch, Zeit zumindest in ihrer strukturierten und gerichteten Form irgendwie zu überwinden, ein wichtiges Motiv auch in den Werken der bereits genannten Komponisten Stockhausen, Boulez und Feldman – vergleiche etwa Büttemeyer 1993, S. 283–285, Klein 2019, S. 138–139, sowie Stockhausen 1963, S. 17–23, 37, 199. Höre auch nochmals das Stockhausen-Interview (Playlist-Beitrag #22) von 18'05" bis 20'45".
153 Vergleiche Baranowski 1998.
154 Vergleiche Brauneiss 1998, der in diesem Zusammenhang auch eine Nähe der minimalistischen zur seriellen Musik konstatiert, ähnelten sich doch beide „in der für das Ritual typischen Entsprachlichung" (Brauneiss 1998, S. 395).

großen Einfluss auf viele Bereiche des Jazz. Umgekehrt waren allerdings auch Jazzalben wie insbesondere John Coltranes *Africa/Brass* (höre Playlist-Beitrag #27) prägend für die Anfänge des Minimalismus bei Reich – so behauptet er es zumindest in einem Interview (höre Playlist-Beitrag #28, insbesondere von 14'30" bis 15'45").

Wenn es um den Umgang mit Zeit in der Neuen Musik geht, darf schließlich ein geradezu notorisches Werk nicht ungenannt bleiben: *4'33* von Cage. Bei diesem „stillen" Musikstück in drei Sätzen wird vom Instrumentalisten kein einziger Ton gespielt. Dadurch werden selbst allgemeinste Erwartungen der Zuhörerschaft gebrochen, und Zeit wird ganz anders erfahrbar. Aber mehr noch: Man kann dieses Werk als ein besonders *demokratisches* verstehen, weil der Komponist hier seine Herrschaft über die Zeit, die er als Zeitkünstler besitzt, willentlich an das Publikum abgibt. Denn, was nun im Raum als Musik erklingt, sind die Geräusche, die insbesondere das Publikum produziert, das auf den Sitzen herumrutscht, eventuell husten muss und so weiter.[155]

Genau diese Situation mag für viele unangenehm sein – und das nicht nur, weil keine Musik von der Bühne ertönt, sondern weil sie eben selbst in die Verantwortung genommen werden für das, was nun erklingt. Die Klanggestalten, die nun in der Zeit ertönen, stammen vor allem vom Publikum. Die Konzertbesucher können, anders als es der Komponist im Vorfeld getan hat, die Herrschaft über Zeit nicht einfach abgeben oder weiterreichen. Und üblicherweise, so vermutet zumindest der Theologe Leo O'Donovan, sei es doch genau das, was viele Besucherinnen und Besucher an einem Konzertabend so schätzten:

> Vielleicht hängt die Faszination der großen Musik, die unser Herz ebenso bewegt wie unseren Intellekt, damit zusammen, dass sie uns die schöne Illusion vermittelt, wir seien die Herren der Zeit. *Adagio* und *lento* – so steht es in den Noten, und die Zauberhand von Sir Georg Solti oder der kleine Finger von Claudio Abbado macht, dass die Welt ruhig wird, ganz ruhig und leise, um dann wieder *allegro, allegro ma non troppo, presto* und *prestissimo* furios die Zeit zum luxurierenden Überschwang zu bringen. Am Ende steht ein großes Rauschen, wir haben Abbado, den Herrn über die Tempi bewundert und mit ihm die Herrschaft über die Geschwindigkeiten genossen. Nun spenden wir Beifall. Nach dem großen Applaus sinken wir wieder zurück in den Rhythmus des Alltags, unser Herz schlägt wieder normal. Doch es ist ein unruhiges Herz.[156]

In den nachfolgenden Kapiteln wird noch genauer auf die Frage einzugehen sein, inwiefern – auch außerhalb eines Konzertbesuches – eine „zeitweilige Flucht aus der zeitlichen Eigenverantwortung" sinnvoll sein mag und welche Konsequenzen es umgekehrt hervorrufen mag, fremdgetaktet zu sein. Hier sollte zunächst nur auf-

---

[155] Diese Interpretation findet sich so auch in Cage 2011 [1961], insbesondere S. 8, 22–23 und 160.
[156] O'Donovan 2001, S. 219.

gezeigt werden, wie gerade in der zweiten Hälfte des zwanzigsten Jahrhunderts Komponierende sich auf das Thema und die Dimension Zeit konzentrierten und so auch mit diversen überkommenen Traditionen brechen konnten und sich zumindest teilweise vom eigenen westlichen Kulturhintergrund zu lösen vermochten. Dies bestärkt quasi in umgekehrter Richtung die These von oben, wonach sich Musik besonders gut eignet, um allgemeine und zumindest teilweise kulturübergreifende Merkmale von Zeit und Zeiterfahrung zu untersuchen. Man muss sie dann eben, wie gerade gezeigt, vor allem als ein ganzheitliches Klangphänomen fassen und weniger gemäß ihres harmonisch-melodischen Gehalts.

6.2 Improvisieren als Extemporieren

Bisher stammten die Beispiele, die den engen Zusammenhang von Musik und Zeit belegten, vor allem aus dem Bereich, der – nicht ohne Probleme – manchmal mit *ernster Musik* (*E-Musik*), *Kunstmusik* oder *klassischer Musik* betitelt wird. Viel wichtiger als diese Genrezuordnungen ist aber: In den bisherigen Fällen ging es fast ausschließlich um auskomponierte Musik.

Wenn die Pointe dieser Untersuchung allerdings sein soll, die Zeitstruktur von Musik als einfaches Modell zu verwenden, um Zeitstrukturen in diversen Teilen des täglichen Lebens besser zu verstehen, dann vermag das Stichwort „auskomponiert" oder „durchkomponiert" nicht in allen Belangen zu überzeugen. Denn im Alltag begegnen uns oft unerwartete Situationen, in denen gleichsam die Ressourcenlage knapp ist und es zu improvisieren gilt. Genauer ist Improvisation dann vonnöten, wenn in einer herausfordernden Situation besonders schnell reagiert werden muss oder eine besonders hohe Unsicherheit besteht – oder gar beides.[157]

Schon allein aus Gründen der Alltagsrealität ist es also sinnvoll, neben der auskomponierten auch die improvisierte Musik genauer zu untersuchen. Dazu werden Beispiele herangezogen aus dem Jazz des vergangenen halben Jahrhunderts. Der Jazz ist an dieser Stelle auch deshalb ein besonders geeigneter Untersuchungsgegenstand, weil er mindestens zwei Charakteristika aufweist, die nochmals das Anliegen dieser zeittheoretischen Untersuchung betonen: nämlich erstens, neben Harmonik sehr stark durch Klang und Rhythmus geprägt zu sein; und dabei, zweitens, Variation und

---

[157] Vergleiche etwa Crossan et al. 2005. Im Folgenden geht es also nicht primär um die eingeschränktere Begriffsverwendung, die sich ebenfalls im Alltag findet und die sich insbesondere auf *verunglückte Ergebnisse* von Improvisationen bezieht. Es geht also nicht primär um Fälle wie den leidlich mit Klebeband geflickten Stecker oder Schuh, über den man dann sagt: „Da musste ich halt improvisieren."

Taktung in besonderer Weise selbst thematisch werden zu lassen und nicht lediglich als Organisationsmittel höherer Ordnung zu behandeln.

Das erste ist wichtig, weil hier zeitliche Ordnungen über verschiedene Skalen hinweg untersucht werden sollen. Sich auf Harmonien (also letztlich Tonhöhen) zu beschränken und Rhythmik und Klangfarben auszuklammern, würde eine starke und unsinnige Einschränkung bedeuten. Denn auf diese Weise klammerte man gleichsam das besonders Hoch- wie Niederfrequente aus und, wie bereits beim *architectonicism* kritisiert, träten Fragen der Großform und Propositionalität in den Vordergrund. Doch gerade, um das zu verhindern, kann der Jazz eine wichtige und ergänzende Rolle einnehmen zwischen auskomponierter Musik einerseits und einzelnen auditorischen Phänomenen andererseits. In der improvisierten Musik, so behaupten zumindest praktizierende Jazzmusiker, gehe es weniger um eine intellektuell-begriffliche als vielmehr um eine körperlich-sinnliche Ebene klanglicher Erfahrung.[158] Gerade im Jazz trete besonders hervor, was Musik allgemein auszeichne: nämlich ein vorsprachliches und verkörpertes (*embodied*) Ausdrücken. Neben dem engen Bezug zur Zeit eröffnet sich dabei auch ein enger Bezug zum Raum, in dem die Musik resoniert: und zwar sowohl zum eigenen Körper als innerem Klangraum wie auch zum äußeren Raum, etwa einem Konzertsaal, einer Kirche oder einer Garage. Letzteres ist selbstredend kein Spezifikum des Jazz; dennoch gibt es so etwas wie genretypische Spielorte, die das Publikum auf jeweils eine bestimmte Art mehr oder minder einbinden.

Der zweite Punkt – Variation und Taktung selbst thematisch werden zu lassen – liegt vor allem in der Geschichte des Jazz begründet. Viele Elemente aus musikalischen Traditionen unterschiedlicher Erdteile haben Einzug gehalten in den Jazz. Durch diese diversen Einflüsse wurden aber nicht nur unterschiedliche Rhythmen und Skalen hoffähig, sondern auch verschiedenste Instrumente und damit unterschiedlichste Klangfarben. Und wenn sich verschiedene rhythmische, tonale, klangfarbliche Vorstellungen vermischen und gemeinsam erklingen, so verwundert es wenig, wenn Variation und Taktung selbst thematisch werden und verschiedene Zeitvorstellungen jeweils ihre eigene Betonung und Durchdringung erfahren.

---

158 Der Jazzpianist Vijay Iyer konstatiert sogar eine direkte Verbindung zwischen sämtlichen Komponenten musikalischer Wahrnehmung und menschlichen Bewegungen: Das musikalische Tempo sei mit der Geschwindigkeit menschlicher Bewegungen verknüpft, das Metrum (*meter*) mit der Regelmäßigkeit der Bewegung, Polyrhythmik mit dem koordinierten Gegensatz von Bewegungen, Lautheit mit dem Grad der Anstrengung (vergleiche Iyer 2002). Und innerhalb der Psychologie hat beispielsweise Cross 2022 diskrete Muster in Tonhöhe und Rhythmus über interaktive Affordanzen beschrieben (statt über ästhetische Eigenschaften).

Zwei besonders prominente Vorstellungen, die sich dabei im Jazz begegnen, sind genau diejenigen, die uns seit Beginn der vorliegenden Untersuchung begleiten: nämlich lineare und zyklische Zeitvorstellungen. Gerade auch im Jazz findet sich das Wechselspiel von unentwegtem Fortschreiten und regelmäßiger Wiederkehr. Und welche Vorstellung jeweils vorherrschend ist, hängt von der unterschiedlichen Betonung verschiedener Einflüsse ab. So mag in *einem* Kontext das Zyklische einer afroamerikanischen *Call-and-response*-Struktur überwiegen, während in einem *anderen* das linear Fortschreitende europäischer Marschrhythmen vorherrscht.[159] Was die jüngere Vergangenheit anbelangt, so diskutiert beispielsweise Paul Berliner eine vermeintliche Vorherrschaft offen fortschreitender Strukturen gegenüber streng zyklischen.[160] Aber das sind selbstredend nur Tendenzen – und sie hängen zum Teil auch davon ab, wie man etwa die Form eines Jazz-Standards gestaltlich wahrnimmt: ob als eine sich wiederholende Abfolge von Akkorden (und damit als immer schon zyklisch) oder als nachvollziehbare Entwicklung, bei der am Formende eine Art Fazit steht. Als Beispiel für einen Standard, der vielleicht eher entlang dieser letztgenannten – linearen – Auffassung gehört werden mag, kann der *Work Song* von Cannonball Adderley dienen (höre Playlist-Beitrag #29). Im Gegensatz dazu dürfte es bei einem Stück wie *The Creator Has a Master Plan 1/3* von Pharoah Sanders sehr viel schwerer fallen, so etwas wie lineare Entwicklungen auszumachen; dieses Stück nimmt sich in diesem Sinne sehr viel zyklischer aus (höre Playlist-Beitrag #30). Ergänzend seien noch zwei *soundscapes* angeführt, um diesen Unterschied vielleicht noch klarer herauszustellen und weiter zu betonen: Da wäre einerseits das linear fortschreitende in *Symbiosis* von Bill Evans (höre Playlist-Beitrag #31) gegenüber dem zyklischen Auf-und-Ab in *Promises* von Floating Points und Pharoah Sanders (höre Playlist-Beitrag #32).

Außerdem gibt es immer wieder auch Musikstücke, die gerade intern damit spielen, wie Töne und Tonreihen voranschreiten, sich wiederholen oder gar stillstehen. Bei der Jazzrock-Fusion-Formation *Mahavishnu Orchestra* wechseln beispielsweise in diversen Stücken fortschreitende westliche Blues-Pattern mit schwebendstehenden Klangpassagen, wie sie in der indischen Musik typisch sind (höre Playlist-Beitrag #33).[161] Und solche Wechsel stellen selbst wiederum große Herausforderungen in Sachen *timing* dar (höre das Blues-Pattern zu Beginn von Playlist-Beitrag #33 und vergleiche dessen sehr viel schnellere Reprise ab 4′00″).

Zeittheoretisch relevant ist dementsprechend auch nicht so sehr die kulturhistorische Frage, wann genau welche Vorstellung die (vermeintliche) Oberhand

---

159 Vergleiche Raussert 2000.
160 Vergleiche Berliner 1994, S. 407.
161 Vergleiche zu diesem Playlist-Beitrag (*Sister Andrea*) auch die Ausführungen in Sieroka 2024.

besessen hat, sondern vor allem die generelle Möglichkeit eines Zusammenspiels von Fortschreiten oder Neuerung einerseits und Wiederholung oder gar Stillstand andererseits – und wie sich diese Möglichkeit gerade innerhalb der improvisierten Musik musterhaft darstellen und auch in ihrer Vielheit erfahren lässt.

Klarerweise hat Improvisation immer mit Neuerung zu tun. Auch dem Wortsinne nach betrifft die *Im-pro-visation* ja das „Nicht-vorher-Sehbare". Nun soll allerdings im gegenwärtigen Kontext, wie schon mehrfach betont, das Hören und nicht so sehr das Sehen zu Worte kommen. Insofern ist die Rede vom Im-pro-visieren unglücklich. Umgekehrt wäre es aber allzu gekünstelt, den Neologismus „Im-pro-*audiation*" einzuführen und zu verwenden. Doch das ist auch gar nicht nötig, da es ein anderes Wort gibt, das ebenfalls ein spontanes Sicheinbringen beschreibt und das sich inhaltlich hervorragend einfügt: *extemporieren*. Mit diesem Begriff kommt zwar nicht direkt das Hören, aber sehr wohl die Zeit (*tempus*) zu Worte. Genauer geht es um das übliche zeitliche Muster – man könnte auch sagen: um die Wiederholungsstrukturen – aus denen diejenige, die *ex*-temporiert, eben gerade herausfällt.

Nun wird vom *Extemporieren* üblicherweise im Kontext längerer Redeformate wie beispielsweise Vorlesungen oder Predigten gesprochen. In musikalischen Kontexten findet das Wort zugegebenermaßen kaum Verwendung. Allerdings gibt es gerade im Jazz einen Ausdruck, der die gleichen Konnotation wie das Extemporieren trägt: nämlich das *playing outside*. Damit wird genau dasjenige Spielen bezeichnet, bei dem die übliche Ordnung verlassen wird. Und egal, ob dieses Verlassen primär ein tonales ist, auf der basalen Ebene ist es immer ein Verlassen der zeitlichen (Frequenz-)Ordnung und also dem Wortsinne nach ein *Ex-temporieren* (höre Playlist-Beitrag #34 als konkretes Beispiel und als kurze musiktheoretische Erläuterung den Playlist-Beitrag #35).[162]

Das *playing outside* ist aber auch deshalb ein zeitliches Phänomen, weil eine Solistin nur für eine gewisse Weile die übliche Ordnung verlassen kann. Jemand, der einfach permanent etwas anderes spielt als der Rest der Band, leistet schlichtweg keinen Beitrag mehr zur gemeinsamen Musik. Extemporieren oder *playing outside* muss stets die Möglichkeit implizieren, wieder in die gemeinsame Ordnung einzu-

---

[162] Vergleiche auch Mohr 2021. Tatsächlich ist der Begriff des *playing outside* primär tonal geprägt: Eine harmonische Umgebung, die als stabil und plausibel erlebt wird, wird hier quasi konterkariert. Nun kann man diese Begrifflichkeiten aber auch weiter fassen und beispielsweise von *rhythmischer Harmonie* sprechen, wenn sich Schwingungen in bestimmter Weise konstruktiv überlagern – was selbstredend auch die Möglichkeit eröffnet, hier nun rhythmisch zu konterkarieren. (Diese Phänomene werden in Kapitel 9 noch ausgiebiger behandelt unter dem Schlagwort „Polyrhythmik"; und auch wenn im gerade angeführten Playlist-Beitrag #34 das tonale *playing outside* zweifelsohne markanter ausfällt, ein solches rhythmisches Konterkarieren gibt es dort ebenfalls.)

steigen.[163] Umgekehrt dürfen sich aber die übrigen Bandmitglieder auch nicht der neuen, extemporierten Ordnung der Solistin anschließen. Wenn das geschieht, ist es ebenfalls kein *playing outside* mehr, sondern es verschiebt sich einfach der Charakter der gesamten Darbietung.

Was genau passiert nun beim gemeinsamen Musizieren und Improvisieren beziehungsweise Extemporieren? Was sind die zeitlichen Strukturen, um die es hier geht, und wie konstituieren sich sozusagen die gemeinsamen Taktungen?

Zunächst einmal hat gemeinsames Musizieren eine Handlungsstruktur. Diese ist, wie jede Handlungsstruktur und wie bereits erwähnt, geprägt durch einen Bezug auf sämtliche drei Zeitekstasen von Vergangenheit, Gegenwart und Zukunft. Improvisation passiert nicht einfach in einem punktförmigen und zusammenhanglosen *Jetzt*. Das wäre bestenfalls ein purer oder manischer Aktionismus, aber keine Improvisation. Sie ist weder ohne Zukunftsbezogenheit möglich noch ohne Bezug auf Vergangenes. Um zu extemporieren, muss man eine vage Ahnung haben, worauf in der Gemeinschaft hingesteuert wird; man muss sich aber auch dessen bewusst sein, wo man gerade ist und wo man herkommt. So ist etwa Ornette Colemans Spielweise als *motivische Kettenassoziation* beschrieben worden, über die bei einer Kollektivimprovisation eine untereinander abhängige klanglich-motivische Kohäsion geschaffen wird (höre Playlist-Beitrag #37 beispielsweise zwischen 36′25″ und 37′50″).[164] Mit Begriffen der *auditory scene analysis* ausgedrückt, könnte man vom Gesetz der Ähnlichkeit sprechen, das hier auf der Ebene klanglich-melodischer Motive greift und gestalterisch am Werke ist.

Bei der Improvisation muss jedem der Beteiligten also das eben Gespielte jetzt noch gegenwärtig sein wie auch in antizipierter Form das, was als nächstes kommen mag. Sven Bjerstedt bezeichnet die Bezüge auf die drei Zeitekstasen, wie sie für den Jazz typisch sind, als *pre-figuration*, *con-figuration* und *re-figuration*.[165] Dabei handelt es sich gerade nicht um kognitiv besonders hochstufige Prozesse. Die Musizierenden haben keine konkreten Erwartungen, dass nun als nächstes dieser oder jener spezifische Ton folgen wird; auch vergegenwärtigen sie sich nicht permanent und aktiv das, was soeben gespielt wurde. Diese Prozesse laufen auf einer eher impliziten oder gar vorbewussten Ebene ab.

---

163 Ein interessantes Beispiel hierzu – und zur Abwechslung diesmal aus dem Rock- und Popbereich – mag das Gitarrensolo aus Playlist-Beitrag #36 bieten (das Solo beginnt bei 1′40″ und endet bei 1′52″): Spielt der Gitarrist hier *outside*? Oder ist es, da es kaum Übergänge des Aus- und Wiedereinsteigens gibt, schlicht eine dissonante Überlagerung von etwas völlig anderem?
164 Vergleiche etwa Wilson 1989, S. 45. Der Ausdruck „motivische Kettenassoziation" geht auf Jost 1975 zurück.
165 Vergleiche Bjerstedt 2014, S. 238–284.

Solche Prozesse spielen selbstredend auch in anderen musikalischen Kontexten als dem Jazz eine wichtige Rolle (und eine genauere phänomenologische Explikation dieser Prozesse des inneren Zeitbewusstseins folgt in Kapitel 8). Allerdings treten sie beim Improvisieren beziehungsweise Extemporieren in besonders prägnanter Weise hervor. Denn stärker als bei anderen Formen von Musik – und auch anderen Handlungskontexten wie etwa Diskussionsrunden oder Volleyballspielen – fehlen bei der Improvisation vorgefertigte Handlungsanweisungen, die auf kognitiv höherer Ebene auf ihre Erfüllung hin überprüft werden könnten. Eine Improvisation besteht aus Ereignissen, genauer aus Handlungen, bei denen diejenige, die improvisiert, nicht im Voraus weiß, was zu tun ist. Das, was zu tun ist und getan wird, entwickelt sich bei der Improvisation erst im Tun. Die Regeln etablieren sich erst im gemeinsamen Spiel.[166]

Dies führt zurück auf einen wichtigen Begriff, der bereits im Auftakt-Kapitel dieser Untersuchung angesprochen wurden: den der Normativität. Denn die Etablierung von Normen ist offenbar verknüpft mit der Wiederholung von Ereignissen. Und so können auch hier Musik und Hören als Modell und Mustererfahrung dienen, um etwas über allgemeine Strukturen menschlichen Zusammenlebens und gemeinsamer (normativer) Taktung erfahrbar zu machen.[167]

Ganz allgemein gesprochen, etablieren sich Regeln und Normen dadurch, dass sich Handlungen (also eine bestimmte Form von Ereignissen) wiederholen.[168] Bei einer Wiederholung wird durch eine erneute Handlung etwas aufgegriffen, was durch eine vorhergehende Handlung, quasi als Impuls, gesetzt wurde. Durch diese Wiederholung wird dies nun zur Norm und kann durch weitere Handlungen fort-

---

[166] Damit soll keinesfalls eine Position vertreten werden, die Jazz über dessen vermeintliche „Logik der Retroaktion" charakterisieren möchte (vergleiche etwa Feige 2014, S. 78). Die Tatsache, dass sich das harmonische Gefüge einer Kollektivimprovisation erst im Nachhinein eingehend erfassen lässt, ist weder eine (1) hinreichende noch eine (2) notwendige Charakteristik von Jazz. (1) *Hinreichend* ist sie nicht, weil sich in sehr vielen Kulturbereichen erst im Nachhinein eine Bedeutung ausmachen lässt. Denn auch wenn Vergangenes nicht direkt geändert werden kann, so kann sich doch sein *Sinn* wandeln, wobei „Sinn" eben auf eine fortlaufende zeitliche Ordnung verweist (vergleiche Ricœur 2004 [2003]). So verändert sich etwa mit jeder Interpretation die Bedeutung eines Textes; und ob bei einem Fußballspiel eine Flanke zur Torvorlage wird, entscheidet auch erst der anschließende Schuss oder Kopfball. Und (2) *notwendig* ist eine solche Charakterisierung nicht, da sich – zumindest in der genannten Diskussion – die Retroaktivität auf die harmonisch-melodische Ebene bezieht. Aber es entspricht in der Regel gar nicht den Selbstzuschreibungen der praktizierenden Musiker, dass sie primär auf Akkordwechsel und Skalen reagieren. Viel häufiger geht es ihnen darum, gemeinsam ein breites Klanggefüge zu erzeugen. (Ich beziehe mich hier auf persönliche Diskussionen unter anderem mit Uwe Steinmetz, Daniel Stickan und Eric Schaefer.)
[167] Für das Folgende vergleiche insbesondere Bertram 2022 und 2010.
[168] Vergleiche auch die berühmten Passagen über das Regelfolgen in Wittgenstein 1984 (*Philosophische Untersuchungen* §§ 198–202).

gesetzt werden, sodass sich die Norm etabliert und verlängert.[169] Die Norm besteht also in einer potenziell unendlichen Wiederholbarkeit.

Die Improvisation zeichnet sich dadurch als normative Praxis aus, dass in ihr die Konstitution einer Norm nicht von deren Anwendung unterschieden werden kann. Die Anwendung re-etabliert oder ko-konstituiert zugleich die Norm; fortwährend werden Impulse und Reaktionen produziert, die die Improvisation mitgestalten und sie dabei auf Vergangenes wie Zukünftiges beziehen.[170] Das bedeutet aber auch, dass es keinen ursprünglichen Impuls gibt, auf den alles zurückzuführen ist. Es gibt also, um es in der allgemeinen Terminologie von Kapitel 4 auszudrücken, kein *Ur-Ereignis*. Was es gibt, sind Variationen, die keine fixe Verankerung haben, und die immer schon Variationen von Variationen sind. Oder wieder konkreter: Es gibt Impulse, und jeder Impuls selbst ist bereits eine Reaktion und trägt zur Etablierung einer Norm bei. Besonders deutlich erkennbar ist diese normative Struktur etwa bei den schon erwähnten *Call-and-response*-Mustern, bei denen auf eine Aufforderung hin geantwortet wird.

6.3 Sich gemeinsam ausdrücken und eine eigene Stimme finden

Gemeinsam klangliche Muster zu etablieren, setzt ein besonders aufmerksames Hören voraus. Wer in einer Jazzformation spielt, muss in besonderer Weise den Mitmusizierenden zuhören. Sie oder er muss sehr genau darauf achten, was die anderen gerade gespielt oder gesungen haben, um zu antizipieren, wohin es sich im nächsten Moment entwickeln könnte. Und oftmals schließen diese vergangenheits- wie zukunftsorientierten Bezüge nicht nur die Mitmusizierenden ein, sondern auch das Publikum. Gerade für die nicht auskomponierten Elemente von Musik wird hier häufig eine besondere Nähe zum Publikum geschätzt. So ist beispielsweise laut John Coltrane ein aufmerksames Publikum „wie ein weiteres Mitglied in der Gruppe".[171]

---

169 Etwas genauer formuliert, gilt: Damit sich ein Impuls tatsächlich als ein solcher realisiert, muss eine Reaktion erfolgen. Ein Impuls, der nichts auslöst, ist kein Impuls. Somit ist der Impuls schon im Entstehen auf eine zukünftige Reaktion ausgerichtet. Und nur über Reaktionen etablieren sich dann Normen.

170 Vergleiche erneut Bertram 2022 – insbesondere S. 28: „Thus, the temporal structure of improvisational normative practices can be captured in the formula: ‚opening up the future by responding to the past'."

171 Zitiert nach Berliner 1994, S. 470 („like having another member in the group"). Diese Aussage beschränkt sich klarerweise nicht auf ein „Expertenpublikum", sondern bezieht sich auf ein typisches Publikum, dem eine ausgeprägte musiktheoretische Ausbildung fehlt. Dies unterstreicht

Im vorherigen Abschnitt wurde bereits betont, wie sehr das Hören ein aktiver Prozess ist. Auditorische Gestalten werden ausgebildet, die teilweise sehr allgemein und kulturübergreifend stabil sind, teilweise aber auch sehr individuell und stark kulturell überformt. Es kann also nicht davon ausgegangen werden, dass sich alles für alle immer gleich anhört. Das hat unweigerlich Konsequenzen auch für die Improvisation und für die normativen Strukturen, die gemeinsam etabliert werden. Salopp gesagt, hört jeder anders und bringt sich somit auch anders in die Gemeinschaft ein. Und genau das ist für viele der eigentliche Sinn einer Improvisation oder eines Extempore: nämlich *sich selbst* auszudrücken.

Viele berühmte Jazzmusiker verfügen in diesem Sinne über *eine eigene Stimme*.[172] Man erkennt John Coltrane, Miles Davis und viele andere sehr schnell an dem, was sie spielen und wie sie es spielen. Durch ihr Instrument oder gegebenenfalls ihren Gesang erklingt in besonderer Weise ihre individuelle Person – beispielsweise die für sie typische Wucht und Rastlosigkeit oder ihre ganz eigene sanfte Dringlichkeit (höre Playlist-Beitrag #38 und Playlist-Beitrag #39).

Man mag sogar geneigt sein, die mögliche Nachfrage, ob ein Solo gelungen sei, genau daran zu bemessen, wie sehr es dem Musizierenden denn geglückt sei, die individuelle Person zum Ausdruck zu bringen.[173] Soli im Jazz sind nicht primär Darbietungen oder Aufführungen bestimmter Standardstücke, die sich anschließend womöglich noch als korrekt und inkorrekt klassifizieren ließen. Die Jazz-Standards fungieren vielmehr als Plattform, auf der sich etwas entwickeln und die eigene Stimme erklingen kann. Laut des Jazzpianisten Vivay Iyer lässt sich deshalb ein einzelnes Solo, das an einem Abend über ein einzelnes Stück gespielt wird, letztlich gar nicht ausreichend verstehen und beurteilen.[174] Denn, wer ein Solo spielt, drückt sich in seiner oder ihrer ganzen Komplexität aus. Es geht nicht nur um die konkreten Eindrücke, die sie oder ihn momentan umgeben, sondern auch darum, was diese Person überhaupt in der Vergangenheit erlebt hat und welche kurz- und langfristige Ambitionen und Pläne er oder sie hat. Das alles fließt mit ein in den Klang des Instruments und in das, was der- oder diejenige spielt.[175]

---

nochmals, dass harmonielehrenfixierte Vorstellungen nicht den Kern dessen treffen, um das es im Jazz geht.

172 Zum Jazz als Modell dafür, innerhalb einer Gesellschaft eine eigene Stimme zu finden, vergleiche Cavell 2002 [1994] und dazu Hofer 2016. Vergleiche weiterhin Sieroka 2024.

173 Vergleiche exemplarisch John Coltranes Aussage: „My music is the spiritual expression of what I am – my faith, my knowledge, my being" (zitiert in Porter 1998, S. 232).

174 Vergleiche Iyer 2004.

175 Nun mag man, wie Cavell 2002 [1994], der Meinung sein, die Herausforderung bestünde gerade darin, *innerhalb eines hochkodifizierten Systems* eine eigene Stimme zu finden. In diesem Sinne wäre also beispielsweise die Leistung einer Opernsängerin höher einzuschätzen als die eines Jazzmusikers. Selbstredend ist auch der Jazz kodifiziert und man kann nicht einfach *irgendetwas*

Nun basieren persönliche Erfahrungen ihrerseits auf dem, was zuvor schon da war und andere schon erbracht haben. Zumindest in abgeschwächter Form spannt sich der Bogen der eigenen Vorgeschichte also noch sehr viel weiter als über die eigene Biographie. Im Jazz macht sich das durch die Intensität bemerkbar, mit der sich die Musizierenden mit dem Klang und dem Gespielten ihrer Vorgänger auseinandersetzen und sich vermeintlich *alte* Stücke immer wieder neu aneignen. Jazz-Standards müssen immer wieder *vergegenwärtigt* werden, sodass sie eine neue Beziehung zur Gegenwart gewinnen und eine Plattform bilden können, um auch *für uns heute* etwas Relevantes auszudrücken.[176] Standards haben in diesem Sinne den Charakter von Ritualen, bei denen es ja ebenfalls darum geht, sich durch Wiederholung des Bekannten an etwas orientieren zu können; bei denen es aber, damit die Rituale nicht an Bedeutung verlieren, ebenso wichtig ist, sie sich immer wieder neu anzueignen.

Worum es bei einem Jazz-Standard geht, fasst sehr schön ein Albumtitel von James Carter: *Conversin' with the Elders*. Es wird mit den Vorgängern *kon-versiert*, werden Motive immer wieder neu *hin- und hergewendet*. Man könnte auch mit einer weiteren begrifflichen Doppeldeutigkeit spielen und von einem *Kon-takt* sprechen im Sinne eines *gemeinsamen* Taktes oder gar einer geteilten Ordnung, die damals wie heute persönlich *berührt*.[177]

Idealerweise wird ein solcher Kontakt auch zwischen den Musizierenden in jedem Konzert von Neuem angestrebt und erarbeitet.[178] Es geht, nur um das nochmals zu betonen, um ein *Mit-einstimmen*, bei dem jeweils von den anderen etwas aufgenommen und an das jeweils in eigenständiger Weise angeknüpft wird. So entsteht kein strikter *Ein-klang*, kein dauerhaftes und ermüdendes Unisono,

---

spielen, aber – so könnte man argumentieren – John Coltrane müsse ja sozusagen lediglich John Coltrane zum Ausdruck bringen, während beispielsweise Diana Damrau sowohl Diana Damrau als etwa auch die Königin der Nacht zum Ausdruck bringen müsse. (Vergleiche zu dieser Doppelrolle in der gesanglichen Interpretation auch Bostridge 2023.) Umgekehrt, so könnte man argumentieren, sei es Diana Damrau nach dem Auftritt möglich, ihren Rollencharakter als Königin der Nacht „wieder abzulegen", während John Coltrane, der vermeintlich *nur sich selbst* ausdrückte, etwas Vergleichbares gar nicht offensteht. – Ich möchte all dies keinesfalls in Abrede stellen und schon gar nicht möchte ich Rangordnungen zwischen Musikmachenden und ihren Genres behaupten. Nur liegt die Betonung meiner Untersuchung an dieser Stelle eben weniger auf hochkodifizierten Systemen und Fragen der musikalischen Interpretation als auf solchen des direkten klanglichen und persönlichen Ausdrucks. Vergleiche hierzu auch Mohr 2021.

176 Vergleiche etwa Coleman in Derrida 2004, S. 322.
177 Ganz im Sinne der Wortbedeutungen der lateinischen Vorsilbe *con-* („mit") und des Partizips *tactus* („berührt").
178 Hier verweise ich erneut auf persönliche Gespräche mit praktizierenden Jazzmusikern wie Eric Schaefer und Uwe Steinmetz.

sondern ein polyphoner Zusammenklang individueller Stimmen – dem Wortsinne nach also eher eine *Sym-phonie*. Und dieser Zusammenklang oder dieses Konversieren ist eben ein gemeinsames Takten auf diversen Zeitskalen: der Rhythmik, den Tonhöhen, den Klangfarben.

Ziel des Improvisierens und Zusammenspiels ist es also, gemeinsam auditorische Gestalten zu formen und weiterzuentwickeln – es geht um Wiederholung und Neuerung auf einer allgemein klanglich-rhythmischen Ebene. Explizites Wissen um musikalische Großformen und vermeintliche propositionale oder repräsentationale Gehalte spielen dabei, wie schon erwähnt, eine geringe Rolle. Die eigenen Stimmen und Konversationen, die hier von den Musizierenden gesucht werden, sollen vielmehr etwas zum Ausdruck bringen, das sich *nicht* eins zu eins in eine propositionale Form gießen lässt.[179]

Ornette Coleman verwendet in einem Interview mit Jacques Derrida sogar den Demokratiebegriff, um dieses nichtsprachliche Element der Konversation im Jazz zu verdeutlichen. Kollektivimprovisationen seien deshalb demokratisch, weil sie eben kein Alphabet voraussetzten.[180] Statt den anderen in vorgegebener Art und Weise nachzuplappern, sie nur mehr zu begleiten, ginge es vielmehr um ein unmittelbares Miteinander, bei dem etwas Gemeinsames geschaffen werde. Diese Äußerung wirkt gerade als Antwort auf Derrida besonders pointiert, steht dieser doch dezidiert in einer Tradition, die die Bedeutung von Sprachlichkeit (über)betont.[181] Doch dazu mehr im nächsten Kapitel.

---

[179] Vergleiche John Coltrane: „If music doesn't say it, how can words say it for the music?" (zitiert nach Hentoff 1978, S. 48). Noch präziser formuliert findet es sich in Baranowski 1998, S. 12, für den rituellen Tanz (also einer besonderen Form verkörperter Musik): „If I could tell you what it meant there would be no point in dancing it." Zwar findet sich bezüglich auskomponierter Musik beispielsweise auch bei Webern 1960, S. 17, die Aussage, man könne „in Tönen etwas mitteilen, was anders nicht zu sagen ist". Aber diese Art der Mitteilung wird von ihm sogleich mit einer sprachlichen Äußerung gleichgesetzt. (Weniger in Richtung Sprachlichkeit und propositionale Form tendiert der bereits mehrfach angeführte Stockhausen – höre nochmals das Gespräch mit Adorno, Playlist-Beitrag #22, insbesondere von 17'50" bis 18'05".)
[180] Vergleiche Derrida 2004, S. 319–320 (Coleman: „[Y]ou don't need the alphabet to understand music").
[181] Vergleiche Derrida 2004, S. 328, wo die Zentralität von Sprachlichkeit behauptet wird.

7 Zeitliche Symphonie: hinhören und im Takt sein

7.1 Aktiv teilnehmen, statt nur zuzusehen

Die beiden vorhergehenden Kapitel haben die engen Zusammenhänge zwischen Hören, Zeit und gemeinsamem Musizieren behandelt. Sie haben herausgearbeitet, inwiefern das Hören von Musik und Klang eine zeitliche Gestaltungsleistung ist und wie sich dies in der Interaktion mit anderen manifestiert. Sie haben gleichsam eine enge Verbindung aufgezeigt zwischen wahr-nehmen und teil-nehmen.[182] *Teil-zu-nehmen* bedeutet nicht nur, *Teil* einer Gruppe zu sein, die sich austauscht, sondern auch, aus einem Strom voller Klangereignisse gestalterisch *Teile herauszunehmen* und gemeinsam weiterzuentwickeln. Es geht, emphatisch ausgedrückt, um ein *Hinhören* in einem geradezu transitiven Sinn: Die auditorische Gestalt, die ich wahrnehme, wird *von mir hin-gehört*. Denn ohne eigene Betonung, ohne zeitliche Akzente, wäre alles gleich gültig und damit einmal mehr auch gleichgültig.

Das, was in den beiden Zeit-Hören-Kapiteln „vor Ohren geführt" wurde, soll nun auf breitere Kontexte menschlicher Erfahrungswirklichkeit angewendet werden. Es soll, wie angekündigt, als einfaches Modell beziehungsweise als Mustererfahrung dienen für Zeit. Denn Zeit – das hatte bereits Kapitel 3 gezeigt – hat es immer mit vergleichenden Taktungen zwischen individuierten Ereignissen zu tun. Rhythmische Gestalten der Wiederholung und Neuerung sind eben nicht nur für die Musik und fürs Hören charakteristisch, sondern für zeitliche Ordnungen ganz allgemein. Und vielleicht können diese Ordnungen auf der Basis der vorherigen Kapitel nun weiter expliziert und besser verstanden werden.

So wurden oben beispielsweise auditorische Gestaltgesetze diskutiert, die, wie sich herausstellte, vor allem die *zeitlichen* Charakteristika von Klängen betreffen. Daran können nun Überlegungen anknüpfen über die zeitliche Strukturiertheit unserer Erfahrungen und Handlungen ganz allgemein. Ähnlich wie in der *auditory scene analysis* ließe sich somit auch in anderen (nichtauditorischen) Erfahrungs- und Handlungskontexten von Gesetzen der zeitlichen Nähe, Ähnlichkeit, Stimmigkeit und dergleichen sprechen. So wird beispielsweise, wie bei der Integration von Klangströmen, auch im Alltag dasjenige, was zeitlich nah beieinanderliegt, inhaltlich verknüpft: Es wird beispielsweise der *Tatort* zum ritualisierten Wochenendausklang – obwohl Kriminalfilme von sich aus nichts mit Sonntagabenden zu tun haben; und für viele Menschen im deutschsprachigen Raum gehört es zu Weihnachten, einen Baum in der Wohnung zu haben und nicht arbeiten zu müssen –

---

[182] Vergleiche hierzu auch Dewey 1958 [1925], S. 345.

auch wenn dies historisch auf eigentümlichen Kontakten zwischen christlichen und heidnischen Bräuchen sowie der (säkularen) Gesetzgebung beruht. Umgekehrt zerfallen, ebenfalls wie bei den Klangströmen, Handlungskontexte und ganze Gemeinschaften, wenn die einzelnen Handlungen in ihrer zeitlichen Taktung immer stärker auseinanderdriften: Gehe ich nicht, wie die anderen, zweimal in der Woche zum Training, stehe ich vielleicht auch am Wochenende beim Punktspiel nicht mehr als Teil der Mannschaft auf dem Spielfeld; oder wie überzeugend wäre es, beispielsweise von einem Chor oder Chorprojekt zu sprechen, wenn jede Stimme getrennt probt und am Ende die gemeinsame Aufführung aus irgendwelchen Gründen kurzfristig abgesagt wird?

Außerdem werden – ähnlich wie beim Gesetz der guten Fortsetzung und der durch Rauschen unterbrochenen Melodie – auch in anderen Erfahrungskontexten Kontinuitäten erlebt, wo es faktisch immer wieder Unterbrechungen gibt: Das Streichen des Zimmers oder die Etappe der Bergtour wird als Tageswerk wahrgenommen, auch wenn man zwischendurch immer wieder Trink- und Esspausen eingelegt hat, zwischendurch noch telefoniert hat und so weiter.

Weiterhin sei an die Unterscheidung zwischen sogenannten analytisch und synthetisch Hörenden erinnert: Während die einen gleichsam nur dasjenige Frequenzensemble hören, das auch physikalisch vorhanden ist, ergänzen die anderen implizit die vermeintlich fehlenden Frequenzen zu einer holistischen Gestalt. Und ähnliche Phänomene gibt es auch im Alltag: Gegenstände, die an einen geliebten Menschen erinnern, der mit einem zusammengelebt hat, aber nun verstorben ist, werden nicht weggeräumt, und bestimmte gemeinsame Gewohnheiten werden (gleichsam als Obertöne) beibehalten, um diesen Menschen irgendwie weiterhin präsent zu haben im eigenen Leben. Oder, um ein ganz anderes Beispiel aus dem Bereich des Sports zu geben: Auch eine Finte, etwa beim Volleyball, basiert entscheidend darauf, dass das gegnerische Team (hoffentlich) synthetisch wahrnimmt, was bestimmte einzelne Bewegungen suggerieren sollen. Tatsächlich aber gibt es zwischen diesen Bewegungen keinen synthetischen Zusammenhang. Ein solcher Zusammenhang besteht vielmehr zwischen anderen Bewegungen, was dem Gegenüber aber (hoffentlich) entgangen ist. Und schließlich ein noch allgemeineres Beispiel: Für den einen fügt sich all das, was an einem bestimmten Feiertag politisch, religiös und gesellschaftlich mitschwingt, problemlos in ein gemeinsames Spektrum und führt zu einer einheitlichen Gestalt, während es für die andre ein bloßes Nebeneinander bleibt und genau deshalb vielleicht sogar schwer erträglich ist.

Die Liste solcher Beispiele ist geradezu beliebig erweiterbar. Die Struktureigenschaften von Erfahrungskontexten sind also zeitlichen Gestalten vergleichbar, wie sie auch für auditorische Phänomene zentral sind. Es werden auch im Alltag gleichsam Klangströme integriert und separiert, werden gemeinsames *timing* und gemeinsamer *groove* gesucht und auch eine eigene Stimme. Das darf allerdings nicht missverstanden werden, als würden hier Musik und Klang zur metaphysischen Grundlage oder zum alleinigen und wesenhaften Modell von Zeit verklärt. Wohl aber darf die vorliegende Untersuchung als Aufforderung verstanden werden, sich von philosophischer Seite stärker mit dem Hören zu beschäftigen. Wenn es in der Philosophie um Wahrnehmung geht, darauf wurde bereits zum Auftakt hingewiesen, wird zumeist vom Sehen gehandelt: Schon Platon nennt es den „kostbarsten" (πολυτελής – *polyteles*) aller Sinne und setzt dann im *Sonnengleichnis* die vermeintliche Quelle des Sehens direkt in Beziehung zu Erkenntnis und (zum Licht der) Wahrheit.[183]

Doch es gab und gibt immer wieder auch einzelne philosophische Stimmen, die sich gegen eine Dominanz des Sehens gestellt haben und die insbesondere den transienten Charakter des Hörens betont haben, der ja doch viel stimmiger anmutet, wenn Zeit und damit dynamische Zusammenhänge untersucht werden und wenn der Glaube an dauerhafte (und vermeintlich *ersichtliche*) Wahrheits- und Letztbegründungsansprüche sinkt.[184] Eine frühe und imposante Stimme in diesem Kontext ist der bereits erwähnte Heraklit. Passend zu seinem dynamischen und spannungsgeladenen Verständnis der Wirklichkeit behauptet er, der Mensch könne die Ordnung der Welt nur durch aufmerksames *Hinhören* erkennen.[185] Auf ihn wird noch zurückzukommen sein; ebenso wie auf Johann Wolfgang von Goethe, der rund zweitausend Jahre nach Heraklit über seine eigene Methode der Naturphilosophie schreibt: „Unsere ganze Aufmerksamkeit muss aber darauf gerichtet sein, der Natur ihr Verfahren *abzulauschen*."[186]

---

[183] Vergleiche Platon 2023, Buch VI (= *Politeia* 507c–509d).

[184] An dieser Stelle sei ein kurzes Extempore erlaubt: Dass dem Gehör mehr Gehör geschenkt werden sollte, gilt nämlich nicht nur für den philosophischen Diskurs, sondern auch in vielen und unterschiedlichsten Kontexten des Alltags. Ein schlagendes Beispiel bieten hier Architektur und Innenausstattung, die oftmals die akustischen Eigenschaften eines Raumes vernachlässigen. Die Rede vom „ansprechenden Inneren" eines neuen Restaurants etwa bezieht sich dann einmal mehr und exklusiv auf dessen Optik, während das akustische Ansprechverhalten des Raums so ist, dass das wörtliche „Ansprechen" seines Gegenübers am Tisch kaum mehr möglich ist, ohne zu schreien. (Vergleiche hierzu auch Sieroka 2022a.)

[185] Vergleiche DK 22 B 112 (σωφρονεῖν ἀρετὴ μεγίστη, καὶ σοφίη ἀληθέα λέγειν καὶ ποιεῖν κατὰ φύσιν *ἐπαίοντας*). Vergleiche auch DK 22 B 1 (τοῦ δὲ λόγου τοῦδ᾽ ἐόντος αἰεὶ ἀξύνετοι γίνονται ἄνθρωποι καὶ πρόσθεν ἢ *ἀκοῦσαι* καὶ ἀκούσαντες τὸ πρῶτον).

[186] Goethe 1887–1919, II. Abteilung, Band 7, S. 76. Man könnte hier auch stärkeren Bezug auf Nietzsche nehmen, der an einigen Stellen ebenfalls die Rolle des Auditorischen betont und zu Erfahrungen der Autonomie in Beziehung setzt. Allerdings liegen die Akzente bei ihm anders, was schon die Wortwahl zeigt: Während in der vorliegenden Arbeit vom *Hören* beziehungsweise *Hinhören* gesprochen wird, ist es bei Nietzsche vor allem das *Horchen* und *Gehorchen* (vergleiche etwa Nietzsche 2014 [1883–1885], Zweiter Teil). Aber das meint etwas Spezifischeres und Passiveres. Es

7.2 Auch zuhören genügt nicht

Auch gegenwärtig gibt es Bestrebungen, das Hören philosophisch aufzuwerten. Derrida hat es in seiner Arbeit über die Gastfreundschaft betont, und Überlegungen über die Rolle des gegenseitigen Zuhörens finden sich auch bei Gemma Corradi Fiumara und in Arbeiten weiterer Denkerinnen und Denker.[187] Allerdings wird in diesen Arbeiten ein sehr passives Verständnis von Hören und Zuhören vertreten. Man öffne sich beim Zuhören seinem Gegenüber, trete dabei aber bewusst zurück und verschwinde geradezu teilnahmslos hinter dem Sprechenden. Doch nach dem, was bereits diskutiert wurde, klingt das wenig überzeugend. Hören ist etwas genuin Aktives; es gibt Kontextabhängigkeiten und diverse andere Gestaltphänomene. Eine vollständige rezeptive Offenheit im Sinne eines *bloßen Zuhörens* kann es gar nicht geben. Nicht nur ein Dialog, selbst einfache auditorische Wahrnehmungen zeichnen sich dadurch aus, dass wir aktiv hinhören, dass wir – um nochmals diese emphatische Redeweise zu bemühen – *etwas hinhören*.[188]

Ein weiteres Problem, das bei den Ansätzen von Derrida, Corradi Fiumara und anderen besteht, folgt, weil hier Hören und Zuhören allein im Kontext des *sprachlichen* Miteinanders behandelt wird. Eine diskursive Ebene und eine geteilte Semantik werden immer schon vorausgesetzt, statt das Hören als einen allgemeinen Zugang zur Wirklichkeit zu begreifen, mit dem sich grundlegende Strukturierungsleistungen wie eben zeitliche Ordnungen überhaupt erst ausbilden. Erneut gibt es also eine Engführung mit Sprache, was phänomenologisch bedauernswert ist und schon mehrfach kritisiert wurde. Strategisch ist es allerdings nachvollziehbar, da diese Ansätze somit den Anschluss an die Sprachphilosophie und mithin die Hoffähigkeit für die gegenwärtige Philosophie wahren.[189]

---

geht dann weniger darum, sich selbst einzubringen und einen gemeinsamen Prozess anzustoßen, als darum, auf das Wichtige zu achten, das mein Gegenüber nun vorbringen wird und nach dem ich mich anschließend und ohne Widerrede zu richten habe.

187 Vergleiche Derrida 2018 [1997], Corradi Fiumara 1990 sowie auch Beatty 1999, Nancy (2014 [2002]) und Abbt 2020.

188 Damit soll keineswegs in Abrede gestellt werden, dass dem Hinhören etwas Tugendhaftes innewohnt (so wie Abbt 2020 und insbesondere Beatty 1999 es auch für das Zuhören betonen). Denn auch wenn es sich um etwas Aktives handelt, so spielen beim Hinhören auf intellektueller wie moralischer Ebene gerade Bescheidenheit, Wertschätzung des anderen, geistige Ausdauer und Besonnenheit eine wichtige Rolle. (Auf die Besonnenheit als besondere Form der Zeittugend wird in Kapitel 9 noch zurückzukommen sein).

189 In Derridas *Grammatologie* erfolgt diese Engführung sogar noch spezifischer über die Schriftlichkeit von Sprache, sodass dort vor allem die visuellen Zeichen (Buchstaben), nicht aber die Klänge „zu Wort kommen" – vergleiche Derrida 1983 [1967].

Näher an dem, was in der vorliegenden Arbeit versucht wird, ist der Ansatz von Susanne Langer aus den 1940ern. Sie hält das Beispiel Musik gerade dort für philosophisch erhellend, wo Worte versagen, wo es aber dennoch zu einer Form von (hörendem) Welt-Verstehen kommt. Auch betont sie den flüchtigen, transienten Charakter von Musik – etwas, das aufs engste mit zeitlicher Strukturiertheit verbunden ist, wie sie für Musik charakteristisch ist:

> Music is revealing, where words are obscuring [...]. The assignment of meanings is a shifting, kaleidoscopic play, probably below the threshold of consciousness, certainly outside the pale of discursive thinking. The imagination that responds to music is personal and associative and logical, tinged with affect, tinged with bodily rhythm, tinged with dream, but concerned with a wealth of formulations for its wealth of wordless knowledge, its whole knowledge of emotional and organic experience, of vital impulse, balance, conflict, the ways of living and dying and feeling. Because no assignment of meaning is conventional, none is permanent beyond the sound that passes; yet the brief association was a flash of understanding. The lasting effect is like the first effect of speech on the development of the mind, to make things conceivable rather than to store up propositions. Not communication but insight is the gift of music [...].[190]

Auch kann der bereits erwähnte Schütz nochmals angeführt werden. Zwar spricht er, anders als Langer, allgemein von Kommunikation, meint damit aber – man beachte die auditorische Metapher – ganz breit „ein wechselseitiges Sich-aufeinander-*einstimmen*".[191] Damit sind wir zurück bei dem, was im vorigen Kapitel über den improvisierenden beziehungsweise extemporierenden Kon-takt im Jazz gesagt wurde. Auch hier ging es nicht primär um eine begrifflich-sprachliche Ebene, sondern vor allem um eine zeitlich-rhythmische Ebene des Körperlich-Klanglichen. Mehr noch: Diese Ebene entpuppte sich als zeitlich nicht hintergehbar und somit als besonders geeignet für die vorliegende zeittheoretische Untersuchung. Für Schütz, ähnlich wie für Langer, wird die Musik somit zu einem Instrument, um mehr über soziale Interaktion zu lernen, ohne auf bestimmte Begriffsschemata zurückgreifen zu müssen:

> Aus diesem Grund hoffen wir, dass eine Studie der sozialen Beziehungen, die am Musikprozess haften, zu Einsichten führen wird, welche auch für andere Formen des sozialen Verkehrs gelten, vielleicht sogar zur Erhellung eines besonderen Aspektes der Struktur der sozialen Interaktion als solcher.[192]

---

[190] Langer 1996 [1942], S. 198.
[191] Schütz 1972, S. 149.
[192] Schütz 1972, S. 130.

7.3 Muster ablauschen

Mit Schütz und Langer lässt sich also die obige These weiter unterfüttern, wonach Klang und Musik als Mustererfahrungen dienen können, um mit ihnen nichtdiskursive Themen – quasi in Echtzeit – erfahrbar (hörbar) zu machen.[193] Allerdings bewegt sich diese (verschriftlichte) Unterfütterung auf inhaltlich-propositionaler Ebene. Sicherlich nicht zwingend, aber vielleicht doch wünschenswert, wäre nun ein Schritt quasi der Selbstanwendung – also der Versuch, entsprechende Thesen und Themen auch auf nichtdiskursiver Ebene selbst zum Klingen zu bringen. Zwei Denker, die bereits zitiert wurden und die genau dies tun, sind Heraklit und Goethe. Um die philosophische Gewichtigkeit des Hörens zu betonen, reihen sie in ihren Arbeiten nicht nur Propositionen aneinander, sondern es geht ihnen in besonderer Weise darum, Rezipienten für eine bestimmte Form der Erfahrung empfänglich zu machen; und sie möchten diese Erfahrung im Idealfall auch direkt auslösen. Dies ist vor allem an den literarischen Formen erkennbar, derer sie sich bedienen. Es ist kein Zufall, wenn Heraklit und Goethe, statt ihre Ansätze in Form wissenschaftlicher Prosa festzuhalten, sie in Aphorismen beziehungsweise Gedichten formulieren.[194]

Heraklit möchte mit seinen dunklen Aphorismen zugleich die Mehrdeutigkeiten und Spannungsverhältnisse zu Gehör bringen, die seine Philosophie auch inhaltlich kennzeichnen. Direkt zur Sprache kommt die grundlegende Bedeutung dieser Spannungsverhältnisse beispielsweise in seinem berühmten Satz, demzufolge der Krieg der Vater aller Dinge ist.[195] Subtiler zu Gehör bringt sie seine Aussage „Der Name des Bogens ist Leben, sein Tun Tod", dessen Pointe allein auf der Verschiebung einer einzelnen Betonung beruht, nämlich von *bíos* (βίος – Leben) zu *biós* (βιός – Bogen).[196] Die wesentlichen Ordnungsprinzipien der Welt werden uns eben nur dann zugänglich, wenn wir aufmerksam hinhören.

---

[193] Vergleiche Sieroka 2023.
[194] Allgemein ist die Gedichtform von besonderer Bedeutung in vorschriftlichen Gesellschaften. Sie entstammt dem Kontext religiöser Rituale und ersetzt diese dann zum Teil funktionell, was sich insbesondere über Wiederholungen und Variationen bemerkbar macht, die für diese Sprachform prägend sind und damit auch deren engen Bezug zur Zeit offenlegen. Vergleiche hierzu Hillebrandt 2022, S. 54 („Ein Gedicht ist ein Sprachgebilde, das von Wiederholungsstrukturen Gebrauch macht und das nicht zur Aufführung im Rahmen eines Rollenspiels oder als längere Erzählung angelegt ist.") sowie S. 40 („Die in religiösen Ritualen zu findenden Wiederholungsstrukturen sind es dann auch, die die Lyrik als geeignetes Funktionsäquivalent für das religiöse Ritual erscheinen lassen."). Ribiero 2007, S. 191, spricht ganz ähnlich von „patterns of recurrence", ordnet dann Metrum und Reim funktional dem Rhythmus zu, Anaphern und Assonanz der Betonung und so weiter.
[195] DK 22 B 53.
[196] DK 22 B 48.

Und wenn Goethe davon spricht, „der Natur ihr Verfahren *abzulauschen*", so bezieht sich das auf etwas Nichtdiskursives, was speziell den naturphilosophischen Kontext auszeichnet. Hier gibt es so etwas Ähnliches wie auditorische Gestalten – etwas, das sich hinter den Naturereignissen verbirgt und für eine Einheitlichkeit der Wahrnehmung sorgt, ohne selbst etwas Gegenständliches zu sein. Goethe vermeidet damit den Fehlschluss deplatzierter Konkretheit. Stattdessen ist die so gefundene Gestalt – Goethe spricht von *Urphänomenen* – eher einem musikalischen Thema vergleichbar, das sich allein in Form von Variationen offenbart.[197] Und die adäquate Methode, ein derartiges Thema hörbar zu machen, ist für Goethe einzig die Gedichtform.[198] Er selbst setzt dieses philosophische Großprojekt allerdings nur in Teilen um, verfasst unter anderem *Die Metamorphose der Pflanzen* und *Metamorphose der Tiere*. Die Gedichtform ist ihm dabei so wichtig, weil sie es erlaubt, die Anschauung der Natur *rhythmisch* zu fassen.[199] Propositionalität ist bei diesen Gedichten nicht vorrangig. Auch wird nicht vornehmlich etwas Begriffliches vermittelt. Stattdessen geht es Goethe um eine besondere Form der Anschauung, die ein unendliches (kontinuierliches) Spektrum von Ereignissen zugänglich macht. Hat sich mir die Metamorphose der Pflanzen erschlossen, kann ich eine Pflanze instantan einordnen, so wie ich eine musikalische Variation sogleich als Variation dieses oder jenes Themas erkenne. Dazu ist keine Begriffs- und Theoriebildung nötig, und die Urpflanze gibt es als biologische Spezies ebenso wenig wie es im musikalischen Fall ein *eigentliches* Thema gibt.

Dank der beiden Zeit-Hören-Kapitel haben wir sogar ein konkretes auditorisches Gestaltphänomen, das als Modell dienen kann für diesen Übergang von der diskret-begrifflichen hin zu einer kontinuierlich-anschaulichen Ebene: nämlich die immer schnellere Abfolge von Klicks, die von der Wahrnehmung einer Reihe einzelner (tonhöhenloser) Reize in die Wahrnehmung einer einheitlichen und andauernden Tonhöhe übergeht. Im Jargon der obigen Kapitel könnte man dies auch so formulieren: Bei Neuerungen, die zu hochfrequent sind, als dass sie einzeln wahrnehmbar sind, die aber dennoch nicht chaotisch sind, sondern einem Rhythmus folgen, entsteht im Rezipienten die Wahrnehmung einer neuartigen und andauernden Qualität.

---

[197] So sind etwa alle Stadien einer Pflanze Variationen eines Blattes. Vergleiche Goethe 1887–1919, Bd. WA II/7, S. 282: „Alles ist Blatt, und durch diese Einfachheit wird die grösste Mannigfaltigkeit möglich." Vergleiche erneut und ausführlicher auch Sieroka 2023.

[198] Vergleiche Goethe 1887–1919, Bd. WA I/35, S. 84, sowie Bd. WA IV/ 14, S. 52–53.

[199] Vergleiche Goethe 1887–1919, Bd. WA IV/13, S. 200. Entgegen meiner sonstigen Bemühung, visuell konnotierte Begriffe zu meiden, verwende ich an dieser Stelle den Begriff „Anschauung", weil Goethe sich hier auf den einschlägigen philosophischen Fachbegriff bezieht.

Damit sind wir zugleich auch beim zentralen Thema der vielbeachteten Zeittheorie von Henri Bergson. Für Bergson besteht ein entscheidender Gegensatz zwischen den abzählbaren Elementen einer als mathematisch-begrifflich verstandenen Zeit einerseits und einer Dauer im Sinne einer erlebten Qualität andererseits.[200] Für ihn ist dies letztlich identisch mit dem philosophisch notorischen Gegensatz zwischen vereinzelndem Begriff und ganzheitlicher sinnlicher Gegebenheit, wobei er letztere für philosophisch wertvoller erachtet, weil sich nur in ihr das Fließen der Zeit manifestiere. Doch wie das Klick-Beispiel zeigt, handelt es sich gar nicht um einen unvereinbaren Gegensatz. Es ist vielmehr ein Übergang möglich vom Vereinzelten und Abzählbaren – hier exemplifiziert durch die einzeln wahrgenommenen und abzählbaren Klicks – hin zu einer kontinuierlich-dauerhaften Qualität – hier die einheitliche und anhaltende Tonhöhenwahrnehmung.[201]

Damit sind wir zurück beim (Goethe'schen) Projekt des Ablauschens grundlegender Wirklichkeitsmuster. Ähnlich wie Goethe sucht auch sein bereits erwähnter Zeitgenosse Schelling einen Zugang zur Welt, der nicht schon zu sehr begrifflich-propositional überformt ist. Auch zeigt er eine besondere Sensibilität für den allgemeinen Zusammenhang von Wiederholung und Neuerung, der, wie sich oben schon gezeigt hatte, für die Etablierung von Variationen zentral ist. In seinen Überlegungen beschränkt sich Schelling dabei nicht auf naturphilosophische Belange, sondern bezieht auch die Subjektivität mit ein. Zudem wird auch ihm das Hören zum Musterbeispiel für einen aktiven Prozess, der – ganz im Sinne einer *auditory scene analysis* – immer nach neuen Taktungen sucht und neue Muster gleichsam hinhört:

> Schläge oder Töne, die sich ohne die geringste Ordnung succedirten, sind von keiner Wirkung auf uns. Sobald aber selbst in die ihrer Natur oder dem Stoff nach bedeutungslosesten, nicht einmal an sich angenehmen Töne eine Regelmäßigkeit kommt, daß sie immer in gleicher Zeit wiederkehren und eine Periode zusammen bilden, so ist hier schon etwas von Rhythmus, obgleich nur ein sehr entfernter Anfang – wir werden unwiderstehlich zur Aufmerksamkeit fortgezogen. In alles, was an sich eine reine Identität der Beschäftigung ist, sucht der Mensch daher, von Natur getrieben, Vielheit oder Mannichfaltigkeit durch Rhythmus zu legen. Wir

---

200 Vergleiche Bergson 2016 [1889].
201 Man könnte den Bogen sogar noch weiter spannen bis hin zum Gegensatz zwischen Gegenstands- oder Tatsachenontologien einerseits und Ereignis- oder Prozessontologien andererseits. Letztere entsprächen dann einer Ebene des Lebendig-Anschaulichen, während erstere, wie schon erwähnt, als „bloße Aneinanderreihungen von Standbildern" kritisiert werden könnten. (Die Gegenposition wäre dann eine, die – entgegen Bergson und letztlich auch entgegen Goethe – es nicht als Integrationsleistung, sondern als Wahrnehmungs*defizit* auffasst, wenn keine klare begriffliche beziehungsweise sinnlich-wahrnehmende Auflösung in Einzelbestandteile mehr gelingt und alles gleichsam zu einem Einheitsbrei verschmilzt.)

halten es in allem an sich Bedeutungslosen, z. B. im Zählen, nicht lange bei der Gleichförmigkeit aus, wir machen Perioden.²⁰²

Einige Absätze zuvor hatte Schelling bereits explizit auf den Zusammenhang verwiesen, der sich zwischen Musik und Hören einerseits und Zeit und Selbstbewusstsein andererseits ergebe. Denn Musik basiere notwendig auf Abfolgen und solche Zeitstrukturen seien konstitutiv für das Selbstbewusstsein.²⁰³ Jemand, der gegenwärtig eine verwandte Position bezieht, was den Zusammenhang betrifft von Musik und Selbstbewusstsein – oder besser: von Klang, Rhythmus und Ich –, ist der bereits zitierte Bowie:

> Music requires the material form of vibration that combines the temporally different moments into one sound. The sound is apprehended as a unity by hearing, and, as such, is connected to the being of the I, which combines different moments in itself and thus renders the world – including music's succession of sounds – intelligible.²⁰⁴

Auch hier klingt als zentrales Thema der gerade diskutierte Übergang von einzelnen Pulsen hin zu einer einheitlichen Klangerfahrung an. Die sukzessive Vielheit wird rhythmisch strukturiert und wird zur wahrgenommenen Einheit. Das gleiche Thema schwingt auch beim bereits mehrfach genannten Leibniz mit, wenn er behauptet, Musik sei „die verborgene Mathematik der unbewusst rechnenden Seele".²⁰⁵

Geht man philosophiehistorisch weiter zurück, so findet sich ein musikalisch-mathematisches Weltverständnis bekanntermaßen bereits bei den Pythagoreern.²⁰⁶ Laut ihnen sind die Verhältnisse der Wirklichkeit wesentlich Zahlenverhältnisse; und diese manifestierten sich ihrerseits in (sphären)harmonischen Klängen, von denen die Schüler des Pythagoras behaupten, ihr Meister habe sie direkt gehört. Damit sind wir zurück beim Hören und bei dem Ziel, philosophische Überzeu-

---

202 Schelling 1985 [1802–1803], § 79 (= GW I/5, 492–493).
203 Vergleiche Schelling 1985 [1802–1803], § 77 (= GW I/5, 491): „Die nothwendige Form der Musik ist die Succession. [...] Das Princip der Zeit im Subjekt ist das Selbstbewußtseyn, welches eben die Einbildung der Einheit des Bewußtseyns in die Vielheit im Idealen ist. Hieraus ist die nahe Verwandtschaft des Gehörsinns überhaupt und der Musik und der Rede insbesondere mit dem Selbstbewußtseyn begriffen."
204 Bowie 2007, S. 152.
205 Leibniz 1990 [1768], Bd. III, S. 437 („Musica est exercitium arithmeticae occultum nescientis se numerare animi").
206 Vergleiche Riedweg 2002.

gungen direkt erfahrbar zu machen.²⁰⁷ Dabei ging es den Pythagoreern sogar um mehr als Mustererfahrungen. Denn für sie sind die zahlenmäßigen Harmonien eben nicht lediglich ein Modell für die Struktureigenschaften der Wirklichkeit, sondern vielmehr *sind sie selbst* der Klang der metaphysischen Wirklichkeit.

7.4 Sich intakt fühlen: autonomer Umgang mit Zeit

Harmonische Verhältnisse spielten bei den Pythagoreern aber nicht nur eine Rolle als vermeintlicher Klang einer metaphysischen Wirklichkeit. Auch ihr gemeinschaftliches Leben war geprägt von harmonischen Verhältnissen, die sich insbesondere in allgemeinen Bezügen zu Rhythmen, Klang und Musik äußerten.²⁰⁸ Und das gilt in gewisser Weise bis heute: Im Alltag werden weiterhin Rhythmen und Zusammenklänge mit positiven Emotionen, Selbstverwirklichung und auch guten – um nicht zu sagen: taktvollen – zwischenmenschlichen Beziehungen assoziiert.²⁰⁹ Fragen des Wohlbefindens werden oftmals enggeführt mit gleichsam gestaltpsychologischen Fragen einer angemessenen Taktung von Ereignissen – irgendwie, so macht es den Eindruck, hängen *intakt* zu sein und *im Takt* zu sein zusammen.

Bevor im nächsten Kapitel konkrete Fragen der Gesundheit genauer untersucht werden, seien hier zunächst einige allgemeine Überlegungen zum Zusammenhang von Rhythmen und Wohlbefinden geäußert – beziehungsweise, präziser, zum sinn- oder taktvollen Umgang mit Zeit.²¹⁰

Nun ist ja, wie schon mehrfach betont, Zeit selbst nichts Materielles, keine Substanz. Was soll es dann überhaupt heißen, mit „Zeit" sinnvoll umzugehen? Mit einem Bleistift sinnvoll umzugehen, mag heißen, ihn anzuspitzen oder etwas damit auf Papier zu bringen – und steht im Gegensatz dazu, sich ihn ins Ohr zu stecken, oder dem Versuch, ihn als Tennisschläger zu verwenden. Aber mit „der Zeit" geht Entsprechendes nicht; und auch solche Redeweisen wie, Zeit werde „verschwendet" – was ja das Gegenteil einer „sinnvollen Nutzung" sein müsste – wurden ja bereits kritisiert.

Da Zeit eine Dimension von Ereignissen ist, betreffen Fragen eines sinnvollen Umgangs mit ihr nichts anderes als Aufteilungen und Einteilungen von Ereignissen.

---

207 Allerdings dürfte es sich, nach dem heutigen Stand der Forschung, bei diesen überlieferten Hörerlebnissen des Pythagoras wohl eher um die erste Dokumentation eines Tinnitus innerhalb der abendländischen Geschichte gehandelt haben – vergleiche Riedweg 2002, S. 102.
208 Vergleiche erneut Riedweg 2002.
209 Vergleiche Croom 2012.
210 Zur allgemeinen Frage des Zusammenhangs von Zeit und gutem Leben vergleiche auch Steinfath 2020.

Präziser sollte bei menschlichen Handlungen statt von einem *sinnvollen Umgang mit Zeit* also von der *sinnvollen (oder koordinierten) Taktung von Ereignissen* gesprochen werden. Wenn etwas *im Takt* ist, so könnte man es verkürzt formulieren, so ist es in der Regel eben auch *intakt*; es liegt keine Fehltaktung oder Verschwendung vor.[211]

Der strukturell einfachste Fall einer solch sinnvollen Taktung liegt vor, wenn sich die handelnde Person deshalb *intakt* fühlt, weil sie selbst den Rhythmus vorgibt. Es trägt zum eigenen Wohlbefinden bei, wenn die Taktungen, die zeitlichen Regularitäten, denen man folgt, (zumindest in Teilen) von einem selbst gesetzt werden – auch wenn die Handlungsinhalte stärker vorgegeben sein mögen. Denn es ist nicht nur wichtig, was geschieht, sondern in besonderem Maße auch, wann und in welcher Reihenfolge es geschieht. Es ist, wie schon erwähnt, nicht zielführend und trägt wohl auch nicht zum Wohlbefinden bei, sich zunächst anzuziehen und anschließend unter die Dusche zu stellen – oder zuerst die Teeblätter im Wasser ziehen zu lassen, um das Wasser dann anschließend dreieinhalb Minuten lang zu kochen. Viele alltägliche Kontexte bestehen aus einer ganzen Reihe einzelner Handlungen und Tätigkeiten, die in der Regel teils mehr, teils weniger angenehm sind, bei denen es uns aber zumindest in Teilen offensteht, die Abfolge und auch die Dauer selbst zu bestimmen.[212] Und das kann einen wichtigen Beitrag zum eigenen Wohlbefinden leisten. Denn es bedeutet ein Erleben zeitlicher Autonomie: Ich selbst bin gerade der Gesetzgeber meiner Taktungen.[213]

Als entsprechend unangenehm wird es in der Regel wahrgenommen, wenn man in seinen Taktungen in hohem Maße fremdbestimmt wird. Für eine gewisse, klar begrenzte Zeit und einen klar umrissenen Kontext mag dies durchaus seine Attraktivität besitzen – so wie es beispielsweise beim obigen Zitat anklang zum Konzertbesuch, bei dem man gerne für die Dauer der Aufführung die „Zeitherrschaft" an den Dirigenten übergibt. Aber dies ist keine Dauerlösung, und aufoktroyierte Zeitskalen können selbst im Kleinen schon anstrengen, wenn mich etwa

---

211 In diesem Sinne müsste also auch der Slogan „Zeit ist Geld" (der in vielen Kontexten ohnehin fehlgeleitet ist, vergleiche Kapitel 2) umformuliert werden zu „Taktung ist Geld". Und dass dem tatsächlich so ist, belegt eindrücklich bereits der erste frühgriechische Philosoph: Thales hat einer berühmten Anekdote zufolge rechtzeitig vor einer üppigen Olivenernte sämtliche Ölpressen in Milet und Chios angemietet, um sie dann zur Erntezeit teuer weiterzuvermieten (vergleiche DK 11 A 10).
212 Vergleiche für weitere Beispiele von Alltagstaktungen und deren „Rhythmusanalyse" Lefebvre 2004, Ch. 3 („Seen from a Window").
213 Etwas schlagwortartig und schillernd könnte man das gerade Beschriebene auch über eine Erweiterung des Begriffs „Freizeit" fassen: Unter *Frei-zeit* fielen dann nicht mehr nur diejenigen Fälle, in denen jemand von bestimmten verpflichtenden Handlungen *befreit* ist (beispielsweise nicht arbeiten muss), sondern eben auch solche, in denen jemand die Abfolgen der eigenen Handlungen *frei* setzt.

die Einreichungsfristen bei öffentlichen Ämtern oder der Busfahrplan zu hektischem Handeln veranlassen. Ein extremeres und in der Tat sehr facettenreiches Beispiel für eine zeitliche Fremdtaktung ist der Schlafentzug. Hier macht es einen erheblichen Unterschied, ob der Schlafrhythmus des Nachts vom eigenen geliebten Kind gestört wird oder vom nachts lärmenden Nachbarn oder ob es sich gar um eine systematisch eingesetzte Foltermethode in einem Gefängnis handelt.

Tatsächlich haben auch immer wieder einzelne Gruppen von Menschen anderen Gruppen systematisch und in dramatischer Weise ihre Zeitraster aufgezwängt – und tun dies weiterhin. Denn wer die Taktungen eines anderen dominiert, dominiert letztlich dessen Identität. Was einen einzelnen Menschen oder eine einzelne Gesellschaft von anderen unterscheidet, sind nämlich genau die für sie beziehungsweise ihn typischen Erfahrungskontexte mit ihren jeweils eigenen Taktungen.[214] Als Beleg dafür, wie Tagesrhythmen und auch Kalender politisch instrumentalisiert werden können, mögen zwei kurze Beispiele aus den Jahren des Naziregimes und des Zweiten Weltkriegs genügen: So haben es Überlebende von Konzentrationslagern als besonders unerträglich beschrieben, wie sich die Aufseher als Herrscher über die Zeit gerierten, indem der Alltag einerseits minutiös, aber zugleich auch immer wieder willkürlich getaktet wurde.[215] Und als zweites, subtileres, Beispiel mag die japanische Besetzung Singapurs im Februar 1942 dienen: Als eine der allerersten Maßnahmen vor Ort wurde von den Besatzern der japanische Kalender und die Lokalzeit Tokios zum verbindlichen Maßstab für das gesamte öffentliche Leben erhoben. Noch bevor in allen Details und Abläufen des Alltags – wie beispielsweise dem Lehrplan von Schulen – die Besatzer präsent waren, schwebten sie somit immer schon über allem als vermeintliche Herrscher über die Zeit. Was sich – gerade im Vergleich zum Fall der Überlebenden eines Konzentrationslagers – zunächst als vermeintlich lapidarer Eingriff in gesellschaftliche Konventionen darstellen mag, entpuppt sich bei genauerer Analyse ebenfalls als höchst effizienter und fundamentaler Angriff auf die Identität einer Gemeinschaft und führte zu vielen schmerzhaften Erfahrungen, die zum Teil andauern.[216]

---

214 Für dieses Verständnis personaler und gesellschaftlicher Identität entlang sich überlappender Gemeinschaften (und deren Zeitordnungen) vergleiche Sieroka 2010a, S. 115 140.
215 Vergleiche etwa Wiedemann 2010, Hrdlicka 1992 und KZ-Gedenkstätte Neuengamme 2005. Vergleiche auch Blumenberg 1986, S. 80–84, der beim nationalsozialistischen Regime einen allgemeinen Wahn diagnostiziert, die eigene Zeit des Regimes (also des vermeintlich „tausendjährigen Reiches") zu einer allbeherrschenden Weltzeit erklären zu wollen.
216 Wie einschneidend diese Form der *Fremdtaktung* war und wie sie bis heute im Gedächtnis der Bevölkerung Bestand hat, wird eindrücklich belegt etwa durch die entsprechenden Ausstellungsräume im *National Museum of Singapore* (Singapur). Hieran knüpfen sich sogleich auch komplexe

Es gibt kaum eine subtilere Art, Autonomie zu zerstören, als über einen solch aufoktroyierten „Einheitsmarsch", bei der eine Gruppe von Menschen einer anderen ihre Rhythmen aufzwängt. Oder, um es mit einer geradezu zynisch treffenden Redeweise zu sagen, die einmal mehr Bezüge zum (verkörperten) Hören aufweist: Fälle, bei denen die einen *nach der Pfeife* der anderen *tanzen*.[217]

Nun darf aus diesen Beispielen allerdings nicht pauschal geschlossen werden, es sei immer erstrebenswert, zeitliche Fremdbestimmtheit zu minimieren und zeitliche Autonomie zu maximieren. Denn hier kommt wieder das bereits diskutierte komplexe Zusammenspiel von orientierender Wiederholung und kontrastierender Neuerung zum Tragen. Doch bevor dies im übernächsten Kapitel allgemein diskutiert wird, folgen im nächsten Kapitel zunächst einige spezifischere Fälle, bei denen Menschen, gerade weil sie in ihren Wahrnehmungs- und Handlungsrhythmen abweichen, als „nicht intakt" beziehungsweise „nicht im Takt" eingestuft werden.

---

zeittheoretische Fragen an über den Umgang mit historischen Ungerechtigkeiten. Vergleiche Meyer und Waligore 2022.
217 Man könnte auch davon sprechen, dass man nun „wisse, was die Glocke geschlagen hat", und mit dieser ebenfalls auditorisch konnotierten Metapher an die immense machtpolitische Bedeutung von mittelalterlichen Stadtglocken erinnern – vergleiche Dohrn-van Rossum 1992, S. 185–190.

8 Zeit-Störungen: pathologische Taktverluste

8.1 Gesundheitsfragen als Zeitfragen

Da Zeit eine fundamentale Dimension allen Erlebens ist, verwundert es wenig, dass sie eng mit Fragen des Wohlbefindens und der Gesundheit verbunden ist.[218] Von Klangschalentherapie über Bioresonanz bis hin zu Bewegungs- oder Mantrameditation: wichtig ist der richtige Rhythmus, die richtige Taktung. Aber nicht nur bei diesen Beispielen, die man in besonderer Weise dem gegenwärtigen Zeitgeist zuschreiben mag, entpuppen sich Fragen der Gesundheit und des Gesundheitswesens bei genauerer Betrachtung oft auch als Zeitfragen. Beispielsweise werden Krankheiten und Behinderungen nicht nur dadurch voneinander unterschieden, wie stark, sondern vor allem auch, wie lange sie jemanden einschränken. Eine Grippe bedeutet zwar eine starke Einschränkung, gilt aber vor allem deshalb nicht als Behinderung, weil sie üblicherweise nach wenigen Wochen vorüber ist. Das mag etwa bei einer Fehlstellung der Hüfte anders sein. Die wird sich nicht nach kurzer Zeit wieder verflüchtigen, sondern wird eben *dauerhaft behindern.*[219]

Weitere zeittheoretische Fragen im Gesundheitswesen ergeben sich unter anderem im Kontext von Organspenden – insbesondere, wenn es darum geht, Kriterien festzumachen, die den Zeitpunkt der Organentnahme bestimmen und auch die Wartezeiten bei der Organallokation. Typische Fragen im Bereich der Versorgungsforschung haben etwa mit dem Wert maximaler Langlebigkeit zu tun; und man misst Behandlungschancen und -erfolge in Einheiten zeitlicher Dauer, indem man sogenannte qualitätskorrigierte Lebensjahre (*Quality Adjusted Life Years*) bestimmt. Auch bei Patientenverfügungen, um nur ein weiteres Beispiel zu nennen, stellen sich diverse zeittheoretische Fragen, die insbesondere mit der Dauer von Verbindlichkeiten zu tun haben. Denn nicht immer trägt die Erfüllung vormaliger Wünsche, wie sie eben in der Verfügung formuliert wurden, noch zum gegenwärtigen Wohlbefinden bei.[220]

Es geht hier allerdings nicht darum, konkrete Fragen zum Gesundheitswesen zu beantworten. Auch geht es bei den Psychopathologien und Erkrankungen, die unten diskutiert werden, nicht darum, in naiver Form eine „allgemeine Norm

---

[218] Vergleiche beispielsweise auch Steinfath und Clausen 2023.
[219] So definiert etwa das deutsche Sozialgesetzbuch (SGB) Behinderungen als bestimmte Formen von Beeinträchtigungen, die „mit hoher Wahrscheinlichkeit länger als sechs Monate hindern können" – SGB IX, § 2(1).
[220] Vergleiche Dietrich, Müller-Salo und Schmücker 2018 (insbesondere die Beiträge von Wessels und Müller).

psychischer und physiologischer Zeitverarbeitung" setzen zu wollen, um dann jede Abweichung als defizitär und mithin pathologisch abstempeln zu können. Für eine solche Form der Diagnostik wäre die Befundlage ohnehin zu vage. Denn hier mischen sich Untersuchungen zu psychiatrischen Störungsbildern mit solchen zu hirnorganischen und neuropsychiatrischen Erkrankungen – und untersucht werden sehr unterschiedliche Zeitskalen, weil im einen Fall das Reaktionsvermögen im Sekundenbereich von Interesse sein mag, im anderen Fall aber der Bericht über eine vergangene Lebensphase.[221]

Eine adäquate medizinische Diagnostik kann hier ohnehin nicht das Ziel sein. Auch wurde die allgemeinere zeittheoretische Annahme, es könne ein normiertes und allgemeingültiges Verhältnis von Wiederholung und Neuerung geben, oben bereits mehrfach abgelehnt. Die Zeit-Hören-Kapitel haben musterhaft gezeigt, dass wir ohnehin nicht alle und nicht in allen Kontexten die gleichen Zeitgestalten wahrnehmen. Und zuvor schon wurde mit dem Begriff der Ermüdung darauf hingewiesen, dass allzu große Einheitlichkeit und eintönige Wiederholung ihrerseits pathologische Konsequenzen haben können.

Doch auch wenn einzelne Besonderheiten im Zeiterleben nicht die alleinigen und präzisen Marker pathologischer Symptomatiken sein mögen, so bleibt doch allgemein bemerkenswert, wie viele Krankheitsbilder mit Besonderheiten des Zeiterlebens einhergehen. Und um mehr geht es an dieser Stelle nicht. Es soll mit dem Folgenden lediglich untermauert werden, dass es (über diverse Skalen hinweg) immer wieder Zusammenhänge zwischen Zeit und Wohlbefinden gibt – und der Grund dafür, so die Vermutung, liegt darin, dass Zeit ein so fundamentaler Ordnungsparameter menschlicher Erfahrung ist. Oder anders ausgedrückt: Wenn Zeit, wie oben formuliert, wesentlich die sinnhafte Orientierung des Lebens (mit) konstituiert, dann verwundert es wenig, wenn sich pathologische Besonderheiten auch in der einen oder anderen Weise im Zeiterleben widerspiegeln beziehungsweise mit ihm verknüpft sind. Und das soll nun anhand einiger Beispiele aufgezeigt werden.

8.2 Leiden an der Zeit und auf verschiedenen Zeitskalen

Sigmund Freud und Josef Breuer haben bereits Anfang des zwanzigsten Jahrhunderts behauptet, die wohl häufigste Ursache für psychisches Leiden sei ein Leiden

---

[221] Vergleiche Juckel et al. 2022, die diese vermischte Datenlage ebenfalls kritisieren und deshalb für die Diagnostik eine klare Trennung zwischen Zeiterkenntnis, -wahrnehmung und -erleben fordern.

an der Zeit. Die genauere Ursache lag dabei für sie in unterdrückten Erinnerungen.[222]

Nun sind Erinnerungen, ihrem allgemeinen phänomenologischen Charakter nach, gegenwärtige Bezugnahmen auf Vergangenes – und können somit, entsprechend der terminologischen Redeweise von oben, als Variationen aufgefasst werden. Und ähnlich, wie sich in der Musik eine Variation oder das Aufgreifen eines Motivs als mehr oder weniger geglückt darstellt, können auch diese Bezugnahmen – aus ganz unterschiedlichen Gründen – befriedigender oder weniger befriedigend gelingen. Noch allgemeiner gilt: Zu leiden oder auch sich wohlzufühlen, ist eng damit verbunden, wie jemand neuen Herausforderungen vor dem Hintergrund des eigenen bisherigen Lebens, der bisherigen Lebensgeschichte begegnet. Und dies wird in der Regel weniger gelingen, wenn die eigene Lebensgeschichte sozusagen voller Löcher und Untiefen ist.

Ein Leitmotiv der neueren philosophischen Diskussion, um diese Zusammenhänge genauer auszuführen, ist das der Narration.[223] Gelingende Bezugnahmen haben damit zu tun, ein kohärentes Narrativ über das individuelle Leben oder das Leben der eigenen Gemeinschaft erzeugen zu können. Eine (weithin) geschlossene Geschichte über sich erzählen zu können, so die These, trägt in erheblichem Maße zum eigenen Wohlbefinden bei. Das soll nicht heißen, unser Leben ließe sich schlicht durch Erzählungen konstituieren. Leben ist nicht Literatur. Allerdings ist es für das persönliche Wohlbefinden relevant, Vorstellungen, die wir von uns selbst haben, immer wieder – explizit oder implizit – aufzugreifen und sie in Variationen neu entdecken und einordnen zu können.

Genau solche Möglichkeiten des Aufgreifens, Einordnens und Weiterentwickelns klangen bereits im vorigen Kapitel an, als es darum ging, wie sich Musizierende mittels Improvisation um einen individuellen Ausdruck bemühen und darum, eine eigene Stimme zu finden. Allerdings – auch das wurde deutlich – ist diese vergleichsweise große Zeitskala des eigenen Lebens nicht die einzig relevante. Das musikalische Improvisieren selbst spielt sich auf einer deutlich kleineren Zeitskala von Sekunden oder Minuten ab. Doch auch auf dieser Ebene geht es letztlich darum, neuen Herausforderungen vor dem Hintergrund des Bisherigen zu begegnen. Auch das, was die anderen gerade gespielt haben, ist in diesem Sinne eine Heraus- oder

---

[222] Freud und Breuer 1991 [1895], S. 86 („Der Hysterische leidet größtenteils an Reminiszenzen"). – Der gelegentliche Verweis auf ältere Studien (wie hier auf Freud und Breuer und weiter unten auf Binswanger) erfolgt nicht in der Überzeugung, diese hätten im Detail weiterhin eine unwidersprochene Gültigkeit. Stattdessen sollen diese Verweise vielmehr die allgemeine und anhaltende Einschlägigkeit belegen, die die Auseinandersetzung mit Zeit im Bereich der Psychopathologie hat.
[223] Vergleiche beispielsweise Schechtman 2011 sowie McAdams, Josselson und Lieblich 2006; wegbereitend in diesem Zusammenhang war insbesondere Ricœur 1988–1991 [1983–1985].

Aufforderung. Es geht um eine zeitliche Integrationsleistung auf der Ebene von Klängen: Das, was eben gespielt wurde, muss mir noch präsent sein, und ich muss zumindest rudimentär antizipieren, was als nächstes entstehen könnte; und all das zusammengenommen muss ich im Moment zum Ausdruck bringen.

Bei beiden Skalen geht es also um die Integration sämtlicher drei Zeitekstasen von Vergangenheit, Gegenwart und Zukunft – allerdings auf unterschiedliche Weise. Auf der Ebene der umfassenden Integration in das eigene Leben und der Narration geht es um explizite kognitive Prozesse des Wiedererinnerns, der Vergegenwärtigung und der expliziten Erwartung: Weil ich letztes Jahr in einer ähnlichen Situation etwas erlebt habe, was ich nun entschieden vermeiden möchte, handle ich jetzt so und so.

Im Gegensatz dazu sind bei der Integration der momentanen Wahrnehmung implizite oder zumindest niederschwellige Dynamiken am Werk, die dasjenige, was eben noch gegenwärtig war, mit dem verbindet, was nun gegenwärtig ist, und dem, was vermeintlich gerade noch nicht gegenwärtig ist: Die letzten Klänge sind mir noch im Ohr, und aus einer bestimmten impliziten Erwartung heraus spiele ich nun dieses oder jenes. In der phänomenologischen Literatur werden diese drei spezifischen Bezugnahmen, die sich in der momentanen Wahrnehmung zu einer Einheit verbinden, auch als *Retentionen*, *Urimpressionen* und *Protentionen* bezeichnet.[224] Die wahrgenommene Gegenwart als Ganzes konstituiert sich mithin fortwährend und dynamisch und umfasst also deutlich mehr als nur ein punktförmiges Jetzt.[225]

Dass die wahrgenommene Gegenwart mehr umfasst als einen einzelnen Zeitpunkt, ist selbstredend nicht nur im Kontext des Improvisierens oder Extemporierens relevant. Ohne diese dynamische und integrierende Konstitution einer ausgedehnten Gegenwart zerfiele nicht nur ein einzelner anhaltender Klang, sondern zerfielen sämtliche Erfahrungen in ein Staccato unzusammenhängender in-

---

[224] Wichtige Primärliteratur hierzu sind Husserl 2000 [1928] und Merleau-Ponty 1966 [1945].
[225] Bezieht man dies zurück auf die im vorigen Kapitel behandelte Kollektivimprovisation, so mag die Frage aufkommen, ob die beteiligten Musiker in diesem Fall über eine gemeinsame wahrgenommene Gegenwart verfügen. Schütz 1972 vertritt tatsächlich die Meinung, dass es in solchen Fällen zur Ausbildung eines einzigen gemeinsamen Zeitbewusstseins käme. Aufgrund von Gesprächen mit praktizierenden Musikerinnen und Musikern stellt sich für mich allerdings die Annahme aus Angelino 2020 als plausibel dar, der zufolge die Gegenwarten, wie sie von den Beteiligten jeweils wahrgenommen werden, zwar parallel verlaufen, sich aber nicht vereinigen. Schütz ist sicherlich zuzustimmen, dass ein „wir"-Gefühl unter Musizierenden wichtig ist und eine Art gemeinsamer Raum entstehe (und auch Cross 2009 spricht vom Erleben einer geteilten Intentionalität). Allerdings ist dieser „Raum" vor allem ein klanglicher, der nicht auf einer „wahren Gesichtsfeldbeziehung", wie Schütz es nennt, basieren muss (Schütz 1972, S. 148). Letzteres ist schon deshalb unplausibel, weil sich Musizierende nicht immer wechselseitig sehen können und dies unter Umständen auch gar nicht für erstrebenswert halten.

stantaner Eindrücke.²²⁶ Es ist also genau diese innere und strukturierende Dynamik aus Retentionen, Urimpressionen und Protentionen, die im Fall des Hörens den auditorischen Gestalten zugrunde liegt und im allgemeinen Fall eben *allen zeitlichen* Gruppierungen und Gestalten.

Damit sind wir zurück beim Motiv pathologischer und möglicherweise leidvoller Zustände, die mit Besonderheiten in Zeiterleben und -vorstellung verbunden sind – sowohl auf größeren als auch auf kleineren Skalen. Nur, um dies nochmals zu betonen: Einige solcher Besonderheiten werden aus einem allgemeinen zeittheoretischen Interesse heraus nun exemplarisch dargestellt. Die Summe vermag hoffentlich zu überzeugen; bei den Details geht es keinesfalls darum, in spezifischer Weise psycho- oder neuropathologisch Stellung beziehen zu wollen.

8.3 Besonderheiten des Zeiterlebens bei einigen Psychopathologien und somatischen Erkrankungen

Ein massiv leidvolles Beispiel für etwas, das sich nicht in das eigene Leben einordnen lässt, sind sogenannte Flashbacks, bei denen sich wiederholt und geradezu blitzartig Erinnerungen traumatischer Ereignisse aufdrängen. Zusammen mit beunruhigenden Träumen („Albträumen") gehören Flashbacks zu den Kernsymptomen insbesondere der *posttraumatischen Belastungsstörung*.²²⁷ Manchmal wird dies auch so umschrieben, dass die Betroffenen „in der Vergangenheit feststecken". Sie sind entsprechend bemüht, innere und äußere Aktivitäten zu vermeiden, die mit dem wiedererlebten Ereignis verbunden sind. Dies führt zu einer übermäßigen Wachsamkeit und damit auch zu verstärkten Schreckreaktionen. Alle diese Symptome sind stark zeitlich geprägt. Sie beruhen auf untypischen Bezugnahmen auf vergangene Ereignisse sowie – das zeigen übermäßige Wachsamkeit und Schreckhaftigkeit – auf zukünftige Ereignisse. Denn phänomenologisch ausgedrückt, basiert Erschrecken auf einer inhaltlichen Gerichtetheit auf Zukünftiges, die dann aber im höchsten Maße enttäuscht wird. Man erschrickt dann, wenn es eben nicht so weitergeht, wie erwartet. In diesem Sinne vermischt sich hier also die größere Zeitskala der Wiedererinnerungen und des eigenen Lebens mit derjenigen der Protentionen und des momentanen Erlebens.

---

226 Kompensiert werden könnte dieses Staccato ansonsten wohl nur über zeitgleiche Vergegenwärtigungen vergangener Instantanklänge. Allerdings überzeugt eine solche Hypothese phänomenologisch nicht. Denn so kompliziert ist es der Erfahrung nach schlichtweg nicht, einen anhaltenden Ton als anhaltend zu hören oder eine Teetasse als kontinuierlich auf dem Tisch stehend wahrzunehmen. Vergleiche Husserl 2000 [1928], §§ 7–19.
227 Vergleiche zum Folgenden Holman und Silver 1998 sowie Stocker 2020.

Im Gegensatz zur posttraumatischen Belastungsstörung geht das *Aufmerksamkeitsdefizitsyndrom* oft mit einer stark verminderten Wachsamkeit einher – also einer gestörten Konzentrationsfähigkeit.[228] Im Kontext des Zeiterlebens wird dies von einigen Forschenden in Beziehung gebracht zu einem systematischen Unterschätzen von Dauern, was wiederum allgemeine Probleme nach sich ziehe, wenn es um zeitliche Bezüge im Alltag geht. So bereite es Menschen mit Aufmerksamkeitsdefizitsyndrom in der Regel Schwierigkeiten, vereinbarte Fristen einzuhalten. Umgekehrt sei ihr Verhalten typischerweise sehr impulsiv, was sich zeittheoretisch interpretieren lasse als verminderter Zukunftsbezug. Es gebe keine stabilen durchgehenden Erwartungen und Pläne bezüglich dessen, wie es weitergeht.

Als nächstes Beispiel sei die *Schizophrenie* erwähnt.[229] Dabei handelt es sich um eine ganze Gruppe von Störungen, deren Kernsymptom häufig als ein *Kontinuitätsverlust des Selbst* beschrieben wird – verbunden oft mit Gedankeneingebungen, auditorischen Halluzinationen und auch Paranoia. Diese Symptomatik wird häufig zurückgeführt auf eine Störung bei der zeitlichen Integration verschiedener sensorischer und kognitiver Prozesse. Es fehle insbesondere eine erfolgreiche Integration über die verschiedenen Sinnesmodalitäten hinweg. Dies zeigt sich empirisch und auf kleinen Zeitskalen unter anderem in Diskriminationsaufgaben zu Reizdauern. Auch das bloße Erkennen des Aufeinanderfolgens von Reizen werde hier zum Teil zum Problem, was wiederum direkt zu Koordinations- und Handlungsproblemen führe. Insgesamt, so könnte man es phänomenologisch formulieren, ist die (sinnesmodalitätenunabhängige wie -integrierende) Dynamik von Retentionen, Urimpressionen und Protentionen gestört. Dies, so behaupten einige Forschende, spiegele sich auch auf größeren Zeitskalen wider, wenn die Betroffenen in Selbstbeschreibungen oftmals über das Fehlen einer einheitlichen Zeit klagen.

In gewisser Weise ähnlich sind die Befunde über *Sucht*: Auch hier werden nämlich Störungen dieser inneren Bewusstseinsdynamik auf kleinen Zeitskalen konstatiert zusammen mit Beeinträchtigungen auf der Ebene von lebenszeitlichen Integrationen.[230] Das Verlangen nach Intoxikationen bezieht sich jeweils auf die erlebte Gegenwart, das Jetzt. Konsequenzen und die längerfristigen zukünftigen Probleme, die durch die Sucht verursacht werden, werden ignoriert. Der Betroffene existiert in einem starken Maße *von Moment zu Moment*. Insbesondere fehlt ein einheitlicher Lebensentwurf, was neben dem Zukunfts- auch den Vergangenheitsbezug in Mitleidenschaft zieht. Sucht geht oft mit einem Verlust der eigenen Lebensgeschichte einher. Entsprechend ist Betroffenen, die einen Entzug machen,

---

228 Vergleiche zum Folgenden Noreika, Falter und Rubia 2013.
229 Vergleiche zum Folgenden Allé et al. 2016.
230 Vergleiche Kemp 2020.

typischerweise die eigene Vergangenheit und damit die eigene Person unklar.[231] Dies erschwert die Situation im Entzug zusätzlich, weil gleichsam unklar ist, warum und vor allem *für wen* sie sich gerade abmühen. Eine bekannte Redeweise unter Menschen, die einen Entzug machen, lautet deshalb „Fake it till you make it".

Zu einem breiten Feld an Besonderheiten in der Zeiterfahrung kommt es auch beim *Autismus*.[232] Den Betroffenen fehlt oftmals eine zentrale Kohärenz in den Zeiterfahrungen; Zeiterfahrungen werden als nicht stimmig erlebt und beschrieben. Konkreter zeigen sich Schwierigkeiten bei kognitiven Prozessen, die sich speziell auf Vergangenes und Zukünftiges richten. Auch haben die Betroffenen in der Regel Probleme, längere Dauern adäquat abzuschätzen. Einige Forschende hat dies zur Annahme einer *social timing hypothesis of autism* geführt: Ganz allgemein beruhten die Schwierigkeiten im sozialen Umgang, die für die Betroffenen typisch seien, auf Schwierigkeiten in der vielschichtigen zeitlichen Koordination unseres alltäglichen Miteinanders.[233]

Typische Selbstwahrnehmungsstörungen wie bei Autismus, Schizophrenie und Sucht gibt es auch bei *bipolaren Störungen*; und auch hier sind es Beeinträchtigungen im allgemeinen Zeitverhältnis auf momentaner wie auch größerer lebenszeitlicher Skala. Laut Thomas Fuchs durchleben die Betroffenen (die früher als „manisch-depressiv" bezeichnet wurden) einen Wechsel, bei dem sie sich selbst der Zeit ihrer Umgebung mal als voraus und mal als hinterher wahrnehmen.[234] Allem hinterherlaufen zu müssen, nicht schnell genug zu sein, kann dabei – in seiner pathologischen Ausformung – zu einer depressiven Phase führen, das dauerhafte Vorauslaufen zu einer manischen Episode.[235] Es lohnt sich, diese beiden Phänomene etwas genauer zu beschreiben und zeittheoretisch zu interpretieren.

In einer depressiven Phase verengt sich gleichsam der Spielraum möglicher Handlungen, der von den Betroffenen erlebt wird. Sie haben kaum mehr das Gefühl, etwas bewirken zu können, und verlieren spezifische Zielvorstellungen. Denn alles, was sie tun, käme ohnehin zu spät. Entsprechend führt auch die eigene Geschichte nirgendwo mehr hin. Dies geht bis hin zum Verlust eines eigenen Narrativs und einer persönlichen Identität, oft gekoppelt mit Angstzuständen und Gefühlen der

---

231 Selbst der eigene Körper wird oftmals als stark verdinglicht erfahren und zum vermeintlichen Objekt technokratischer Manipulation.
232 Vergleiche insbesondere Wimpory et al. 2002 und Allman 2011.
233 Einige Forschende gehen zudem davon aus, dass diese Schwierigkeiten, sich mit anderen zu synchronisieren, direkt auf Anomalien in einigen der sogenannten Uhren-Genen basieren – vergleiche nochmals Wimpory et al. 2002.
234 Vergleiche Fuchs 2001 und 2013.
235 Speziell zum Konzept einer *depressiven Zeit* vergleiche Cavaletti und Heimann 2020.

Zukunftslosigkeit.[236] Zeittheoretisch lässt sich dies so verstehen, dass mit dem Verlust eigener Ziele eben die Finalursächlichkeit fehlt – und ohne diese Form der Kausalität verschwindet auch die zeitliche Orientierung des eigenen Daseins.

Im Gegensatz zu einer solch depressiven Phase wird während einer manischen Episode die Umgebung umgekehrt als (zu) langsam und als langweilig wahrgenommen. Doch diese Langeweile wird quasi direkt konterkariert. Die Aufmerksamkeit richtet sich stark auf den sensorischen Input, dessen kleinste Details nun als handlungsrelevant aufgefasst werden. Auch kann der Betroffene zwar in der Regel einen Bezug zur physikalischen Zeit wahren – er oder sie „weiß" in diesem Sinne sozusagen weiterhin, wie lang beispielsweise gemessene zehn Sekunden sind –, allerdings wirken solche Zeitangaben für den Betroffenen irrelevant und passen nicht zu dessen eigenem Erleben. Selbst die Sprechgeschwindigkeit von anderen wird oftmals als zu langsam wahrgenommen, und auch das Musikerleben verändert sich während manischer Episoden entsprechend. Für die Betroffenen führt ein erhöhtes Wiedergabetempo von Musik nicht, wie sonst üblich, zu einer Anspannung, sondern erhöht für sie typischerweise die Attraktivität der Musik und erzeugt Fröhlichkeit.[237]

Mehr noch: Das erlebte eigene Schnellersein führt beim Manischen oft zu einem besonderen Freiheitsgefühl, das auch als *Supermann-Syndrom* bezeichnet wird. Das geht allerdings auf Kosten eines möglichen inhaltlich-zeitlichen Zusammenhangs. Weil er oder sie sich allem voraus glaubt, meint der Betroffene die eigene Zukunft „schon jetzt" verwirklichen zu können. Dieser Eindruck, die Zukunft geschehe bereits jetzt, tritt manchmal auch gekoppelt auf mit einer Leugnung der eigenen Endlichkeit. Die „Gegenwarten", in denen die Betroffenen leben, haben nicht mehr die oben diskutierte endlich ausgedehnte Struktur. Ludwig Binswanger hat deshalb bereits vor mehr als sechzig Jahren den Zustand einer sogenannten Manie als ein Abreißen retentionaler und protentionaler Bezüge beschrieben.[238] Vergangenheits- und Zukunftsorientierheit brechen zusammen, weshalb für einen Außenstehenden jemand, der eine manische Episode durchlebt, (auch dem Wortsinne nach) verantwortungslos wirkt. Sie oder er ist nämlich außerstande, „Rede

---

236 Vergleiche auch Ratcliffe 2015 und Aho 2020.
237 Vergleiche Moskalewicz und Schwartz 2020.
238 Vergleiche Binswanger 1960. Die Darstellung wirkt allerdings teilweise missglückt, da in den Beispielen vor allem auf *explizite (bewusste)* Vergangenheits- und Zukunftsbezüge des Manischen verwiesen wird, während sich Husserls Konzeption auf eine *implizite (vorbewusste)* Ebene einer inneren Zeitsynthese bezieht. Für meine Argumentation stellt dies aber kein Problem dar, da es mir (1) nicht um eine detaillierte phänomenologische Auslegung und Symptomatik von Psychopathologien geht und ich (2) für meine überblickshafte Darstellung ohnehin davon ausgehe, dass sich allgemeine zeitliche Strukturzusammenhänge auf unterschiedliche Skalen übertragen lassen.

und Antwort zu stehen" zu dem, was sie oder er tut. Denn genau das setzt stabile zeitliche Bezugnahmen auf Vergangenes und Zukünftiges voraus.

Mittlerweile werden aber nicht nur Psychopathologien wie die gerade genannten über Besonderheiten im Zeiterleben beschrieben. Auch somatische Erkrankungen wie etwa *Morbus Alzheimer* und *Morbus Parkinson* werden inzwischen anhand zeitlich-rhythmischer Auffälligkeiten (mit)charakterisiert. Dabei geht es insbesondere um Abweichungen und Beeinträchtigungen in Gedächtnis- und Aufmerksamkeitsleistungen.[239]

Besonders bemerkenswert für die vorliegende Untersuchung ist weiterhin, dass in vielen der genannten Kontexte Musik zu Therapiezwecken verwendet wird. Damit werden nämlich auch dort (verkörpertes) Hören und Tanzen als Mustererfahrungen begriffen – und zwar im Sinne exemplarischer Wahrnehmungen, die eine anleitende Funktion übernehmen sollen, um so Bewegungsabläufe und andere geistige und körperliche Musterbildungen – im Sinne von Variationen und Rhythmen – zu etablieren. In diesem Sinne ist es auch kein Zufall, wenn sich Redeweisen von *timing* nicht nur in musiktherapeutischen Kontexten wiederfinden, sondern bereits auch in den Beschreibungen vieler der genannten Pathologien.

Um es konkreter zu machen: Beispielsweise werden Menschen, die an Parkinson leiden, mithilfe von Musik therapiert, um so vor allem körperliche Resynchronisierungsprozesse anzuleiten.[240] Es wird – um es über die oben genannten auditorischen Gestaltgesetze zu formulieren – versucht, Bewegungsabläufe *gut fortzusetzen*, indem man deren *Ähnlichkeiten* zu musikalischen Zeitmustern nutzt. Und dies geschieht, anders als etwa in der kognitiven Verhaltenstherapie, auf einer vorbegrifflichen oder vorsprachlichen Ebene.

Aber etwa auch bei Menschen mit bipolarer Störung findet Musik als therapeutisches Mittel erfolgreich Verwendung.[241] Zeittheoretisch lässt sich dies so verstehen, dass über Rhythmen und Klänge zunächst – und quasi noch unterhalb der kognitiven Ebene – das Erleben retentionaler und protentionaler Bezüge wieder gestärkt werden soll. Der erlebten Zukunftslosigkeit und dem Zusammenbruch der Dynamik der wahrgenommenen Gegenwart soll hier entgegengewirkt werden. Und auch auf höherer kognitiver Ebene bleibt das therapeutische Vorgehen ein sozusagen Zeitlich-Rhythmisches. Gerade bei der bipolaren Störung geht es in einem

---

239 Vergleiche Allman und Meck 2012. So neigen etwa Parkinson-Patienten dazu, kurze Intervalle von bis zu etwa acht Sekunden in ihrer Dauer zu überschätzen und solche von mehr als zwanzig Sekunden in ihrer Dauer zu unterschätzen. Man spricht in diesem Zusammenhang von einem *migration effect* und stuft diesen als dysfunktional ein insbesondere für die Abstimmung (*timing*) von Bewegungsabläufen.
240 Vergleiche Maiese 2020.
241 Vergleiche D'Abbadie de Ndrest et al. 2017.

nächsten Schritt nämlich zumeist darum, stabile soziale Routinen – und also Rhythmen – in den Alltag einzubinden. Und umgekehrt führt bei den Betroffenen der Verlust solcher Routinen oder Rhythmen oftmals zu einer zusätzlichen Destabilisierung mit möglicherweise zusätzlichen depressiven Phasen.

9 Polyrhythmik: Vieles hören und Gleichklang wahren

9.1 Spannungsverhältnisse und Multitasking

Der Alltag ist polyrhythmisch. Vieles bringt seinen eigenen Rhythmus ein. Das gilt nicht nur in großen gemeinschaftlichen Kontexten wie etwa bei Bahnstreiks, Wahlen oder Ladenöffnungszeiten, die alle einen mehr oder minder starken Einfluss auf die Taktung unserer Alltagstätigkeiten haben.[242] Es gilt auch auf kleinerer Skala, wenn etwa (kleinere oder größere) rhythmische Integrationsleistungen gefordert sind, weil eine neue Mitbewohnerin in die Wohngemeinschaft, ein neuer Kollege in die Arbeitsgruppe oder eine neue Mitspielerin in die Mannschaft kommt. Hier muss sozusagen ein gemeinsamer polyrhythmischer *groove* gefunden werden. Denn jede einzelne Person hat bis zu einem gewissen Grade eigene Gepflogenheiten und in diesem Sinne eigene Rhythmen.

Diese eigenen Rhythmen umfassen auch das, was oben als „eigene Stimme" bezeichnet wurde. Denn so wurde es ja gerade eingeführt: Eine eigene Stimme ist das, was im *Kon-takt* mit anderen entsteht, wenn man miteinstimmt, ohne in ein dauerhaftes Unisono oder einen strikten *Ein-klang* zu verfallen; sie beinhaltet die jeweils eigene Weise, hinzuhören und Rede und Antwort zu stehen; und dies mit dem Begriff „Rhythmen" in Verbindung zu setzen, ist berechtigt, da Tonhöhen, Stimmlagen und Klangfarben allesamt auf zeitlichen Regularitäten basieren.

Mit diesem Hinweis können Fragen der Polyrhythmik und des gemeinschaftlichen Einstimmens nun zurückgebunden werden an das, was in den ersten vier Kapiteln bereits gesagt wurde über Zeit – oder genauer: über das Zusammenspiel von Wiederholung und Neuerung und insbesondere die Gefahr allgemeiner Ermüdung (*fatigue*). Wichtige Stichworte hierzu sind der *Ermüdungsbruch* und die *Resonanzkatastrophe*.[243] Wenn sozusagen alles immer exakt gleich abläuft und ein

---

242 Vergleiche hierzu allgemein auch Lefebvre 2004. Seine Alltagsanalysen beinhalten vor allem Routinen von Bewegungsabläufen in städtischen Räumen, wobei er zwischen Poly-, Eu- und Arrhythmik unterscheidet.

243 Gerade in diesem Kontext bleibt, trotz ihres Namens, die „Resonanztheorie" aus Rosa 2016 unterkomplex. Sie zielt auf ein soziologisches Verständnis von Subjekt-Objekt-Beziehungen als einem schwingenden System, wobei allerdings die physikalische Metaphorik kaum entfaltet wird – anders als etwa bei Haken 1981, der Gesellschaftssysteme mit Begriffen der Laserphysik beschreibt. Allerdings wird von beiden Autoren, anders als hier, eine feste Subjekt-Objekt-Struktur als gegeben vorausgesetzt, sodass bei ihnen der Ereignis- und Zeitbegriff kaum hinterfragt wird. Letztlich handelt es sich im Fall von Rosa also weniger um eine Zeittheorie als vielmehr um eine gesell-

System in einer charakteristischen Taktung beansprucht wird, droht es zu überlasten. Eine Sängerin – oder zumindest ein Tongenerator – kann ein Glas zum Zerspringen bringen, wird das Glas nur intensiv genug mit dem richtigen Ton beschallt; und eine Brücke kann einstürzen, wenn nur genügend Menschen im entsprechenden Gleichschritt über sie hinwegmarschieren. Oder anders formuliert: Um völliges Chaos zu vermeiden, ist es sicherlich wichtig, dass nicht alle Menschen dauernd aus der Reihe tanzen. Trotzdem ist auch ein gewisses Maß an Polyrhythmik wichtig, denn perfekter Einklang kann ebenfalls zerstörerisch wirken.

Tatsächlich lohnt es sich, an dieser Stelle etwas genauer auf den Begriff der Polyrhythmik einzugehen und mit ihm eine kleine Typologie – auch der multiplen Alltagsrhythmen – zu erstellen: Allgemein bezeichnet Polyrhythmik die Überlagerung verschiedener Schwingungen. Als in gewisser Weise harmonisch wird dies erlebt, wenn es immer mal wieder vorkommt, dass die verschiedenen Taktungen zusammenfallen – so wie beispielsweise Triolenachtel und Achtel bei jeder Viertelnote einen gemeinsamen Schlag besitzen. Entsprechende Alltagsbeispiele wären etwa der Jahrestag, der wieder einmal auf einen bestimmten Wochentag fällt; die Arbeitszeit im Schichtdienst, die beispielsweise einem Zwei- statt Einwochenrhythmus folgen mag; ein sonntäglicher Nachmittagsausflug an die Nordsee, der endlich mal wieder mit der Anwesenheit (oder wahlweise Abwesenheit) des Wassers verbunden ist; oder auch hormonelle Rhythmen, die mit Tages- oder Monatsrhythmen zusammenfallen.[244]

Dadurch bedeutet Polyrhythmik immer auch eine Vermehrung möglicher Zeiterfahrungen: Was die Grundeinheit bildet und was als rhythmische Überlagerung erlebt wird, kann variieren und kann entsprechend auch Wahrnehmungen auslösen, die – zumindest vorübergehend – desorientierend sind und eine Art Schwebezustand erzeugen (Playlist-Beitrag #40 bietet und erläutert einfache schematische Beispiele; als konkretes Musikbeispiel höre Playlist-Beitrag #41). Im musikalischen Beispiel können die Triolenachtel als Überlagerung der Achtel wahrgenommen werden, aber auch die Achtel als Überlagerungen in einem Takt aus Triolenachteln. Im Beispiel des Jahrestages hängt es sehr stark von der Aufmerksamkeit – der individuellen wie auch gesellschaftlichen Betonung und Wertschätzung – ab, ob oder inwiefern dieser den üblichen Wochenrhythmus überhaupt merklich überlagert oder ihn gar völlig korrumpiert. Und im Beispiel der Arbeitszeit

---

schaftspolitisch motivierte Kritik, deren Ausgangspunkt die Brandmarkung der Moderne als einem vermeintlichen Beschleunigungsunterfangen ist.
244 Umgekehrt bedeutet das Ausbleiben solcher Zusammenfälle eine stärkere Desorientierung beziehungsweise hat mehr oder minder unangenehme Folgen: Im Fall der Hormon- und Tagesrhythmen führt es unter Umständen zu Schlafstörungen; im Fall des Nordseebesuchs mag man sich spontan entscheiden, eine Wattwanderung zu machen, statt zu baden.

mögen sich solche Variationen etwa darin äußern, wie schwer oder leicht einem dieses Mal die Nachtschicht fällt.

Im Anschluss an die üblichen Redeweisen aus der Musik könnte man diese Phänomene nun feiner unterscheiden und eine kleine Typologie aufstellen: Während bei einem Polyrhythmus (im engeren Sinne des Wortes) der Grundpuls erhalten bleibt, wird er bei einem *crossrhythm* durch mehrtaktige Überlagerung quasi nachhaltig korrumpiert – beispielsweise, indem über mehrere 4/4-Takte hinweg nur punktierte Viertel gespielt werden (höre Playlist-Beitrag #42) oder indem sich im Alltag beispielsweise mehrere Feiertage über den üblichen Wochenablauf hinweg häufen. In manchen Fällen mag sich dann sogar ein neuer Grundpuls etablieren: Im gerade genannten Musikbeispiel könnten etwa die punktierten Viertel zum neuen Grundpuls werden – man würde dann von *metric modulation* sprechen (ein Tutorium hierzu bietet Playlist-Beitrag #43). Und auch im Alltag etablieren sich selbstredend immer wieder neue Grundpulse, weil sich beispielsweise die gesundheitliche, berufliche oder familiäre Situation entscheidend verändert hat.

Doch wie viel Polyrhythmik, wie viele *crossrhythms* und *metric modulations* sind sozusagen sinnvoll und gesund? Es wurde ja bereits betont, dass negative Auswirkungen sowohl dann folgen, wenn man dauerhaft den Kontakt mit seiner Umgebung verliert, als auch dann, wenn alle zu sehr miteinander im Takt sind. Doch was bedeutet das nun für den sozusagen multidimensionalen Zusammenklang: Wie bunt darf es sein, sodass die Rhythmen nicht einfach auseinanderfallen? Wie viel Unruhe darf die neue Arbeitssituation in die Familie oder die neue Mitspielerin ins Mannschaftsgefüge oder der neue Mitbewohner in die Wohngemeinschaft bringen, sodass es mehrheitlich als Bereicherung und nicht als Belastung erlebt wird? Wie sehr, so könnte man aus der Beteiligtenperspektive fragen, muss ich „mit der Zeit (der anderen) gehen", um nicht als ver-rückt zu gelten? Oder, um es wieder mit dem Verb *hören* und dessen Komposita zu formulieren: Ab wann wollen (und können) mir die anderen nicht mehr *zuhören*, können nicht beziehungsweise nichts mehr *hinhören*, wenn ich spreche? Wann, so könnte man auch fragen, *verhören* sie sich bei dem, was ich sage, und ab wann wirke ich für sie dubios oder unheimlich und sie beginnen gar bewusst, mich zu *verhören*, weil ich nicht mehr synchron genug agiere?

Zunächst einmal ist festzuhalten, dass es kein allgemeines (notwendiges und hinreichendes) Kriterium genügender und ungenügender gemeinsamer Rhythmik oder Synchronität gibt. Weder für Personen noch für Gesellschaften gibt es ein allgemeines Kriterium, ab wann sozusagen die Polyrhythmik des Lebens zusammenbricht. Neue Taktungen zu integrieren und damit gegebenenfalls auch neue Wahrnehmungsgestalten zu erzeugen, mag im einen Fall leichtfallen, während im anderen Fall jede Veränderung schon ein Orientierungsproblem bedeutet.[245] Im Vergleich zu den obigen Hörbeispielen ähnelt dies dem Unterschied zwischen synthetisch und analytisch Hörenden: Im einen Fall wird der gleichsam unklaren Materiallage begegnet, indem das Vorhandene nicht nur zusammenfügt, sondern auch zu einem neuen Ganzen ergänzt wird, während man im anderen Fall bei dem verharrt, was tatsächlich vorliegt, auch wenn dies zwangsläufig fragmentarisch bleibt.

So gibt es gesellschaftliche Kontexte und auch ganze Gesellschaften, die stärker ritualisiert und uniformiert sind, und solche, die in diesem Sinne eine größere Polyrhythmik zulassen. Die Gründe, warum dies so ist, sind vielfältig und können beispielsweise mit dem Autoritätsgrad des politischen Systems oder Besonderheiten des kulturellen Erbes zu tun haben.

Ähnlich unterscheiden sich auch einzelne Menschen darin, wie viel Routinen sie ausleben, um genügend Halt und Orientierung zu erfahren, und wie viel Unerwartetes sie zulassen. Es gibt Menschen, die sozusagen gerne geradlinig und ungestört durchs Leben gehen, vielleicht auch im „Marschtempo", und andere, die es weniger klar mögen, die einen eher „swingigen" oder „funkigen" Lebensstil pflegen und mehr als andere auch die gelegentliche Überraschung und Dissonanz oder Synkopierung schätzen.[246] Um es etwas präziser mit dem Jazz zu vergleichen, bei dem es ja oftmals auf tonaler Ebene gar kein klares „richtig" oder „falsch" gibt: Ob etwas als geglückt oder eher misslungen wahrgenommen wird, hängt stark davon ab, wie viel Spannung der Hörer als angemessen erlebt. Für den einen mag der nächste Ton zu viel Veränderung in sich bergen, weil er mit dem zuvor Gehörten in einem klanglichen Spannungsverhältnis steht; für die andere mag es einen wichtigen Schritt innerhalb des Stückes bedeuten, mit dem nun endlich ein bestimmtes etabliertes Muster wieder aufgebrochen wird (höre Playlist-Beitrag #44 und Playlist-Beitrag #45).

Dass wir im Alltag oftmals mit einer Vielzahl von Taktungen konfrontiert sind, mag auch die Hoffnung erwecken, „die Zeit austricksen" zu können. Wenn es möglich ist, verschiedene Rhythmen übereinander zu legen, dann kann man doch – so die Überlegung – in gewisser Weise „Zeit gewinnen".[247] Das Stichwort hier lautet *multitasking*. So erlaubt es mir beispielsweise der Rhythmus des Wäschewaschens, zwischendurch noch ein Hörbuch zu hören, während ich gleichzeitig noch Gemüse

---

245 So lautet etwa der Buchtitel von Lübbe 1975 auch *Fortschritt als Orientierungsproblem*.
246 Vergleiche auch Ruta 2022.
247 Vergleiche Schütz 1972, S. 145: „Es gibt jedoch eine Musikart – die polyphone Musik des Westens –, welche die magische Kraft hat, die Möglichkeit, gleichzeitig in zwei oder mehreren Ereignisflüssen zu leben, durch die ihr spezifischen musikalischen Mittel zu realisieren."

schneide und dünste. Und so benötigen zwei Stunden Wäschewaschen, knapp zwei Stunden Hörbuchhören und eine halbe Stunde Küchenarbeit zusammen nicht mehr als zwei Stunden.

In Maßen mag dies tatsächlich möglich sein. Allerdings kommen solche Überlagerungen auch schnell an ihre Grenzen.[248] Sicherlich kann ich mir noch einen Heimtrainer in meine Küche stellen, damit endlich meine Beine nicht mehr nutzlos beim Karottenschälen herumstehen, sondern sich ebenfalls betätigen, und ich gleichzeitig noch etwas für meine Fitness mache. Doch so, wie auch der besten Schlagzeugerin durch ihre Gliedmaßen prinzipielle Grenzen in der Polyrhythmik gegeben sind, werde ich früher oder später aus dem Takt fliegen, wenn ich all diese Rhythmen gleichzeitig stabil halten möchte: Ich höre dann eben doch nicht mehr richtig hin beim Hörbuch oder vergesse, weiter in die Pedale zu treten, oder schneide mir in den Finger. Allerdings sind solche Grenzen, an denen die Polyrhythmik zusammenbricht, im Vorfeld oft nicht klar abschätzbar. Jede einzelne Tätigkeit oder Handlung ist vermeintlich noch integrierbar, solange sie nur korrekt eingetaktet wird. Hörbuch und Heimtrainer schienen unproblematisch, waren es dann aber eben doch nicht.

Genau dieses beständige und zum Teil überfordernde Eintakten zusätzlicher Tätigkeiten ist auch die Quelle zahlreicher Beschwerden darüber, es würde „die Zeit fehlen". Wie aber schon mehrfach betont, ist „die Zeit" gar keine Substanz, die in einem herkömmlichen Sinne „fehlen" könnte, sondern es geht – so auch hier – allein um die Verhältnisse zwischen Ereignissen: Es gelingt eben nicht, Ereignisse unterschiedlichen Typs in ein solches Verhältnis zu setzen, dass sie konfliktfrei nebeneinanderher laufen. Die Schwierigkeit ist also nicht, dass „die Zeit fehlt" oder „alles immer schneller wird", sondern dass es *immer polyrhythmischer* wird und dass, wie in Kapitel 4 diskutiert, dabei immer höhere und niedrigere Frequenzbereiche hinzukommen.

9.2 Zwei Arten, das zeitliche Gleichgewicht oder den Gleichklang zu verlieren

Die Polyrhythmik unseres Alltags ist etwas, das einer allgemeinen Ermüdung entgegenwirken kann, etwas, das uns lebendig und aufmerksam halten kann. Und ob

---

248 Für genauere Analysen von *multitasking* und zur Frage, inwiefern hier die einzelnen Aufgaben tatsächlich parallel oder doch eher sequenziell bearbeitet werden, vergleiche beispielsweise Kiesel et al. 2022.

eine Situation als angenehm und bereichernd oder als unangenehm und irritierend wahrgenommen wird, hängt, wie gerade diskutiert, von der „rhythmischen Spannung" – also dem Ausmaß der sich überlagernden Rhythmen – ab, die der Einzelne erträgt. Man könnte hier auch von einer individuellen *zeitlichen Resilienz* sprechen. Resilienz bezeichnet die Fähigkeit, sich von Störungen zu erholen.[249] Ein bestimmter Zustand oder Ablauf, der etabliert und intakt war, droht durch einen neuen Einfluss aus dem Takt zu geraten. Dem Jargon von oben folgend, wäre *zeitliche* Resilienz also genau die allgemeine Fähigkeit, Gegenwärtiges vor dem Hintergrund des Vergangenen auf eine stabile Zukunft hin einzuordnen.

Ein interessantes Beispiel hierzu bietet eine aktuelle Untersuchung zur Haltung unterschiedlicher Personengruppen in Fragen der Klimapolitik.[250] Vielschichtige Unterschiede im soziopolitischen Hintergrund lassen sich hier überzeugend zusammenfassen, indem die Menschen gruppiert wurden in solche mit hoher und niedriger zeitlicher Resilienz. Nostalgische Retrotopien (*Make America Great Again*) zeichnen hier dasjenige Lager aus, das sich von aktuellen Veränderungen stärker bedroht fühlt und den Klimawandel entweder leugnet oder doch zumindest mögliche Maßnahmen möglichst weit hinausschieben möchte. Demgegenüber möchten diejenigen, die eine höhere zeitliche Resilienz besitzen, in der Regel selbst und bald Veränderungen herbeiführen (*Fridays for Future*).

Um individuelle Unterschiede in der „rhythmischen Spannungsverträglichkeit" zu kennzeichnen, bietet sich aber nicht nur das gegenwärtige Modewort „Resilienz" an. Als in der Tat aufschlussreicher dafür, welche Mischungsverhältnisse aus Wiederholung und Neuerung als individuell angenehm erlebt werden, dürfte sich der Begriff des *Temperaments* erweisen. Ob man beispielsweise als phlegmatisch oder aufbrausend gilt, hängt eben davon ab, wie (un)ausgeglichen man auf wie viel Neuerung reagiert. Und nichts anderes als die *richtige Mischung* oder das *rechte Maß* verbirgt sich hinter der *temperamentia* (Besonnenheit) als einer der Kardinaltugenden. Zudem verbirgt sich in ihr das Wort *tempus* und gilt ihr in bildlichen Darstellungen die Sanduhr als Attribut.[251] All das ist kein Zufall und macht das Temperament interpretierbar als eben diejenige Mischung aus Wiederholung und Neuerung, die individuell als angenehm empfunden und in der Regel handelnd

---

249 Wörtlich bezeichnet *re-silire* ein Zurück-Springen und wurde zunächst verwendet für die Fähigkeit von Werkstoffen, nach einer Verformung wieder in ihre ursprüngliche Gestalt zurückzufinden.
250 Vergleiche Hanusch und Meisch 2022.
251 Zu Auslegungen des Wortverhältnisses von *tempus* und *temperamentia* vergleiche Dohrn-van Rossum 1992, S. 14–15; zu bildlichen Darstellungen der *temperamentia* vergleiche ebenda sowie Demandt 2015, S. 135–137. Und es drängt sich hier einmal mehr der Vergleich zur Musik auf: Denn auch das wohl*temperierte* Klavier ist eine Antwort auf ein notorisches Stimmungsproblem.

angestrebt wird. Liegt eine solch angenehme Mischung vor, mag man daran anknüpfend von einem *zeitlichen Gleichgewicht* sprechen – oder, um Assoziationen zum Hören statt zu massebehafteten Gegenständen zu betonen, auch schlicht von einem Gleich*klang* (vergleiche Kapitel- und Abschnittsüberschriften).

Nun befinden sich Gemeinschaften wie auch Einzelpersonen keinesfalls immer in einem solchen zeitlichen Gleichgewicht oder Gleichklang. Vielmehr ist das angestrebte Mischungsverhältnis gestört beziehungsweise gerät aus den Fugen, sobald die Neuerung oder die Wiederholung überhandnimmt zu Lasten der jeweils anderen. Dann wird das, was wahrgenommen wird, eben genau nicht mehr als Variation wahrgenommen, sondern entweder als reine Wiederholung oder als komplette Neuerung. Nimmt permanente Neuerung überhand, so gibt es zu wenig Orientierung; es herrscht vermeintlich Chaos. Und wenn umgekehrt die Wiederholung überhandnimmt, so gibt es zu wenig Abwechslung; alles wirkt immer gleich und langweilig. – Doch betrachten wir diese beiden Arten, in der ein zeitliches Gleichgewicht gestört werden kann, der Reihe nach und etwas detaillierter.

Für die erste Form der Gleichgewichtsstörung – zu viel Neuerung, zu wenig Orientierung – sind Äußerungen folgender Art typisch: „Mir ist alles zu viel"; „alles verändert sich so schnell". Wer betroffen ist, fühlt sich überwältigt und überfordert. Da man die Wirklichkeit als (zu) wechselhaft und unzusammenhängend wahrnimmt, bleibt entsprechend wenig Spielraum für eigenes Handeln, das als sinnvoll erachtet wird. Es herrscht das Gefühl vor, nicht mehr mitzukommen, die Dinge nicht einordnen und strukturieren zu können. Und wenn man mal etwas tun möchte, dann ist es gefühlt ohnehin schon zu spät. Oder, um es in der Sprache musikalischer Mustererfahrung auszudrücken: Das Hinhören gelingt nicht mehr. Es werden keine Gestalten mehr erkannt, und man meint bestenfalls noch, „sich wohl verhört" zu haben.[252]

Es fehlen deutliche zeitliche Orientierungsmarken, die eine Projektion in die Zukunft erlauben sowie eine differenzierte Einschätzung der eigenen Handlungsmöglichkeiten. Statt nach ihnen zu suchen, wird allerdings oftmals „die Zeit" zur Projektionsfläche dessen, was schiefläuft. Die Diagnose lautet dann gerne, „die Zeit" laufe immer schneller. Und damit steht der Betroffene nun vermeintlich einem

---

[252] Hierher gehört auch der Begriff des Absurden als einer weiteren Bezeichnung für etwas, das sich der Einordnung und Strukturierung widersetzt. Tatsächlich bedeutet *absurdus* dem Wortsinne nach „gegen das Gefühl verstoßend [...] eigentlich, gegen das Gehör, die Ohren beleidigend, widrig klingend" (Georges: *Ausführliches lateinisch-deutsches Handwörterbuch*). Insbesondere durch Albert Camus 2000 [1942] hat dieser auditorisch konnotierte Begriff philosophisch an Gewicht gewonnen, bezeichnet dort allerdings so etwas wie das Fehlen einer allgemeinen Großordnung der Wirklichkeit – und nicht, wie hier, die konkrete Auseinandersetzung mit den eher polyrhythmischen Kleinordnungen des Alltags.

übermächtigen und unerbittlichen Gegner gegenüber. Denn „der Zeit" kann keiner entrinnen oder sie aufhalten.

In Anlehnung an die Beschreibungen des vorigen Kapitels könnte man es vielleicht auch so beschreiben: Wegen ihres vermeintlich unzusammenhängenden Charakters (beziehungsweise beschleunigten Fortschreitens) erscheint dem Betroffenen die Wirklichkeit so, als wäre diese selbst manisch; und dies ruft in ihr oder ihm wiederum Reaktionen in Form einer Schockstarre und einer depressiven Grundhaltung hervor.

Bei der anderen Form der zeitlichen Gleichgewichtsstörung – wenn es zu viel Orientierung und zu wenig Neuerung gibt – sieht sich der Betroffene gleichsam umgekehrt einer depressiven Wirklichkeit gegenüber. In ihr passiert wenig Neues, Stagnation herrscht vor, alles dreht sich bestenfalls im Kreis.

Erlebt man die Welt in dieser Weise, so resultiert das typischerweise in Langeweile. Dabei wird Langeweile hier spezifisch verstanden als etwas, das sich einstellt, wenn sich die Aufmerksamkeit nicht mehr auf eine Vielfalt äußerer Ereignisse zu richten vermag, sondern Ereignisse nur noch eine Rolle spielen, insofern sie sich zeitlich ordnen. Symptomatisch für diesen Zustand, der allerdings nicht generell mit Warten verwechselt werden darf, wird dann der Blick auf die Uhr.[253] Ist mir langweilig, geht es nicht mehr um das, was um mich herum geschieht – es passiert ja vermeintlich ohnehin nichts Relevantes. Die Prozesse, um die es nun geht, sind aller Eigenschaften beraubt und stellen nur noch ein bloßes Nacheinander dar. Es geht nicht einmal mehr um die mechanischen Abläufe und das schicke Äußere der Uhr selbst, sondern nur um ein Abzählen des sich identisch Wiederholenden: das Ticken des Zeigers.[254] Das entsprechende Phänomen auf einer gemeinschaftlichen Ebene wäre insbesondere eine Tradition, die nur noch als toter Bestand existiert; ein Ritual, das nur noch aus einer Art kollektivem Wiederholungszwang heraus praktiziert wird.

Die so beschriebene Form von Langeweile ließe sich auch als „nacktes" Zeiterleben titulieren – und erweist sich als identisch mit den Folgen der bereits diskutierten ewigen Wiederkehr, bei der es ja ebenfalls zu keinerlei Neuerung kommt. Diese vermeintliche Nacktheit verleitet dann einmal mehr zu einem *Fehlschluss deplatzierter Konkretheit*, bei dem das bloße Nacheinander des Tickens, das durch

---

[253] Auch wenn Langeweile etwas mit Warten zu tun haben mag, so ist doch nicht jedes Warten langweilig. Das Warten beispielsweise auf den Anpfiff im Stadion oder darauf, dass sich der Vorhang hebt und das Konzert oder Schauspiel beginnt, sind in der Regel eher aufregend und kurzweilig. Langeweile im genannten Sinne geht hingegen in der Regel mit negativen Emotionen einher.

[254] Damit unterscheidet sich die hier dargestellte Langeweile beispielsweise auch vom gegenstandslosen Meditieren, wie es etwa Dogen 2006 [1231–1253] empfiehlt. Denn dieses soll sich ja genau *nicht* auf abzählbare äußere Gegebenheiten beziehen.

Abstraktion gewonnen wurde, nun mit „der Zeit" gleichgesetzt wird. Wie am Ende von Kapitel 2 bereits angedeutet, mag es in einem weiteren Schritt sogar zu einem zeitbezogenen Zwangsdenken kommen, bei dem sich die eigene Vergänglichkeit in jedem Ticken der Uhr oder in jedem Tropfen des Wasserhahns widerspiegelt. Die abstrahierte und qualitätslose „Zeit" wird einer, ebenfalls abstrahierten und qualitätslosen, Lebensrestzeit gegenübergestellt; Uhrzeigersinn und Lebenssinn vereinen sich und laufen gemeinsam auf den Tod hin. Rüdiger Safranski bezeichnet eine solche permanente und unfreiwillige Wahrnehmung des Zeitvergehens treffend als einen „metaphysischen Tinnitus".[255]

Eine typische Reaktion auf ein solch nacktes Zeiterleben ist erneut Handlungsabstinenz. Die unerbittliche Wiederholung qualitätsloser äußerer Zustände beraubt den Betroffenen der Möglichkeit, sinnvolle Handlungen hervorzubringen – denn alle zeitliche Gerichtetheit (und damit aller *Sinn*) liegt nun allein in der stetigen Verringerung der eigenen „Restlaufzeit". Und somit überträgt sich gleichsam die vermeintlich Depressivität der Wirklichkeit auf den Betroffenen selbst.

Die andere typische Reaktion auf eine solche pathologische Ausformung der Langeweile ist ein purer Aktionismus, wie wir ihm schon bei der Beschreibung manischer Episoden begegnet sind. Die Tatsache, dass vermeintlich nichts (oder zumindest zu wenig inhaltlich Relevantes oder Neues) geschieht, wird durchbrochen, indem man selbst einfach *irgendetwas* macht. Doch genau dieses „irgendetwas" kann hier zum Problem werden. Dem Aktionismus oder der Agitation fehlt meist ein klares längerfristiges Ziel. Stattdessen handelt es sich um kurzfristige Handlungen, die nicht zusammenhängen und entsprechend auch keinen Sinn konstituieren können. Die Handlungen verpuffen gleichsam, können nichts Nachhaltiges bewirken; und ein Außenstehender erlebt eine so agierende Person als manisch.

Beide Reaktionsformen, Handlungsabstinenz wie Aktionismus, können nicht befriedigen. Um auch das in der Sprache der auditorischen Mustererfahrung zusammenzufassen: In beiden Fällen gelingt letztlich das Hinhören nicht mehr. Statt durch aktives Geneigtsein zeitliche Gestalten zu erkennen, existiert nur noch das Rauschen des metaphysischen Tinnitus, gibt es nur noch das nackte Vergehen von Zeit.

Doch vielleicht ist diese Schlussfolgerung ja auch vorschnell. Womöglich ist die bereits die Identifikation eines metaphysischen Tinnitus irregeleitet und pathologisiert unnötig eine bestimmte Form des Zeiterlebens. So zumindest könnte man die Position interpretieren, die Alice Holzhey-Kunz unlängst vertreten hat. Ihr zufolge kommen nämlich Menschen, denen bei jedem Tropfen aus dem Wasserhahn die

---

[255] Safranski 2015, S. 31.

eigene Endlichkeit bewusstwerde, „near the philosophical truth".[256] Pathologisch sind für sie vielmehr diejenigen, die das Vergehen von Zeit *nicht* in direktem Bezug auf ihren Tod hin erleben. Denn diese Menschen leugneten so die fundamentalste Dimension ihres Daseins.

An dieser Stelle erkennt man meines Erachtens sehr schön Unterschiede in philosophischen Grundhaltungen. In der von Heidegger und von Søren Kierkegaard beeinflussten Existentialphilosophie, wie sie Holzhey-Kunz bevorzugt, spielen Angst und Endlichkeit eine fundamentale Rolle und verbinden sich mit Ansprüchen, eine tiefe philosophische Wahrheit zu offenbaren.[257] Im Gegensatz dazu knüpft die vorliegende Untersuchung an eine pragmatistische Tradition an, die mit Autoren wie Whitehead, Dewey und auch William James den Erfahrungs- und Ereignisbegriff starkmacht. Doch für Holzhey-Kunz muss es naiv optimistisch wirken, eine gleichsam harmonisch klangvolle Wirklichkeit anzunehmen, in die man hineingeboren wird und die man erfahren möchte. Ihre existentialistische Position geht vielmehr von einer Wirklichkeit aus, in die wir geworfen werden und die uns stetig durch die Finger rinnt und versiegt. Wer sozusagen im tropfenden Wasserhahn nicht zugleich auch den Riss in der Wirklichkeit erkennt, aus dem es permanent hinaustropft, der hat eben die philosophische Wahrheit noch nicht erkannt.

Doch vielleicht liegt die Lösung – und das wäre nun der pragmatistisch geprägte Ansatz – ja auch darin zu lernen, selbst das Tropfen eines Wasserhahns nicht als trostlose Wiederholung einer natürlichen Belanglosigkeit zu begreifen, sondern es als eine nuancenreiche Ereignisfolge zu erleben, die eben nicht nur durch Wiederholung, sondern auch durch Neuerung geprägt ist. Ähnlich wie in der *minimal music* führen dann kleinste Änderungen in der Betonung oder Taktung zu neuen und spannenden Gestalten in der Wahrnehmung. Man wäre also einmal mehr aufgefordert, aufmerksam hinzuhören und würde sich damit von einem (egozentrischen) Standpunkt entfernen, bei dem alles, was geschieht, nur von Belang ist, insofern es Signal der eigenen Endlichkeit ist.

---

256 Holzhey-Kunz 2020, S. 231.
257 In ihrem kurzen Aufsatz verwendet Holzhey-Kunz 2020 den Ausdruck „philosophical truth" nicht weniger als zweiundzwanzig Mal. Zu den beiden anderen genannten Denkern vergleiche Kierkegaard 2005a [1843] und 2005b [1843–1849] sowie die prominenten Verwendungsweisen von „Angst", „Sorge", „Unverborgenheit", „Wahrheit" und dergleichen in Heidegger 1993 [1927]. – Dass man sich gegenüber einer todesorientierten Perspektive auf das Leben, wie sie sich bei Heidegger findet, durchaus auch kritisch zeigen kann, klang weiter oben bereits an mit Verweis auf Birnbacher 2017, S. 127–134.

9.3 Gleichklang stabilisieren: Besonnenheit und Realitätsbefähigung

Folgendes haben die vorhergehenden Abschnitte gezeigt: Ein universelles Mischungsverhältnis aus Wiederholung und Neuerung, das bei jedem Einzelnen oder in jeder Gesellschaft zum Höchstmaß an Wohlbefinden führen würde, gibt es nicht. Aber es gibt allgemeine Mechanismen, die unabhängig von der konkreten Ausgangslage zu Missständen führen – nämlich, wenn eines von beiden, Wiederholung oder Neuerung, allzu sehr überhandnimmt und das Mischungsverhältnis so stark gestört wird, dass es nicht mehr gelingt, überzeugende zeitliche Gestalten zu etablieren. Die Wirklichkeit wird als chaotisch beziehungsweise erstarrt wahrgenommen.

Ähnlich, wie es oben bereits beschrieben wurde im Zusammenhang der bipolaren Störung, stellt sich nun unter Umständen das Gefühl ein, den Dingen dauerhaft hinterherzulaufen oder ihnen dauerhaft vorauszusein. Dabei ist die Ergänzung „dauerhaft" wichtig. Denn nur eine *dauerhafte* Asynchronität beziehungsweise Desynchronisierung ist störend beziehungsweise gilt als Störung. Ein kurzzeitiges Ausscheren aus dem gemeinsamen Takt – das hatte insbesondere die Diskussion des Jazz gezeigt – ist nicht pathologisch, sondern hat in der Regel sogar etwas sehr Positives an sich, das zur gestärkten Wahrnehmung der eigenen Autonomie führt. Die Mustererfahrung wäre hier das *playing outside* (oder auch nur schon das Spielen einer Synkope oder *blue note*), das einen geradezu befreienden Charakter haben kann und das eben die einzelne Person mit ihrer eigenen Stimme erklingen lässt und hörbar macht. Aber ein solches *playing outside* kann kein Dauerzustand sein: Wer permanent aus dem gemeinsamen Takt fällt, ist schlichtweg kein Mitglied der Gemeinschaft mehr.

Um solch möglichen Missklängen aus Wiederholung und Neuerung entgegenzuwirken, bedarf es der bereits erwähnten Zeittugend par excellence, der *temperamentia* oder Besonnenheit. Mit ihr können die eigenen Taktungen aufgeräumt – um nicht zu sagen „aufgezeitet"[258] – werden, um wieder für das rechte Maß an Orientierung und Veränderung zu sorgen. Es werden zeitliche Muster ausfindig gemacht, die weder Schockstarre noch puren Aktionismus nach sich ziehen. Dementsprechend kann es hier weder darum gehen, eine rein bewahrende Wiederholungskultur zu pflegen, die sich entsprechend nur an Vergangenem orientiert, noch kann es darum gehen, sich lediglich auf Zukünftiges hin zu orientieren und jede Möglichkeit zur Veränderung instantan zu ergreifen. Stattdessen müssen Ereignisse in die eigene Lebensgeschichte integriert werden, sodass ein Takt oder

---

[258] Vergleiche Klein 2010, S. 123.

Rhythmus entsteht, der Vergangenes, Gegenwärtiges und Zukünftiges miteinander verbindet. Und das, was es zu integrieren gilt, kann etwas mir zuvor Unbekanntes sein, um so einem möglichen Gefühl der Überwältigung oder Überflutung entgegenzuwirken; oder es kann sich um etwas mir bereits Bekanntes handeln, was ich aber in neuer Anschlussfähigkeit an meine Alltagstaktungen und Lebensgeschichte erfasse – also etwas, auf das ich mich wieder neu *einstimme*. Egal ob bekannt oder unbekannt: Man verweilt bei dem, was gegeben ist, und begreift es als Möglichkeit, mehr im Takt – und damit wieder *intakt* – zu sein. Aber eben nicht unter allen Umständen und um jeden Preis.

Sehr schön verdeutlicht wird dies durch eine Redeweise, die zwar speziell im Kontext der Auseinandersetzung mit (Welt-)Geschichte geprägt wurde, die aber auch auf einzelne Menschen und deren individuelle *Lebensgeschichte* zutrifft: Der Historiker Jacob Burckhardt hat davon gesprochen, Geschichte mache uns nicht „klug (für ein andermal)", sondern „weise (für immer)".[259] Es geht also nicht darum, die perfekte konkrete Lösung für bevorstehende Probleme bereits jetzt zu kennen. Das kann auch das detaillierteste historische Wissen – oder das detaillierteste Wissen um die eigene Lebensgeschichte – nicht leisten. Aber wir können versuchen, bei den Geschichten über die Vergangenheit genau hinzuhören und das, was kommen mag, als deren mögliche Variation zu antizipieren. Dabei ergibt sich genau genommen sogar eine Doppelstruktur, die die Möglichkeiten vor dem Hintergrund der eigenen Geschichte einordnet, aber auch die eigene Geschichte vor dem Hintergrund der gegenwärtigen Möglichkeiten. Eine solche Einordnung ist sicherlich kein triviales Unterfangen; aber genau das wäre eben eine sich besinnende und also *besonnene* Reaktion.

Prägnant sind in diesem Zusammenhang auch zwei Wortkompositionen von Hermann Lübbe. Er bezeichnet das, was wichtig ist, um sich – vor dem Hintergrund der eigenen Geschichte – mit neuen Herausforderungen erfolgreich auseinandersetzen zu können, als *Realitätsfähigkeit* und *Verblüffungsresistenz*.[260] Bei allem, was mir begegnet, geht es darum herauszufinden, ob es nicht vielleicht in diesem oder jenem Sinne mit diesem oder jenem vergleichbar ist, was mir bereits wohlvertraut ist. Hier ist ein breiter Erfahrungshintergrund hilfreich, der aber zugleich auch ein aktives und offenes Zugehen auf neue Situationen erlaubt. Hinderlich hingegen sind sowohl die sprichwörtliche Kleinkariertheit, die an allem festzuhalten trachtet, wie auch eine pauschale Vergangenheitsvergessenheit. Dabei geht es bei Lübbe – genau wie bei Burckhardt – nicht darum, etwas vorher schon genau so erlebt zu haben, sondern eben darum, strukturelle Ähnlichkeiten zu erkennen, die eine kritische

---

259 Burckhardt 2018 [1905], S. 16.
260 Lübbe 1974, S. 1058.

Bezugnahme erlauben und einen nicht in Schockstarre verfallen lassen. Letztlich geht es also, wenn das Gleichgewicht von Wiederholung und Neuerung gestört ist, immer um diese Realitätsfähigkeit im Sinne des Vorhandenseins einer zeitlich-inhaltlichen Gestalt, die sich weder im Chaos verliert noch aus Eintönigkeit abstirbt. Ohne eine solche, insbesondere auch zeitliche, Orientierung droht eine Handlungsunfähigkeit aus Gründen entweder der Überforderung oder der Ermüdung.

Erlebt man zu viel Neuerung, so geht es – entsprechend dem, was oben schon im Kontext psychotherapeutischer Maßnahmen thematisiert wurde – darum, Muster von Bekanntem ausfindig zu machen und neue Regelmäßigkeiten oder Rituale zu installieren. Wenn sich umgekehrt zu viele bekannte Mustern wiederholen, dann besteht die therapeutische Maßnahme darin, das Gewohnte auf Neuerungen oder Abweichungen hin zu erkunden – auch das wurde bereits diskutiert. Letzteres darf aber nicht zu beliebiger Zerstreuung oder purem Aktionismus führen. Denn das verschafft nicht das angestrebte Mehr an Neuem, sondern nur unzusammenhängende Erlebnisfragmente. Das Vorhaben, „sich zu zerstreuen", ist keine erfolgversprechende Therapiemethode für eine zeitliche Gleichgewichtsstörung – und erinnert auch begrifflich eher an eine Art selbstinduzierter Schizophrenie.

Wenn ich beispielsweise im Wartezimmer des Zahnarztes nach der Illustrierten greife, obwohl royale Familiengeschichten nicht mein vornehmliches Interessensgebiet sind, oder wenn ich an der Straßenbahnhaltestelle auf meinem Smartphone „herumwische", obwohl ich das Wetterradar und den E-Mail-Eingang zuletzt vor weniger als drei Minuten konsultiert habe, dann entspricht das nicht einem Zustand der Besonnenheit, sondern hat, wie bereits mehrfach beschrieben, eher manische Züge an sich. Was man tut, sollte zur eigenen Lebensgeschichte passen und gerade nicht die persönliche Identität oder die eigenen typischen Rhythmen auflösen. Dementsprechend verhielte sich die Situation im Wartezimmer anders, wenn ich seit Längerem sehr an royalen Familiengeschichten interessiert wäre und regelmäßig entsprechende Illustrierte läse. Dann wäre das Blättern und Lesen im Wartezimmer keine beliebige Zerstreuung mehr, sondern wäre stimmig; es knüpfte an meine etablierten Lebensmuster an, und das stupide Warten verwandelte sich in eine sinnvolle (also orientierte) Tätigkeit.

9.4 Gleichklang erweitern: Meditation und Ironie

Auch wenn der Ausdruck „Zerstreuung" unglücklich bleibt: Was in bestimmten Situation sinnvoll sein kann, ist ein Wechsel in der Aufmerksamkeit – oder präziser: eine Veränderung in der Gerichtetheit oder Orientierung dessen, was man tut. Solche Wechsel begegnen uns nicht nur beim Zahnarzt, wenn wir, anstatt das nackte Zeitvergehen auf der Armbanduhr zu verfolgen, doch lieber die Zeitschriften durchblättern in der Hoffnung, dass dort etwas steht, was von Interesse sein könnte. Derartige Veränderungen in der Orientierung begegnen uns im Alltag in vielen Situationen, und sie sind besonders prominent beim Wechsel zwischen Erfahrungsbereichen – beispielsweise beim Wechsel vom heimischen Frühstückstisch zum Arbeitsplatz, beim Wechsel von der Teilnahme am Straßenverkehr zur Teilnahme am Judotraining oder beim Wechsel vom Ausfüllen der Briefwahlunterlagen zum Hören eines Podcasts. Solche Wechsel gehen typischerweise mit Veränderungen im Zeiterleben einher, da jeder dieser Erfahrungsbereiche seine eigenen Taktungen mit sich bringt.

Die Tatsache, *dass* jeder Bereich eigene Taktungen mit sich bringt, beruht auf der engen Verbindung von Zeit und Kausalität, die bereits in Kapitel 3 diskutiert wurde. Und das wiederum wirkt sich direkt auch auf unsere (kausalen) Reaktionen auf diese Taktungen, auf unsere Handlungen, aus. Ob beim Frühstück, im Straßenverkehr oder beim Ausfüllen der Wahlunterlagen: Immer bin ich ein Kausalfaktor und muss auf bestimmte Art und Weise und damit auch auf bestimmten Zeitskalen reagieren, soll das entsprechende Unterfangen gelingen. Und sollte sich das, was ich gerade zu tun gedenke, ändern, so ändern sich auch die typischen Rhythmen oder Zeitskalen, auf denen ich kausal agiere. So verfolgen Menschen, die beispielsweise „nach Feierabend" Yoga betreiben oder Squash spielen, Sudokus lösen oder puzzeln, angeln oder spazieren gehen, allesamt Ziele, die nicht deckungsgleich sind mit denen, die sie zuvor im Arbeitsalltag oder etwa bei der Betreuung und Pflege von Angehörigen verfolgt haben. Und während diese geänderten Ziele beispielsweise nicht allesamt räumliche Veränderungen (Ortswechsel) oder Kleidungswechsel implizieren, so gehen sie doch sämtlich mit geänderten Taktungen in den eigenen Handlungen einher. Einmal mehr ist das Erleben von *Frei-zeit* also nicht nur durch das geprägt, *was* man tut, sondern vor allem auch dadurch, dass man sich als Kausalfaktor erlebt, der *Abfolgen* von Handlungen setzt und ihnen einen eigenen Rhythmus verleiht. Ähnlich wie beim *playing outside* steigt man damit auch bewusst und für eine Weile aus bestimmten anderen Zusammenhängen (wie etwa den Taktungen des Arbeitsalltags) aus, um so einer möglichen Eintönigkeit entgegenzuwirken.

Bevor im abschließenden Kapitel weiter darauf einzugehen ist, wie sich Kausalität und Zeit zueinander verhalten, sind noch kurz zwei Methoden zu diskutieren, die in sehr prominenter wie auch unterschiedlicher Weise helfen können, solch gerade beschriebenen Aufmerksamkeits- oder Orientierungswechsel systematisch herbeizuführen, um damit auch gleichsam unseren zeitlichen Gleichgewichtssinn zu erweitern. Gemeint sind Meditation und Ironie.

Bei vielen Meditationstechniken wird die Aufmerksamkeit gezielt auf etwas ganz Bestimmtes gerichtet wie etwa den eigenen Atem, eine bestimmte Bewegung oder einen bestimmten Aussagesatz. Diese sollen besonders differenziert – also gerade nicht als *bloße Wiederholungen* – erfahren werden, während andere Zielsetzungen, wie man sie normalerweise im Alltag verfolgt, möglichst stark zurückzunehmen sind. Dieser reduzierte Kontakt mit den Rhythmen der Umgebung führt oft zu Veränderungen im Zeiterleben.[261] Aufgrund des abgeschwächten oder gar fehlenden Kausalitätserlebens kann dies sogar zu einem Zustand führen, in dem sich der Eindruck einer unendlich weiten Gegenwart einstellt. Denn ohne eigene Gerichtetheit gibt es keinen Unterschied mehr zwischen Vergangenem, Gegenwärtigem und Zukünftigem. Entsprechend können auch geistige Zustände überwunden werden, die sich gerade durch eine solche Gerichtetheit auszeichnen – wie insbesondere Zustände der Sorge, die sich ja explizit auf Zukünftiges beziehen. Und so beschreibt beispielsweise der mittelalterliche Mystiker Jakob Böhme die spirituelle Vereinigung mit Gott, die *unio mystica*, in prominenter Weise über den Zeitbegriff: „Weme Zeit ist wie Ewigkeit, und Ewigkeit wie Zeit; der ist befreyt von allem Streit."[262] Ein solcher Zustand wäre dann der diametrale Gegensatz zu der oben beschriebenen pathologischen Gerichtetheit auf das permanente Tropfen des Wasserhahns, das mit seiner unnachgiebigen physikalischen Regelmäßigkeit zu nichts anderem wird als dem andauernden Hinweis auf die eigene Endlichkeit.

Außerdem unterscheidet sich ein solcher Zustand erneut von dem einer ewigen Wiederkehr, wie er in Kapitel 4 kritisiert wurde. Dort bestand die vermeintliche Zeitlosigkeit nämlich in der unbeschränkten Abfolge des Immergleichen, während sie sich hier aufbaut, in dem sich das wahrgenommene Jetzt gleichsam grenzenlos erweitert.[263] So ist beispielsweise laut des buddhistischen Philosophen Nagarjuna das Nirwana ein solcher Geisteszustand, in den wir eintreten können und in dem wir unser Denken und unsere Wahrnehmung nicht mehr zeitlich strukturiert erleben.[264] Aus der Innenperspektive ergebe sich somit eine zeitliche Unbegrenztheit, die auch mit einem Gefühl eines Zusammenstimmens und einer Einheit mit der Wirklichkeit einhergehe.[265] Es geht um das Erleben eines holistischen Einklangs – um etwas, das dem Hören analog ist; und nicht um das Augenscheinliche. So betont

---

261 Vergleiche etwa Dogen 2006 [1231–1253].
262 Böhme 1961 [1730], Bd. 10, S. 20.
263 Zum Ewigkeitsbegriff vergleiche Poser 1993, der insgesamt sogar vier Fälle voneinander unterscheidet (die oben allerdings paarweise zusammengefasst wurden): Wiederkehr des Immergleichen, unbegrenzte Dauer, andauerndes Jetzt, Zeitlosigkeit.
264 Vergleiche Weber-Brosamer und Back 2005 (Nagarjuna Satz 25.21).
265 Albahari 2019 spricht in diesem Zusammenhang von einem *cosmopsychism* und zeigt, dass sich dieser seit Jahrtausenden immer wieder in unterschiedlichen kulturellen Kontexten finden lässt.

beispielsweise auch Böhme, wie die Wirklichkeit sich in Schwingungen mitteile und inwiefern die Kreaturen Musikinstrumenten glichen.[266]

Der *Ein-klang*, der hier entsteht, kann sogar erneut verglichen werden mit dem auditorischen Phänomen, wenn aus der Wahrnehmung einer Abfolge von Klicks die einheitliche Wahrnehmung einer kontinuierlichen Tonhöhe wird (höre nochmals Playlist-Beitrag #3). Denn beim meditativen Einklang passiert etwas Analoges: Die Wirklichkeit, die den Meditierenden umgibt, besteht nun nicht mehr aus einzelnen Gegenständen, Begehrlichkeiten und dergleichen; stattdessen entsteht eine neue und einheitliche Wahrnehmungsqualität (oder Gestalt) einer holistischen Wirklichkeit.[267]

Nun muss man allerdings aus einem solchen Zustand des Einklangs und der vermeintlichen Ewigkeit immer wieder auch austreten und in die (zeitbehaftete) Wirklichkeit zurückkehren.[268] Dies gilt schon allein deshalb, weil Grundbedürfnisse befriedigt werden müssen. Aber meditative Ewigkeitszustände, so mag man vermuten, dürften für viele auch deshalb nicht dauerhaft erstrebenswert sein, weil sich in ihnen eben die eigene Identität auflöst. Im Zustand eines perfekten Einklangs und dauerhaften Unisono gibt es, wie schon diskutiert, keine eigenen Stimmen und keine individuellen Lebensgeschichten mehr.[269]

Konzeptionell passt das sicherlich zu der Einschätzung von oben, dass individuelles Bewusstsein immer schon eine zeitlich sich ausdehnende Wahrnehmungsstruktur voraussetzt, bei der es Bezüge zu Vergangenem und Zukünftigem gibt.[270] Ob sich dies allerdings durch systematische Erweiterung in einen Zustand innerer Zeitlosigkeit und individueller Auflösung überführen lässt, sei einmal dahingestellt. Nicht zu bezweifeln ist aber, dass für viele Menschen, die meditieren, ein Zustand innerer Zeitlosigkeit als eine Art regulatives Ideal fungiert. Dadurch,

---

266 Vergleiche Böhme 1961 [1730], Bd. 1 (*Aurora* oder Morgenröte im Aufgang), Kap. 4, §§ 14–15, sowie Kap. 10, §§ 1–7.
267 Vergleiche Steineck 2000, dort allerdings ohne die Analogiebildung zur auditorischen Wahrnehmung.
268 Für Nagarjuna steht hier das Nirwana in einem Wechselverhältnis zum Samsara, das den Kreislauf der Wiedergeburten markiert. Insgesamt geht es bei ihm also eher um den Gegensatz zwischen Zeitbehaftetheit und Zeitlosigkeit als um die Komplementarität von Wiederholung und Neuerung – vergleiche Weber-Brosamer und Back 2005 (Nagarjuna Sätze 25.19–20).
269 In Albahari 2019 wird diese Schwierigkeit als *decombination problem* angesprochen, erfährt aber keine befriedigende Lösung.
270 Vergleiche erneut Husserl 2000 [1928]. Vergleiche auch Rohs 1996, für den Bezüge zu Vergangenem und Zukünftigem (und damit ein zeitliches Werden) durch die intellektuelle Anschauung verbürgt werden und überhaupt erst Subjektivität und letztlich auch Zeit konstituieren. Zugegeben stellen sich von hieraus diverse schwierige Fragen zur transzendentalen Subjektivität als etwas, das ebenfalls nicht im üblichen Sinne „individuell" ist.

dass man auf innere Zeitlosigkeit abzielt, gelingt so etwas wie eine Weitung der wahrgenommenen Gegenwart. Statt eines qualitativen Sprungs oder vollständigen Durchbruchs zur Unendlichkeit ändert sich quasi nur der (Frequenz-)Bereich der zeitlichen Wahrnehmung.[271] Für bestimmte Veränderungen ist man nun empfänglicher, anderes wiederum steht jetzt vermeintlich still – ähnlich wie bereits in Kapitel 4 diskutiert, als die Wahrnehmung des besonders Hoch- und Niederfrequenten behandelt wurde.

Mediation, verstanden als eine solche Verschiebung der zeitlichen Wahrnehmung, ist somit ein möglicher Weg, sich in Besonnenheit zu üben: sich neu auf die verschiedenen Rhythmen der Wirklichkeit zu besinnen, sie auf sich wirken zu lassen und dabei einheitliche Gestalten hinzuhören.[272]

Eine andere Möglichkeit, sich besinnend auf neue Rhythmen einzulassen – vor allem wenn diese bereits teilweise begrifflich und propositional überformt sind, aber eben noch keine fixen Einordnungen erfahren haben – stellt die Ironie dar. Oben wurde bereits Rorty erwähnt, der Ironie als Mittelweg zwischen übertriebener Sicherheit und akademischer Skepsis betrachtet.[273] Eine ironische Bemerkung liegt in eigentümlicher Weise zwischen Harmonie und Dissonanz. Sie ist ein Versuch, besonnen mit der zeitlichen Offenheit der Wirklichkeit umzugehen.[274] Sie spielt mit dem Verhältnis von Neuerung und Wiederholung; und sie ermöglicht dadurch einen erkenntnistheoretischen Gewinn. Sie liefert so etwas wie einen freien (Denk-)Anstoß, der aber dennoch stimmig sein muss: Ist die ironische Bemerkung zu harmonisch, wiederholt sie lediglich Bekanntes und wird kaum neue Erkenntnisse liefern können. Ist sie zu dissonant, stößt sie keinen Erkenntnisprozess an, sondern wirkt als (verhärmter) Zynismus eher erkenntnis- und handlungshemmend. Die Aussage „Na, das kann ja heiter weiter" klingt wenig ermutigend, um zukünftig gut miteinander zu arbeiten.

Ironie erlaubt es, spielerisch – aber dennoch therapeutisch – auf eine zeitliche Gleichgewichtsstörung zu reagieren und kann somit als spezielle Form oder An-

---

[271] Der Begriff „Durchbruch" wurde hier bewusst gewählt, da ihn insbesondere auch Meister Eckehart in seinen mystischen Schriften verwendet. Vergleiche Meister Eckehart 1979, S. 273 und 308, und auch Sieroka 2010a, S. 188.

[272] Hieran ließen sich diverse Fragestellungen darüber anknüpfen, welche Zeitskalen in spirituellen Kontexten allgemein relevant sind. Tatsächlich sind dies wohl weniger die großen Skalen, die nach einem *gelungenen* oder *guten Leben* fragen, als vielmehr die kleineren, auf der von einem *geglückten Tag* gesprochen werden mag – vergleiche hierzu die literarische Auseinandersetzung in Handke 1991.

[273] Vergleiche Rorty 1989.

[274] Vergleiche Rush 2016, der diese Funktion von Ironie detailliert im prominenten Kontext des Deutschen Idealismus und der Romantik behandelt, sowie Japp 1983, der einen breiteren historischen Überblick über verschiedene Unterarten des Ironisierens bietet.

wendung von Besonnenheit gelten. Ironie wirkt gegen Überschwemmung durch Neuerung und gegen Ermüdung an eintönigen Wiederholungen, indem sie die Suche leitet nach zeitlichen Variationen, die uns neu das Bekannte im Unbekannten erkennen lassen oder auch umgekehrt das Unbekannte im Bekannten. Allgemeine ironische Befunde der Art „Na, das ist aber ein Zufall" oder „Da hat es jemand wohl besonders eilig" können erste Schritte sein, um genauer zu hinterfragen, was denn hier womöglich wodurch verursacht wurde. Ironie ist geeignet, um über spielerische Gegenhypothesen das oben schon beschriebene vorläufige Experimentieren anzustoßen. Sie kann in den genannten Beispielen helfen zu erkennen, warum es eben doch kein Zufall war oder warum die Person nicht dem Tempo und Takt ihrer Umgebung gefolgt ist.

Zum Abschluss des Kapitels sei noch angemerkt, dass es ironische Anklänge selbstredend auch in der Musik gibt, dass sie sich dort ebenfalls spielerisch zwischen Harmonie und Dissonanz (im weiteren wie engeren Sinne) bewegen und dass sie ebenfalls erfahrungserweiternd wirken.[275] Als Beispiel für Ironie in der improvisierten Musik mag ein Beispiel von Matthias Schriefl und Shreefpunk dienen (höre Playlist-Beitrag #46), die quasi die Kölner Karnevalsmusik postmodern dekonstruieren, und als Beispiel für die auskomponierte Musik das *Bruder-Jakob*-Motiv aus Mahlers Erster Symphonie, das als Trauermarsch in Moll ertönt und dabei vom Kontrabass extrem hoch gespielt wird (höre Playlist-Beitrag #47 von 0'22" bis 0'43"); und auch Mahlers *Lieder eines fahrenden Gesellen* sind voll von Ironie und ironischen Wendungen (höre Playlist-Beitrag #48), wie sich überhaupt Lieder stark für Ironisierungen anbieten, weil bei ihnen mit Diskrepanzen zwischen Klanggestalt und Textaussage gespielt werden kann (höre Playlist-Beitrag #49).[276]

---

[275] Auch sei im Gegenzug nochmals an die auditorisch konnotierte Grundbedeutung das Absurden erinnert als demjenigen, das „widrig klingt" und sich „gegen das Gehör" richtet. Und so nennt beispielsweise Nagel 1971, wenn es darum geht, dem Absurden zu begegnen, genau auch die Ironie als probates Mittel.
[276] Zu Mahlers Liedern und zu Mahlers eigenen Äußerungen über Ironie vergleiche Mohr 2007. Insgesamt haben die hier gewählten Beispiele einen eher heiteren Charakter. Selbstredend gibt es aber auch ernstere und bedrückendere Beispiele wie etwa, um beim Jazz zu bleiben, Carla Bleys melodisch-klangmalerische Ironisierungen zu den politischen und militärischen Ereignissen rund um den Falkland-Krieg zu Beginn der 1980er Jahre – höre Playlist-Beitrag #50.

10 Schlusstakt: hingehört und aufgehört

10.1 Reprise und Einordnung I: Ereignisse, Zerlegungen und Antireduktionismus

Zum Abschluss dieser Untersuchung möchte ich einige wichtige Thesen und Motive wiederholen und sie ergänzend (um nicht zu sagen: als Neuerung) einordnen. Die Wirklichkeit, so habe ich behauptet, besteht aus Ereignissen. Dabei gibt es keine eindeutige Zerlegung in einen bestimmten Typ von Ur-Ereignis, wohl aber tragen sämtliche Ereignisse Zeit als Ordnungsparameter in sich. Das impliziert nicht, dass es eine einheitliche übergeordnete Zeit gibt. Was es gibt, sind unterschiedliche Einteilungen und Verhältnisse von Ereignissen – und damit auch verschiedene Zeitordnungen. Politische Ereignisse lassen sich gemäß ihrem Früher-Später ordnen ebenso wie physikalische Ereignisse und persönliche Erlebnisse. Das bedeutet aber nicht, dass sämtliche Ereignisse *eigentlich* in der physikalischen Zeit stattfinden – oder *eigentlich* im Erleben ihre fundamentale Zeitordnung finden.

Um nun diese Motive innerphilosophisch etwas präziser zu verorten, bietet sich ein kurzer Vergleich zu den Arbeiten von Peter Rohs an. Denn auch Rohs rückt die Zeit ins Zentrum seiner Überlegungen und verwehrt sich gegen bestimmte reduktionistische Vorstellungen. Genauer nimmt für ihn die Zeit die Position eines „ontologischen Knotens" ein zwischen dem Bereich des Natürlichen und dem Bereich der Subjektivität. Daraus ergibt sich bei ihm ein Dualismus, bei dem sich Physikalisches von Geistigem genau darin unterscheidet, welche Form oder welcher Typ von Zeit ihm zugrunde liegt: Physikalische Ereignisse seien lagezeitlich, geistige Akte modalzeitlich geordnet.[277]

Damit überwindet Rohs reduktionistische Vorstellungen, wie sie insbesondere im Kontext der Neurowissenschaften seit jeher prominent sind. Dort wird zwar die grundlegende Bedeutung zeitlicher Relationen mehr und mehr erkannt, doch geht das leider zumeist mit Vergegenständlichungen und ökonomischen Redeweisen einher, wie sie oben kritisiert wurden. So wird neuerdings beispielsweise von Zeit als der *common currency* von Gehirn und Geist gesprochen.[278] Mal ganz abgesehen davon, dass man sich wundern mag, welche finanziellen Transaktionen wohl zwischen Neuronen und Gedanken stattfinden, verbirgt sich hinter dieser harten

---

277 Vergleiche Rohs 1996.
278 Vergleiche Northoff et al. 2020.

Währung am Ende doch nur wieder eine Dimension allein der *physikalischen Prozesse*.[279]

Doch zurück zu Rohs, der somit zwar keinen Reduktionismus vertritt, aber an einem klassischen Dualismus von Natur und Subjektivität festhält. Dem mag man entgegenhalten, dass es neben subjektiver und physikalischer Zeit doch noch gemeinschaftliche Zeitformen gibt wie etwa eine politische oder historische Zeit; und auch subjektive und physikalische Zeit mögen ihrerseits durchaus vielschichtiger sein und keinen monolithischen Charakter haben. Die Komplexität und innere Dynamik der subjektiven Zeit klang ja in den vergangenen Kapiteln immer wieder an; und auch die physikalischen Zeitkonzepte von etwa Thermodynamik, Allgemeiner Relativitätstheorie und Quantenmechanik sind allesamt unterschiedlich. Sie unterscheiden sich beispielsweise darin, was sie über die *Gerichtetheit* der Zeit aussagen und über Kriterien der Gleichzeitigkeit; und selbst *innerhalb* der Quantenmechanik unterscheiden sich verschiedene Interpretationen noch darin, inwiefern sie die Existenz unterschiedlicher Zeiten zulassen.[280]

Wegen all dieser und weiterer möglicher Entgegenhaltungen wurde hier kein klassischer Dualismus vertreten, sondern vielmehr ein Pluralismus. Entsprechend habe ich auch – anders als Rohs – bewusst darauf verzichtet, eine Zweiteilung in lage- und modalzeitliche Ordnungen prominent zu machen. Es war gerade nicht das vorrangige Ziel, Früher-später-Ordnungen von Ereignissen abzugrenzen von solchen, die Ereignisse danach ordnen, ob sie gegenwärtig oder (mehr oder weniger) vergangen oder (mehr oder weniger) zukünftig sind. Denn gerade bei vielen der hier beschriebenen Alltagsphänomene wird eine solch allgemeine Lagerbildung schwierig, sobald es in die Details geht: Komplexe kognitive Akte ordnen sich in der Regel nicht rein modalzeitlich; die Gerichtetheit der physikalischen Zeit, auf die in bestimmter Weise Bezug genommen wird, ist womöglich nicht rein lagezeitlich rekonstruierbar; und über allem schwebt einmal mehr das Bedürfnis nach einem besseren Verständnis von (finaler und effizienter) Kausalität.[281]

Was stattdessen aufgezeigt und betont werden sollte, waren unterschiedliche Möglichkeiten, die Wirklichkeit in verschiedene Ereignisse zu zerlegen – und insbesondere auch in verschiedene Typen von Ereignissen mit ihren jeweils eigenen

---

279 Im Vergleich dazu sind Ansätze aus der sogenannten Neurophänomenologie, die von einer „trügerischen Gegenwart" (*specious present*) sprechen, deutlich weniger reduktionistisch. Vergleiche insbesondere Varela 1999 und die philosophische Einbettung dazu in Sieroka 2015.
280 Vergleiche Sieroka 2018a, S. 45–59.
281 Dennoch kann die Zweiteilung in Lagezeit und Modalzeit auch innerhalb einer pluralistischen Vorstellung sinnvoll sein und – solange man sie nicht metaphysisch zu sehr auflädt – Strukturierungsleistungen erbringen. Dies habe ich mir beispielsweise in den einführenden Darstellungen in Sieroka 2018a und 2020b zunutze gemacht.

Taktungen und also zeitlichen Ordnungen. Und dies sollte dementsprechend nicht vom (reduktionistischen) Boden physikalischer Theoriebildung aus geschehen. Stattdessen sollte der Zugang zu Zeit und zu Zeitphänomenen gleichsam klanglich erlebend erfolgen – und damit komme ich zur zweiten Reprise.

10.2 Reprise und Einordnung II: Modelle, Mustererfahrungen und eigene Stimme

Um mich dem Thema Zeit zuzuwenden und dessen Charakteristika zu untersuchen, habe ich die Musik und das Hören als Modell beziehungsweise Mustererfahrung verwendet. Auch dies ist innerphilosophisch nochmals kurz zu verorten, zumal „Modell" im wissenschaftlichen Kontext sehr Unterschiedliches meinen kann: Die Krebsforscherin etwa mag an *Mausmodelle* denken, also eine bestimmte Art biologischer Organismen, mit denen sie Experimente macht. Der Kollege aus der Architektur wiederum mag an einen *Hausentwurf* am Computer oder aus Finnpappe denken.

Doch neben solchen spezifischen Fällen dürften vielen Forschenden, egal aus welcher Disziplin, *mathematische Modelle* in den Sinn kommen. Und dies nicht ohne Grund. Denn mathematische Modelle haben den Vorzug, *ontologisch neutral* zu sein, wie es im philosophischen Jargon heißt. Das bedeutet, mathematische Modelle diskriminieren nicht zwischen Gegenstandsbereichen. Bei einem Regressionsmodell ist es beispielsweise völlig egal, ob es für Wettervorhersagen in Bern oder Berlin verwendet wird oder für Wählerwanderungen bei Bundestags- oder Nationalratswahlen. Oder, um es mit den Leitmotiven von oben zu formulieren: Für das mathematische Modell sind Wettervorhersagen und Wählerwanderungen lediglich Variationen – und so etwas wie ein *eigentliches* Thema oder eine *eigentliche* Anwendung existiert nicht.

In diesem Sinne wäre eine mathematische Modellbildung also sicherlich geeignet, Struktureigenschaften verschiedener Zeitordnungen präziser zu fassen. Der oben behandelte Pluralismus von physikalischer Zeit, individuell erlebter Zeit, religiösen und politischen Zeitskalen und so weiter könnte so formal genauer analysiert werden. Dennoch wurde hier nicht auf ein solch mathematisches Modell hingearbeitet – und dies aus zwei Gründen. Zum einen bliebe es ein oberflächliches Unterfangen, solange zuvor nicht mindestens die Begriffe *Kausalität* und *Ereignis* genauer expliziert und analysiert sind, was oben lediglich ansatzweise geschehen ist. Zum anderen erschöpfen sich philosophische Auseinandersetzung letztlich nicht im Bereich des Propositionalen und Diskursiven. Mithin kann auch ein mathematisches Modell, das immer und notwendig eine propositionale Grundstruktur hat, nicht alles anklingen lassen, was bei Zeitfragen so mitschwingt. Eine mathematische Formel wie auch ein geschriebener Satz mögen die Struktur beispielsweise einer Hörerfahrung offenlegen, aber sie ersetzen nicht das Hörerlebnis selbst.[282]

Deshalb habe ich nach einem Modell gesucht, das sozusagen *erfahrungsgesättigt* ist und eben der gesamten Breite und Variabilität menschlicher Erfahrung Rechnung trägt. Es sollte nicht sang- und klanglos in formalen Analysen von Ereignisstrukturen verpuffen, sondern im Idealfall auch neue Erfahrungen anregen. Es sollte nicht nur gelesen und nachvollzogen, sondern auch hingehört werden, um bestimmte Zeitmuster direkt zu erleben. Das wichtige Stichwort hier war die *Mustererfahrung* oder *toy experience*. Es ging, um es nochmals mit Goethe zu sagen, darum, der Welt um sich herum etwas „abzulauschen" und nicht darum, einen abstrakten Gegenstand namens „die Zeit" dingfest zu machen.

Die Motive, mit denen dann operiert wurde, waren insbesondere die der Wiederholung und Neuerung, die in der Kombination eine sinnvolle Orientierung ermöglichen. Zusammen ermöglichen sie das, was als Variation bezeichnet wurde – etwas, das sich am Vergangenen orientiert und für Zukünftiges offen ist. Ersteres hilft uns, nicht den Halt zu verlieren und auch mit anderen in Kontakt zu treten; letzteres lässt uns Autonomie erfahren, die Polyrhythmik des Alltags wertschätzen und bewahrt vor Ermüdung aufgrund von Eintönigkeit. Und ist alles stimmig, fühlen wir uns intakt.

Als exemplarische Form der Erfahrung wurde das Hören herangezogen. Selbstredend sind zeitliche Taktungen insbesondere auch visuell und taktil wahrnehmbar. Allerdings erweisen sich beim Hören sämtliche Wahrnehmungsqualitäten (neben Rhythmus insbesondere auch Tonhöhe und Klangfarbe) als besonders eng verknüpft mit zeitlichen Regularitäten und dem Verhältnis von Wiederholung und Neuerung. Daraus ergaben sich allgemeiner Verbindungen zur Musik, bei der diese Qualitäten dann selbst thematisch werden und die deshalb als elaborierte „Zeitkunst" gelten kann.

Auch die Ausdrucksweise (*Variation, Kontakt, Stimmigkeit* und so weiter) lehnte sich entsprechend an das Hören und an auditorische Phänomene an. Klang und auch Musik dienten als einfaches begriffliches Modell (*toy model*), um so – im Gegensatz zu einer mathematischen Modellierung – den engen Bezug zur individuellen wie gemeinschaftlichen Erfahrungswirklichkeit zu wahren. Besonders wichtig war hier der Begriff des Hinhörens, der einen aktiven und verkörperten Prozess bezeichnet, bei dem zeitliche Gestalten generiert werden. Weiterhin ermöglichte es der Begriff des *playing outside*, Phänomene kurzzeitiger Desynchronisierung zu explizieren, wie sie insbesondere für das Erleben von Autonomie zentral sind.

---

282 Vergleiche hierzu nochmals Nagel 1974, Bieri 1982 und auch Jackson 1986.

Insgesamt, so hat sich gezeigt, geht es beim guten Umgang mit Zeit nicht einfach um eine perfekte Allzeitsynchronität oder ein dauerhaftes Unisono. Das würde nicht genügend Neuerung beinhalten, sondern würde alles in Monotonie und Langeweile ertränken. Ohne neue Kontraste wird letztlich nichts mehr als wirklich erlebt, und es brechen – ganz im Sinne eines Ermüdungsbruchs oder einer Resonanzkatastrophe – komplette Erfahrungsbereiche weg. Wer beispielsweise ein religiöses Ritual nur mehr nachäfft und nachplappert, der hat schlichtweg kein religiöses Erlebnis. Und schon gar nicht würde sich diese Person dabei als autonom erleben – er oder sie hätte, um es mit einem anderen Motiv dieser Untersuchung auszudrücken, keine eigene Stimme.

Um seine eigene Stimme ertönen zu lassen, bedarf es der Möglichkeit, etwas anzustoßen, das nicht von vornherein einem fixen Muster zuordenbar ist, das aber eine Reaktion und gegebenenfalls eine Fortführung erlaubt. Bei einem religiösen Ritual – um bei diesem Beispiel zu bleiben – ist der Spielraum zwar vergleichsweise eng, aber auch hier kann der Einzelne oder kann eine Gemeinschaft neue Akzente setzen.[283]

Um umgekehrt nicht die Orientierung zu verlieren, wenn (zu) viel Neues geschieht, wurden insbesondere zwei Strategien diskutiert: nämlich sich dem Unerwarteten gleichsam experimentell über Ironie anzunähern oder mittels Meditation einen breiteren Einklang mit der Wirklichkeit zu erzeugen. Beides sind letztlich Strategien des Sichbesinnens und der Besonnenheit, um gegebenenfalls schrittweise Ordnungskriterien ausfindig zu machen und sich in die Wirklichkeit (besser) einzutakten.

10.3 Innovation und Ausklang: Nachhaltigkeit und philosophische Selbstanwendung

Da beides zusammengehört, folgt nach der inhaltlichen Wiederholung nun auch die Neuerung beziehungsweise nach der Reprise als Zugabe noch die Innovation. Und wenn es um Innovationen geht, so ertönt gegenwärtig allseits der Ruf nach *Nachhaltigkeit* – und damit nach etwas, das ebenfalls sehr eng mit unserem Verständnis und Umgang von und mit Zeit verbunden ist.

Der Wortzusammensetzung nach beginnt „*Nach*-haltigkeit" mit einer zeitbezogenen Vorsilbe. Es geht darum, über einen größeren Zeitraum hinweg etwas auf einem bestimmten Niveau zu halten. Dies wird besonders deutlich auch in der engli-

---

[283] Man vergleiche in diesem Zusammenhang auch den bereits erwähnten engen Spielraum eines Opernsängers im Unterschied zu dem einer Jazzsolistin.

schen Variante des Begriffs, *sustainability*, der seinerseits auf das Lateinische zurückweist: Es ist die Fähigkeit (*ability*), etwas auf einem bestimmten Niveau zu halten (*sus-tineo/teneo*). Und das, was auf gleicher Höhe gehalten werden soll, mag übrigens durchaus die eigene Stimme sein – so wie dann im mittelalterlichen Choral der *Tenor* diejenige Stimme ist, die den *cantus firmus* hält. Zumindest wortgebrauchsgeschichtlich gibt es also nachhaltige Nachhaltigkeitsanleihen bei Musik und Hören. Und dass das Thema Nachhaltigkeit von zunehmender auch zeittheoretischer Bedeutung ist, klang oben bereits an, als das Niederfrequente und die zunehmende Eindringtiefe menschlicher Handlungen diskutiert wurden. – Hierzu die zeitlichen Gestalten und möglichen Variationen genauer zu untersuchen, dürfte zu wichtigen Erkenntnissen führen, ist aber nicht mehr Thema dieses Buches.[284]

Wonach abschließend allerdings noch gefragt werden mag, ist die Nachhaltigkeit dieses Buches selbst. Diese könnte zum einen auf der – von Philosophen notorisch und gern behandelten – Ebene der Selbstanwendung des Dargestellten liegen; zum anderen auf der Ebene der Erfahrungen der Leserinnen und Leser.

Zunächst zur Selbstanwendung und einer möglichen kritischen Rückfrage: Warum habe ich hier in propositionaler Form und mit einem Text, den man lesen muss, das Hören behandelt und Erfahrungskontexte, die zum Teil dezidiert nichtpropositional sind? Darauf könnte man schlicht mit dem Klischee der (Wittgenstein'schen) Leiter antworten, die es eben im Anschluss an die Lektüre wegzuwerfen gelte.[285] Aber etwas konkreter geht es dann doch: Wo sich beschlagenere Philosophen vielleicht anderer Textformen bedient hätten – wie etwa Dialogen, Aphorismen oder gar Gedichten[286] –, um neue Erfahrungen im Rezipierenden zu ermöglichen, habe ich zumindest die moderne Variante einer *playlist* gewählt, um über digital abrufbare Hörbeispiele hoffentlich bestimmte und möglicherweise neue Erfahrungen anzustoßen. Und das ist dann auch schon die Antwort auf die zweite Frage: Eine anhaltende Wirkung könnte darin bestehen, mit Text und Hörbeispielen neue Erfahrungen aufzuschließen. Bei Dewey heißt es:

> If what is written in these pages has no other result than creating and promoting a respect for concrete human experience and its potentialities, I shall be content.[287]

---

[284] Ebenfalls nicht mehr Thema ist der Begriff der *Transformation*, der gegenwärtig nicht minder diskutiert wird und der sich als besonders neuerungslastige Form der Variation beschreiben ließe. In diesem Zusammenhang ist dann gerne von „grundlegenden Veränderungen" und von einem „Wandel" die Rede – vergleiche exemplarisch bereits WGBU 2011.
[285] Wittgenstein 1984 (*Tractatus* 6.54).
[286] Vergleiche theoretisierend dazu Gabriel 1990 und Sieroka 2023.
[287] Dewey 1958 [1925], S. 39.

Vielleicht kann ja nicht nur der Respekt vor der Zeitbehaftetheit unserer Erfahrungen gesteigert werden, sondern kann mit dem Hören als Mustererfahrung auch die erlebte Wirklichkeit neue zeitliche Gestalten annehmen, kann sich erweitern beziehungsweise ihren Kontrastreichtum steigern. Auch wenn der Text ausklingt, klingen die behandelten Themen, Hyperlinks und Höreindrücke ja vielleicht noch nach.

Zugabe

Abgesang und Danksagung

Dieses Buch ist zu großen Teilen im Zuge eines Forschungsfreisemesters entstanden, das mir die Universität Bremen im Winter 2022/2023 gewährt hat.

Den Auftakt gab ein Fellowship am *Einstein Center Chronoi* (ECC) in Berlin. Hier danke ich besonders meinen Gastgebern, den Fellows und dem Team vor Ort für die anregenden Gespräche und die vielfache Unterstützung bei der Umsetzung dieses Projekts; namentlich (und in alphabetischer Reihenfolge) sind dies Ahmed al-Rahim, Eva Cancik-Kirschbaum, Joseph Elharar, Albert Joosse, Jin Hyun Kim, Stine Letz, Christoph Markschies, Cinzia Pappi, Stefanie Rabe, Daniela Wagner, Anke Walter, Sandra Weißbach und Felix Wiedemann.

Die zweite Hälfte meines Forschungsfreisemesters habe ich am Singapore-ETH Center verbracht. Für das Fellowship danke ich dem Think-and-Do-Tank *rEThink* der ETH Zürich. Vor Ort in Singapur haben mich vor allem Gisbert und Petra Schneider sowie Thomas Meyer und Jasmine Lau sehr herzlich empfangen und meine Forschung unterstützt. Die Zeit in Südostasien – mitsamt den Menschen, Traditionen und Gepflogenheiten, die ich kennenlernen durfte – war eine besondere Inspiration für mich, als es darum ging, über Erfahrungen und neue Kontraste zu schreiben.

Oben war viel von Musik als Modell und Hören als Mustererfahrung die Rede; und ohne Musik und Hören wäre auch dieses Buch nicht entstanden. Ich danke den Musikerinnen und Musikern, mit denen ich mich in den vergangenen Jahren austauschen durfte, denen ich immer wieder in Konzerten zuhören konnte, die bei meinen Überlegungen immer wieder auf ihre Weise hingehört haben und mit denen sich das *Zeit-Hören* inzwischen selbst schon als Konzertereignis rhythmisiert, wenn nicht gar ritualisiert hat (höre Playlist-Beitrag #51).[288] Gemeint sind (wiederum in alphabetischer Reihenfolge) Anna Depenbusch, Eric Schaefer, Uwe Steinmetz und Daniel Stickan.

Auch mögen weitere Stimmen in und zwischen den Zeilen hörbar geworden sein. Mit mir den Inhalt dieses Buches diskutiert (und zum Teil auch frühere Versionen gelesen) haben Michael Hampe, Joseph Kretzschmar, Tammo Lossau, Georg Mohr, Christian Rutishauser und Manfred Stöckler. Ihnen gilt ebenfalls mein Dank.

---

[288] „When something is done a second time, it is a repetition. When it is repeated more than twice, it can become a ritual" (Steinmetz 2021, S. 231).

Was die Erstellung der Playlist und diverser Hörbeispiele anbelangt, danke ich André Rupp aus der Hörforschung in Heidelberg sowie (erneut) Joseph Elharar vom ECC. Außerdem bedanke ich mich für die weitere editorische Unterstützung bei Katharina Reinecke von der Lektoratfeuerwehr und bei Jessica Bartz und Albrecht Döhnert vom Verlag De Gruyter.

Mein größter Dank für das wundervolle und geduldige Zusammenspiel gilt, wie immer, meinem Familienensemble Pia, Simon und Tale.

Playlist zum Selberhören

Die durchnummerierten Hörbeispiele, auf die im Haupttext (zum Beispiel mit „Playlist-Beitrag #17") Bezug genommen wird, finden sich auf *YouTube* und können bequem über die Playlist des *YouTube*-Kanals „ZeitHören" abgespielt werden. In der E-Book-Version sind die Beispiele zudem mit Hyperlinks verknüpft und können direkt im Text aufgerufen („angeklickt") werden. Sollten sich nach Erscheinen dieses Buches Änderungen in den verknüpften Dateien ergeben, wird die Playlist gegebenenfalls direkt im *YouTube*-Kanal aktualisiert.

Die Playlist kann über die folgende Internetadresse oder mit dem folgenden QR-Code aufgerufen werden:
https://www.youtube.com/playlist?list=PLl3KYcmP425_xCx0eqWj-E696QqcKDKqK

Anmerkung: Oben wurde immer wieder das Hören betont – gerade auch im Gegensatz zum Sehen. Da die Playlist aus pragmatischen Gründen auf *YouTube* hinterlegt ist, haben die einzelnen Beiträge nun neben der akustischen auch eine visuelle Komponente. Letztere ist aber in der Regel irrelevant beziehungsweise dient lediglich der ergänzenden Erläuterung, indem beispielsweise ein Frequenzspektrum oder eine Partitur gezeigt wird.

Sämtliche Links wurden zuletzt am 22.01.2024 aufgerufen.

Liste der Hörbeispiele („Playlist-Beitrag #...")

#1. Bedeutungsverlust durch Wiederholung: semantische Sättigung (Name der *YouTube*-Datei: „Semantic Satiation"): https://www.youtube.com/watch?v=7AwyZch6Tzo

#2. Erkennung zeitlicher Muster („Hören als Zeitwahrnehmung"): https://www.youtube.com/watch?v=PlFmVBcBKQc

#3. Vom Klick zum Ton („Hören als Zeitwahrnehmung"): https://www.youtube.com/watch?v=ofJsIVTkL1k

#4. Durch kurze Impulse zu Tönen II: singende Straße in Ungarn („The musical road – Hungary"): https://www.youtube.com/watch?v=rM5oX0KbtUw

#5. Vom Rauschen zur Tonhöhe: *iterated rippled noise* („Vom Rauschen zur Tonhöhe ..."): https://www.youtube.com/watch?v=v7GPEwoMC3k

#6. Bedeutungsverlust durch Wiederholung II: semantische Sättigung und *timing* („Bill Withers – Ain't No Sunshine"): https://www.youtube.com/watch?v=CICIOJqEb5c

#7. Durch wiederholte Zyklen zur Tonhöhe: Tonhöhensalienz („Tonhöhensalienz ..."): https://www.youtube.com/watch?v=cpa5ewwQZt0

#8. Ein Ton, der immer höher wird: Shepard-Ton („Shepard Tone"): https://www.youtube.com/watch?v=BzNzgsAE4F0

#9. Shepard-Töne in Filmen, Videospielen und Ähnlichem („The sound illusion that makes Dunkirk so intense"): https://www.youtube.com/watch?v=LVWTQcZbLgY

#10. Kontext-Abhängigkeit von Tonhöhen: Melodie aus Shepard-Tönen („Melodie aus Shepard-Tönen"): https://www.youtube.com/watch?v=se5KV_LbqEs

#11. Integration und Separierung von Klangströmen: auditorisches Kippbild mit fixem Intervall: („Integration und Separierung ... fixes Intervall"): https://www.youtube.com/watch?v=hiBw3qaLzB0

#12. Integration und Separierung von Klangströmen II: auditorisches Kippbild mit variablem Intervall („Integration und Separierung ... variables Intervall"): https://www.youtube.com/watch?v=rTJ9Jg6xZjg

#13. Klangströme in Kompositionen („Johann Sebastian Bach: Cello Suite No.3 VI-Gigue"): https://www.youtube.com/watch?v=ypoajBSdTEw

#14. Klangfarbliche Verschmelzungen („Ricercare Bach – Orquestación de Webern"): https://www.youtube.com/watch?v=DIHDY0WEktw

#15. Klangfarbliche Gruppierungen und Polyphonie („György Ligeti – Lontano für großes Orchester"): https://www.youtube.com/watch?v=XKwSufx0xz4

#16. Klangfarbliche Gruppierungen und Polyphonie II („Pierre Boulez – Polyphonie X"): https://www.youtube.com/watch?v=y_XrAUvvuBs

ට Open Access. © 2024 bei den Autorinnen und Autoren, publiziert von De Gruyter. [CC BY-NC-ND] Dieses Werk ist lizenziert unter einer Creative Commons Namensnennung – Nicht kommerziell – Keine Bearbeitung 4.0 International Lizenz. https://doi.org/10.1515/9783111403632-012

- #17. Klangströme und Klangfarben im Free Jazz („Machine Gun" vom Peter Brötzmann Octet): https://www.youtube.com/watch?v=hxTZ2qA4brE
- #18. Klangströme und Klangfarben in der elektronischen Populärmusik („Spacelab" von Kraftwerk): https://www.youtube.com/watch?v=nZXYnVBK0fY
- #19. Kontinuitätsillusion: Lied, das durch Pausen bzw. durch Rauschen unterbrochen wird („Kontinuitätsillusion …"): https://www.youtube.com/watch?v=MwTlqLe3iTo
- #20. Unterschied zwischen analytischem und synthetischem Hören („Unterschied zwischen analytischem …"): https://www.youtube.com/watch?v=xBOLivPfWaY
- #21. Beispiel für Übergänge zwischen auditorischen Wahrnehmungsqualitäten in der frühen elektronischen Musik („Stockhausen – Kontakte"): https://www.youtube.com/watch?v=l_UHaulsw3M
- #22. Karlheinz Stockhausen (im Gespräch mit Adorno) über die Bedeutung von Zeit für die Musik u.v.m. („Adorno / Stockhausen: Der Widerstand gegen die Neue Musik"): https://www.youtube.com/watch?v=nD72N4_2fOM
- #23. Musik und Zeit psychoakustisch („Pierre Boulez – ‚Figures – Doubles – Prismes'"): https://www.youtube.com/watch?v=xjBtbM0rt3U
- #24. Musik und Zeit kulturgeschichtlich („Bernd Alois Zimmermann – Musique pour les soupers du roi Ubu"): https://www.youtube.com/watch?v=9GO43MIA8gM
- #25. Bernd Alois Zimmermann über seine Vorstellung von Zeit („Bernd Alois Zimmermann im Gespräch"): https://www.youtube.com/watch?v=LS1Vc1bJSHo
- #26. Bedeutung von Wiederholung: Beispiel *minimal music* („Steve Reich, ‚Music for 18 Musicians'"): https://www.youtube.com/watch?v=ZXJWO2FQ16c
- #27. „Minimalismus" im Jazz („The John Coltrane Quartett – Africa / Brass"): https://www.youtube.com/watch?v=D8XEmGhTm3A
- #28. Jazz als Wegbereiter des Minimalismus: Steve Reich über John Coltrane („Steve Reich – rhythm and minimalism"): https://www.youtube.com/watch?v=pFS8Ru27rqs
- #29. Jazz Standard mit klarer Entwicklung und Formende: lineare Zeit („Work Song" von Cannonball Adderley): https://www.youtube.com/watch?v=VlepuNi40M8
- #30. Jazz Standard ohne klare Entwicklung und Formende: zyklische Zeit („Pharoah Sanders – The Creator Has a Master Plan 1/3"): https://www.youtube.com/watch?v=13L6sjk080c
- #31. Soundscape fortschreitend: lineare Zeit II („Symbiosis, 1st Movement: Moderato. Various Tempi, Pt. 2" von Bill Evans): https://www.youtube.com/watch?v=ZwlG4OciNm4

#32. Soundscape wogend: zyklische Zeit II („Floating Points, Pharaoh Sanders & London Symphony Orchestra – Promises – Movement 6"): https://www.youtube.com/watch?v=WP7_DwTuOM4

#33. Wechsel stehend-fortschreitend („Sister Andrea" vom Mahavishnu Orchestra): https://www.youtube.com/watch?v=-1UeJZfAr4c

#34. Extemporieren: Beispiel für *playing outside* („When you avoid all the butter notes for 8 bars, Walter Blanding – ‚Teru' – Lincoln Center Jazz Orchestra"): https://www.youtube.com/watch?v=jA2VCzroX8M

#35. Tutorium zu *playing outside* („Play Outside Using This simple Minor Chord Method"): https://www.youtube.com/watch?v=DqXv8vXbK_s

#36. Extemporieren II: *playing outside* auch in der Rock- und Popmusik? („Driven To Tears" von The Police): https://www.youtube.com/watch?v=cPkChi1ckq0

#37. Motivische Kettenassoziation und Kollektivimprovisation („Ornette Coleman – Change of the Century"): https://www.youtube.com/watch?v=QFLYOlTv4C0

#38. Eigene Stimme: Solo von John Coltrane („John Coltrane on ‚Impressions' – Solo Transcription for Tenor Saxophone"): https://www.youtube.com/watch?v=PWo8LQ8nfTg

#39. Eigene Stimme II: Solo von Miles Davis („Miles Davis ‚Autumn Leaves' – Trumpet Solo"): https://www.youtube.com/watch?v=z5j7NJjTpXg

#40. Tutorium zu Polyrhythmik („Poly Rhythms"): https://www.youtube.com/watch?v=Lxs4cvSximc

#41. Musikalisches Beispiel für Polyrhythmik („Yellowjackets – Wildlife"): https://www.youtube.com/watch?v=0dnIBKw4d84

#42. Tutorium zu *crossrhythm* („Beispiel für einen crossrhythm"): https://www.youtube.com/watch?v=AofRrZcJUlc

#43. Tutorium zu *metric modulation* („Intro to Metric Modulation"): https://www.youtube.com/watch?v=HOvvAs5FILk

#44. Veränderung und Spannung in der Improvisation („Thelonious Monk Solo on Straight, No Chaser"): https://www.youtube.com/watch?v=-KUvDHLIukc

#45. Veränderung und Spannung in der Improvisation II („Cecil Taylor – Free Improvisation #3"): https://www.youtube.com/watch?v=EstPgi4eMe4

#46. Ironie in der improvisierten Musik: Beispiel Jazz und Karneval („Matthias Schriefl und Shreefpunk – Der König von Köln Teil 1"): https://www.youtube.com/watch?v=vhg6bT2r_K4

#47. Ironie in der auskomponierten Musik: Beispiel *Bruder Jakob*-Motiv bei Mahler („Leonard Bernstein: Mahler – Symphony No. 1, III"): https://www.youtube.com/watch?v=RnPeXSWqHxk

#48. Ironie im Verhältnis von Musik und Text: Beispiel Klassik („Christian Gerhaher – Mahler – Lieder eines fahrenden Gesellen"): https://www.youtube.com/watch?v=SI_0YaG-HsY

#49. Ironie im Verhältnis von Musik und Text II: Beispiel Liedermacher („Georg Kreisler – Taubenvergiften"): https://www.youtube.com/watch?v=B2PH3hXSA0Y
#50. Ironie in der improvisierten Musik II: Carla Bley zu Krieg und Nationalismus („Battleship" von der Carla Bley Band): https://www.youtube.com/watch?v=v2PHC5N48pA
#51. Trailer zum Konzertereignis *ZeitHören* („ZeitHoeren – 09 12 23, Kulturkirche St Stephani, Bremen"): https://www.youtube.com/watch?v=A4rY5Z48DmA

Literaturverzeichnis

Abbt, Christine (2020). Zuhören. Nachdenklich werden. Ein subversiver Akt. In: Christine Abbt, Donata Schoeller und Hartmut von Sass (Hg.), Nachdenklichkeit. Zürich: Diaphanes, 77–94.
Adorno, Theodor W. (1978 [1940–1948]). Philosophie der neuen Musik. Frankfurt a. M.: Suhrkamp.
Adorno, Theodor W. (2005 [1927–1959]). Zu einer Theorie der musikalischen Reproduktion. Frankfurt a. M.: Suhrkamp.
Adorno, Theodor W. (2022 [1956]). Dissonanzen. Musik in der verwalteten Welt. Frankfurt a. M.: Suhrkamp.
Aho, Kevin (2020). Temporal Experience in Anxiety: Embodiment, Selfhood, and the Collapse of Meaning. Phenomenology and the Cognitive Sciences 19 (2): 259–270.
Albahari, Miri (2019). Perennial Idealism: A Mystical Solution to the Mind-Body Problem. Philosophers' Imprint 19 (44).
Allé, Mélissa C., Arnaud d'Argembeau, Priscille Schneider, Jevita Potheegadoo, Romain Coutelle, Jean-Marie Danion und Fabrice Berna (2016). Self-continuity Across Time in Schizophrenia: An Exploration of Phenomenological and Narrative Continuity in the Past and Future. Comprehensive Psychiatry 69: 53–61.
Allman, Melissa J. (2011). Deficits in Temporal Processing Associated with Autistic Disorder. Frontiers in Integrative Neuroscience 5 (2).
Allman, Melissa J., und Warren H. Meck (2012). Pathophysiological Distortions in Time Perception and Timed Performance. Brain 135 (3): 656–677.
Altaie, M. Basil, Daniel Hodgson und Almut Beige (2022). Time and Quantum Clocks: A Review of Recent Developments. Frontiers in Physics 10: 3389.
Angelino, Lucia (2020). A Frame of Analysis for Collective Free Improvisation on the Bridge Between Husserl's Phenomenology of Time and Some Recent Readings of the Predictive Coding Model. Phenomenology and the Cognitive Sciences 19 (2): 349–369.
Aristoteles (1962). Problemata Physica (= Aristoteles, Werke in deutscher Übersetzung, Band 19). Berlin: Akademie.
Aristoteles (1987). Physik – Vorlesungen über die Natur, 2 Bände (griech.-dt.). Hamburg: Meiner.
Assmann, Jan (1984). Ägypten. Theologie und Frömmigkeit einer frühen Hochkultur (= Urban-Taschenbücher, Band 366). Stuttgart: Kohlhammer.
Augustinus, Aurelius (2009). Was ist Zeit?: Confessiones XI / Bekenntnisse 11. Hamburg: Meiner.
Baier, Lothar (1990). Volk ohne Zeit. Berlin: Wagenbach.
Bailer-Jones, Daniela (2009). Scientific Models in Philosophy of Science. Pittsburgh: University of Pittsburgh Press.
Baranowski, Ann (1998). A Psychological Comparison of Ritual and Musical Meaning. Method and Theory in the Study of Religion 10 (1): 3–29.
Beatty, Joseph (1999). Good Listening. Educational Theory 49 (3): 281–298.
Bergson, Henri (2016 [1889]). Zeit und Freiheit. Hamburg: Meiner.
Berliner, Paul F. (1994). Thinking in Jazz. The Infinite Art of Improvisation. Chicago: Chicago University Press.
Bertinetto, Alessandro, und Marcello Ruta (Hg.) (2022). The Routledge Handbook of Philosophy and Improvisation in the Arts. New York: Routledge.
Bertram, Georg W. (2010). Improvisation und Normativität. In: Hans-Friedrich Bormann, Gabriele Brandstetter und Annemarie Matzke (Hg.), Improvisieren: Paradoxien des Unvorhersehbaren. Bielefeld: transcript, 21–40.

Bertram, Georg W. (2022). Improvisation as Normative Practice. In: Bertinetto und Ruta 2022, 21–32.
Bieri, Peter (1982). Nominalismus und innere Erfahrung. Zeitschrift für Philosophische Forschung 36 (1): 3–24.
Binswanger, Ludwig (1960). Melancholie und Manie – Phänomenologische Studien. Pfullingen: Neske.
Birnbacher, Dieter (2017). Tod. Berlin: De Gruyter.
Bjerstedt, Sven (2014). Storytelling in Jazz Improvisation: Implications of a Rich Intermedial Metaphor. Lund: Lund University, Malmö Academy of Music.
Black, Max (1962). Models and Metaphors: Studies in Language and Philosophy. Ithaca: Cornell University Press.
Blumenberg, Hans (1986). Lebenszeit und Weltzeit. Frankfurt a. M.: Suhrkamp.
Boehm, Gottfried (2017). Die Sichtbarkeit der Zeit: Studien zum Bild in der Moderne. Paderborn: Fink.
Böhme, Jakob (1961 [1730]). Sämtliche Schriften, 11 Bände (Faksimile-Neudruck). Stuttgart: Frommann-Holzboog.
Bostridge, Ian (2023). Song and Self: A Singer's Reflections on Music and Performance. Chicago: University of Chicago Press.
Bowie, Andrew (2007). Music, Philosophy, and Modernity. Cambridge: Cambridge University Press.
Braudel, Fernand (1992 [1956]). Die lange Dauer (La longue durée). In: ders., Schriften zur Geschichte Band 1: Gesellschaft und Zeitstrukturen. Stuttgart: Klett-Cotta, 49–87.
Brauneiss, Leopold (1998). Tonalität als Ritual: Versuch über Minimal Music. International Journal of Musicology 7: 375–395.
Bregman, Albert S. (1990). Auditory Scene Analysis. Cambridge (Mass.): MIT Press.
Brouwer, Luitzen Egbertus Jan (1929). Mathematik, Wissenschaft und Sprache. Monatshefte für Mathematik und Physik 36: 153–164.
Burckhardt, Jacob (2018 [1905]). Weltgeschichtliche Betrachtungen. München: C.H. Beck.
Büttemeyer, Wilhelm (1993). Musik in der Zeit – Zeit in der Musik. In: Hans Michael Baumgartner (Hg.), Das Rätsel der Zeit – Philosophische Analysen. Freiburg/München: Alber, 255–290.
Cage, John (2011 [1961]). Silence: Lectures and Writings. Middletown: Wesleyan University Press.
Camus, Albert (2000 [1942]). Der Mythos des Sisyphos. Reinbek: Rowohlt.
Cavaletti, Federica, und Katrin Heimann (2020). Longing for Tomorrow: Phenomenology, Cognitive Psychology, and the Methodological Bases of Exploring Time Experience in Depression. Phenomenology and the Cognitive Sciences 19 (1): 1–19.
Cavell, Stanley (1976). Must We Mean What We Say? Cambridge: Cambridge University Press.
Cavell, Stanley (2002 [1994]). Die andere Stimme. Berlin: Diaphanes.
Clay, Graham (2018). Russell and the Temporal Contiguity of Causes and Effects. Erkenntnis 83 (6): 1245–1264.
Corradi Fiumara, Gemma (1990). The Other Side of Language: A Philosophy of Listening. Abingdon: Routledge.
Croom, Adam M. (2012). Music, Neuroscience, and the Psychology of Well-Being: A Précis. Frontiers in Psychology 2012 (2): 393.
Cross, Ian (2009). The Evolutionary Nature of Musical Meaning. Musicae Scientiae 13 (2. Supplement): 179–200.
Cross, Ian (2022). Music, Speech and Affiliative Communicative Interaction: Pitch and Rhythm as Interactive Affordances. PsyArXiv 2022 (May 9) (https://psyarxiv.com/tr9n6).
Crossan, Mary, Miguel Pina e Cunha, Dusya Vera und João Cunha (2005). Time and Organizational Improvisation. The Academy of Management Review 30 (1): 129–145.

D'Abbadie de Ndrest, Laurie, Jean-Luc Sudres, Laurent Schmitt und Antoine Yrondi (2017). Spiel Blues, wenn Du den Blues hast: Evaluation der Effizienz eines musiktherapeutischen Programms für Menschen mit behandlungsresistenten depressiven und/oder bipolaren Störungen. In: Daniel Sollberger, Erik Boehlke, Ulrich Kobbé (Hg.), Das Eigene und das Fremde. Lengerich: Pabst, 217–234.

Davidson, Donald (1969). The Individuation of Events. In: Nicholas Rescher (Hg.), Essays in Honor of Carl G. Hempel. Dordrecht: Reidel, 216–234.

Deleuze, Gilles (2007 [1968]). Differenz und Wiederholung. München: Fink.

Demandt, Alexander (2015). Zeit: Eine Kulturgeschichte. Berlin: Propyläen.

Derrida, Jacques (1983 [1967]). Grammatologie. Frankfurt a. M.: Suhrkamp.

Derrida, Jacques (2004). The Other's Language: Jacques Derrida Interviews Ornette Coleman, 23 June 1997. Genre 37 (2): 319–329.

Derrida, Jacques (2018 [1997]). Von der Gastfreundschaft. Wien: Passagen Verlag.

Dewey, John (1958 [1925]). Experience and Nature. New York: Dover.

Di Bona, Elvira (2022). Hearing Chimeras. Synthese 200: 257.

Diels, Hermann, und Walther Kranz (Hg.) (1951–1952). Die Fragmente der Vorsokratiker, 3 Bände. Berlin: Weidmann. (Hier zitiert, wie allgemein üblich, als „DK" gefolgt von der Nummer des Fragments beziehungsweise des Testimoniums.)

Dietrich, Frank, Johannes Müller-Salo und Reinold Schmücker (Hg.) (2018). Zeit – Eine normative Ressource? Frankfurt a. M.: Klostermann.

Dogen (2006 [1231–1253]). Shobogenzo – Ausgewählte Schriften: Anders Philosophieren aus dem Zen. Stuttgart: Frommann-Holzboog.

Dohrn-van Rossum, Gerhard (1992). Die Geschichte der Stunde: Uhren und moderne Zeitordnungen. München: Hanser.

Dummett, Michael (2000). Is Time a Continuum of Instants? Philosophy 75: 497–515.

Ebbeke, Klaus (1998). Zeitschichtung: Gesammelte Aufsätze zum Werk von Bernd Alois Zimmermann. Mainz: Schott.

Ehrenfels, Christian von (1890). Über Gestaltqualitäten. Vierteljahrsschrift für wissenschaftliche Philosophie 14: 249–292.

Elias, Norbert (1984). Über die Zeit: Arbeiten zur Wissenssoziologie II. Frankfurt a. M.: Suhrkamp.

Feige, Daniel Martin (2014). Philosophie des Jazz. Frankfurt a. M.: Suhrkamp.

Feige, Daniel Martin (2019). Retroaktion und Intensität. Zur Zeitlichkeit der Jazzimprovisation. In: Sabine Schmolinsky, Diana Hitzke und Heiner Stahl (Hg.), Taktungen und Rhythmen: Raumzeitliche Perspektiven interdisziplinär. Berlin: De Gruyter Oldenbourg, 193–206.

Fiske, Harold E. (1990). Music and Mind. Philosophical Essays on the Cognition and Meaning of Music. Lewiston: Edwin Mellen Press.

Forbes, Graeme (1993). Time, Events and Modality. In: Robin Le Poidevin und Murray MacBeath (Hg.), The Philosophy of Time. Oxford: Oxford University Press, 80–95.

Fraisse, Paul (1985 [1957]). Psychologie der Zeit: Konditionierung, Wahrnehmung, Kontrolle, Zeitschätzung, Zeitbegriff. München: Ernst Reinhard.

Freud, Sigmund, und Josef Breuer (1991 [1895]). Studien über Hysterie. Frankfurt a. M.: Fischer.

Fricke, Harald (1990). Kann man poetisch philosophieren? In: Gottfried Gabriel, Christiane Schildknecht (Hg.), Literarische Formen der Philosophie. Stuttgart: J.B. Metzler, 26–39.

Fuchs, Thomas (2001). Die Zeitlichkeit Des Leidens. Phänomenologische Forschungen 2001 (1/2): 59–77.

Fuchs, Thomas (2013). Temporality and Psychopathology. Phenomenology and the Cognitive Sciences 12 (1): 75–104.
Fuhrmann, Wolfgang, und Claus-Steffen Mahnkopf (Hg.) (2021). Perspektiven der Musikphilosophie. Frankfurt a. M.: Suhrkamp.
Gabriel, Gottfried (1990). Literarische Form und nicht-propositionale Erkenntnis in der Philosophie. In: Gottfried Gabriel, Christiane Schildknecht (Hg.), Literarische Formen der Philosophie. Stuttgart: J.B. Metzler, 1–25.
Galilei, Galileo (2015 [1638]). Discorsi: Unterredungen und mathematische Beweisführung zu zwei neuen Wissensgebieten. Hamburg: Meiner.
Gisin, Nicolas (2020). Mathematical Languages Shape our Understanding of Time in Physics. Nature Physics 16 (2): 114–116.
Goethe, Johann Wolfgang von (1887–1919). Goethes Werke, 133 Bände. Weimar: H. Böhlau.
Goodman, Nelson (1976). Languages of Art: An Approach to a Theory of Symbols. Indianapolis: Hackett.
Goodman, Nelson (1978). Ways of Worldmaking. Indianapolis: Hackett.
Haken, Hermann (1981). Erfolgsgeheimnisse der Natur – Synergetik: Die Lehre vom Zusammenwirken. Stuttgart: Deutsche Verlags-Anstalt.
Hampe, Michael (2017). Die Bedeutung der Lebenserfahrung für die Methode der Philosophie. In: Michael Hampe (Hg.), John Dewey: Erfahrung und Natur. Berlin: De Gruyter, 17–31.
Handke, Peter (1991). Versuch über den geglückten Tag: Ein Wintertagtraum. Frankfurt a. M.: Suhrkamp.
Hanusch, Frederic (2023). The Politics of Deep Time. Cambridge: Cambridge University Press.
Hanusch, Frederic, und Simon Meisch (2022). The Temporal Cleavage: The Case of Populist Retrotopia vs. Climate Emergency. Environmental Politics 31 (5): 883–903.
Hegel, Georg Wilhelm Friedrich (1987 [1807]). Phänomenologie des Geistes. Hamburg: Meiner.
Heidegger, Martin (1993 [1927]). Sein und Zeit. Tübingen: Niemeyer.
Hentoff, Nat (1978). Jazz Is. New York: Random House.
Herbin, Catherine, und Norman Sieroka (2023). Paradoxien des Auditiven: Ambiguitäten und Diskrepanzen beim Hören und in der Musik. In: Alexander Max Bauer, Gregor Damschen und Mark Siebel (Hg.), Paradoxien – Grenzdenken und Denkgrenzen von A(llwissen) bis Z(eit). Paderborn: Brill Mentis, 177–201.
Herzfeld, Gregor (2007). Zeit als Prozess und Epiphanie in der experimentellen amerikanischen Musik: Charles Ives bis La Monte Young. Stuttgart: Steiner.
Hesse, Mary (1963). Models and Analogies in Science. Notre Dame (Ind.): University of Notre Dame Press.
Hillebrandt, Claudia (2022). Mit den Ohren lesen: Zur akustischen Dimension schriftfixierter Lyrik und zu drei Stationen einer Sprachklanggeschichte der deutschsprachigen Lyrik (Klaj – Klopstock – Tieck). Frankfurt a. M.: Klostermann.
Hofer, Urs (2016). Auf der Suche nach der eigenen Stimme: Stanley Cavells Philosophie als Erziehung von Erwachsenen. Zürich: Chronos.
Holman, E. Alison, und Roxane Cohen Silver (1998). Getting „Stuck" in the Past: Temporal Orientation and Coping with Trauma. Journal of Personality and Social Psychology 74 (5): 1146–1163.
Holzhey-Kunz, Alice (2020). Two Ways of Combining Philosophy and Psychopathology of Time Experiences. Phenomenology and the Cognitive Sciences 19 (2): 217–233.
Honegger, Arthur (1952). Ich bin Komponist: Gespräche über Beruf, Handwerk und Kunst. Zürich: Atlantis.

Hrdlicka, Manuela R. (1992). Alltag im KZ: Das Lager Sachsenhausen bei Berlin. Opladen: Leske + Budrich.
Huijer, Marli (2017 [2015]). Außer Takt: Auf der Suche nach dem Rhythmus des Lebens. Darmstadt: WBG.
Husserl, Edmund (1952). Ideen zu einer reinen Phänomenologie und phänomenologischen Philosophie II: Phänomenologische Untersuchungen zur Konstitution (= Husserliana, Band 4). Den Haag: Nijhoff.
Husserl, Edmund (1993 [1900]). Logische Untersuchungen. Tübingen: Niemeyer.
Husserl, Edmund (2000 [1928]). Vorlesungen zur Phänomenologie des inneren Zeitbewußtseins. Tübingen: Niemeyer.
Iyer, Vijay (2002). Embodied Mind, Situated Cognition, and Expressive Microtiming in African-American Music. Music Perception 19 (3): 387–414.
Iyer, Vijay (2004). Exploding the Narrative in Jazz Improvisation. In: Robert O'Meally, Brent Hayes Edwards und Farah Jasmine Griffin (Hg.), Uptown Conversation: The New Jazz Studies. New York: Columbia University Press, 393–403.
Jackson, Frank (1986). What Mary Didn't Know. Journal of Philosophy 83 (5): 291–295.
Janich, Peter (2015). Handwerk und Mundwerk: Über das Herstellen von Wissen. München: C.H. Beck.
Japp, Uwe (1983). Theorie der Ironie. Frankfurt a. M.: Klostermann.
Johnson, Julian (2015). Out of Time: Music and the Making of Modernity. New York: Oxford University Press.
Jost, Ekkehard (1975). Free Jazz: Stilkritische Untersuchungen zum Jazz der 60er Jahre. Mainz: Schott.
Juckel, Georg, Holmer Steinfath und Paraskevi Mavrogiorgou (2022). Störungen der Erfahrung von Zeit bei psychischen Erkrankungen. Nervenarzt 93 (1): 68–76.
Kant, Immanuel (1974 [1781/87]). Kritik der reinen Vernunft (= Werkausgabe Band III und IV). Frankfurt a. M.: Suhrkamp.
Kemp, Ryan (2020). Addiction as Temporal Disruption: Interoception, Self, Meaning. Phenomenology and the Cognitive Sciences 19 (2): 305–319.
Kierkegaard, Søren (2005a [1843]). Entweder – Oder (Teil I und II). München: dtv.
Kierkegaard, Søren (2005b [1843–1849]). Die Krankheit zum Tode / Furcht und Zittern / Die Wiederholung / Der Begriff der Angst. München: dtv.
Kiesel, Andrea, Leif Johannsen, Iring Koch und Hermann Müller (Hg.) (2022). Handbook of Human Multitasking. Cham: Springer.
Kim, Jin Hyun (2023). Musicality of Coordinated Non-representational Forms of Vitality. Journal of Comparative Literature and Aesthetics 46 (1): 175–185.
Kivy, Peter (2001). New Essays on Musical Understanding. Oxford: Oxford University Press.
Klein, Olaf Georg (2010). Zeit als Lebenskunst. Berlin: Wagenbach.
Klein, Richard (2019). Musikphilosophie zur Einführung. Hamburg: Junius.
Koch, Anton Friedrich (2006). Versuch über Wahrheit und Zeit. Paderborn: Mentis.
Koch, Ulrich (2014). Schockeffekte: Eine historische Epistemologie des Traumas. Zürich: Diaphanes.
Koselleck, Reinhart (2006). Wiederholungsstrukturen in Sprache und Geschichte. Saeculum 57 (1): 1–15.
KZ-Gedenkstätte Neuengamme (Hg.) (2005). Alltag der Häftlinge und Lagerordnung (Digitales Medium). Hamburg: KZ-Gedenkstätte Neuengamme.
Langer, Susanne K. (1996 [1942]). Philosophy in a New Key: A Study in the Symbolism of Reason, Rite, and Art. Cambridge (Mass.): Harvard University Press.
Lefebvre, Henri (2004). Rhythmanalysis: Space, Time and Everyday Life. London: Continuum.

Leibniz, Gottfried Wilhelm (1990 [1768]). Opera omnia, hrsg. von L. Dutens. Hildesheim: Olms.
Leibniz, Gottfried Wilhelm (1875–1890). Die Philosophischen Schriften von Gottfried Wilhelm Leibniz, 7 Bände. Berlin: Weidmann.
Levinson, Jerrold (1998). Music in the Moment. Ithaca: Cornell University Press.
Liptow, Jasper (2017). Natur, Kommunikation und Bedeutung. In: Michael Hampe (Hg.), John Dewey: Erfahrung und Natur. Berlin: De Gruyter, 81–96.
Lloyd, Geoffrey E. R. (1966). Polarity and Analogy: Two Types of Argumentation in Early Greek Thought. Cambridge: Cambridge University Press.
Lotter, Maria-Sibylla (2017). Erfahrung als Kunst: Dewey über die Funktion der Kunst im Alltagsleben. In: Michael Hampe (Hg.), John Dewey: Erfahrung und Natur. Berlin: De Gruyter, 143–158.
Lübbe, Hermann (1974). Hochschulpolitik, Gegenaufklärung und die Stellung der Philosophie. In: Michael Fischer (Hg.), Dimensionen des Rechts: Gedächtnisschrift für René Marcic, Berlin: Duncker & Humblot, 1045–1058.
Lübbe, Hermann (1975). Fortschritt als Orientierungsproblem. Aufklärung in der Gegenwart. Freiburg: Rombach.
Lübbe, Hermann (1991). Im Zug der Zeit: verkürzter Aufenthalt in der Gegenwart. Berlin: Springer.
McAdams, Dan P., Ruthellen Josselson und Amia Lieblich (2006): Identity and Story: Creating Self in Narrative. Washington: American Psychological Association.
Maiese, Michelle (2020). An Enactivist Approach to Treating Depression: Cultivating Online Intelligence through Dance and Music. Phenomenology and the Cognitive Sciences 19 (3): 523–547.
Meister Eckehart (1979). Deutsche Predigten und Traktate. Zürich: Diogenes.
Mellor, D. H. (1995). The Facts of Causation. London: Routledge.
Mellor, D. H. (1998). Real Time II. Cambridge: Cambridge University Press.
Merleau-Ponty, Maurice (1966 [1945]). Phänomenologie der Wahrnehmung. Berlin: De Gruyter.
Meyer, Lukas H., und Timothy Waligore (2022). Superseding Historical Injustice? New Critical Assessments. Critical Review of International Social and Political Philosophy 25 (3): 319–330.
Mohr, Georg (2007). „Rücksichtslose Polyphonie" oder: Was geschah unter dem Lindenbaum? Gustav Mahlers Lieder eines fahrenden Gesellen. In: Ulrich Tadday (Hg.), Gustav Mahler: Lieder. München: Edition Text + Kritik, 5–26.
Mohr, Georg (2012). Musik als erlebte Zeit. Philosophia Naturalis 49 (2): 319–347.
Mohr, Georg (2021). Inside Out? Über Ausdruck im Jazz. In: Jürgen Stolzenberg (Hg.), Ausdruck in der Musik: Theorien und Formationen. München: Edition Text + Kritik, 494–526.
Moskalewicz, Marcin, und Michael A. Schwartz (2020). Temporal Experience in Mania. Phenomenology and the Cognitive Sciences 19 (2): 291–304.
Nagel, Thomas (1971). The Absurd. The Journal of Philosophy 68 (20): 716–727.
Nagel, Thomas (1974). What Is It Like to Be a Bat? The Philosophical Review 83 (4): 435–450.
Nagel, Thomas (1979). Death. In: ders., Mortal Questions. New York: Cambridge University Press, 1–10.
Nancy, Jean-Luc (2014 [2002]). Zum Gehör. Zürich: Diaphanes.
Nauck, Gisela (1997). Musik im Raum – Raum in der Musik. Ein Beitrag zur Geschichte der seriellen Musik. Stuttgart: Steiner.
Nietzsche, Friedrich (2013 [1886]). Die Geburt der Tragödie (Neue Ausgabe). In: Philosophische Werke in sechs Bänden, Band 1. Hamburg: Meiner.
Nietzsche, Friedrich (2014 [1883–1885]). Also sprach Zarathustra – Ein Buch für Alle und Keinen. Stuttgart: Kröner.
Noë, Alva (2015). Strange Tools: Art and Human Nature. New York: Hill and Wang.

Noreika, Valdas, Christine M. Falter und Katya Rubia (2013). Timing Deficits in Attention-Deficit/ Hyperactivity Disorder (ADHD): Evidence from Neurocognitive and Neuroimaging Studies. Neuropsychologia 51 (2): 235–266.

Northoff, Georg, Soren Wainio-Theberge und Kathinka Evers (2020). Is Temporo-spatial Dynamics the „Common Currency" of Brain and Mind? In Quest of „Spatiotemporal Neuroscience". Physics of Life Reviews 33: 34–54.

Odell, Jenny (2023). Saving Time: Discovering a Life Beyond the Clock. London: Bodley Head.

O'Donovan, Leo (2001). Bildung im Zeitalter der Beschleunigung. Stimmen der Zeit 199: 219–234.

Olson, Eric T. (2009). The Rate of Time's Passage. Analysis 69 (1): 3–9.

Ortmann, Otto (1926). On the Melodic Relativity of Tones. Psychological Monographs 35 (1): 1–47.

Pianesi, Fabio, und Achille C. Varzi (1996). Events, Topology, and Temporal Relations. The Monist, 78: 89–116.

Platon (2003). Timaios (griech.-dt.). Ditzingen: Reclam.

Platon (2023). Politeia / Der Staat (griech.-dt.). Ditzingen: Reclam.

Porter, Lewis (1998). John Coltrane. Ann Arbor: University of Michigan Press.

Poser, Hans (1993). Zeit und Ewigkeit – Zeitkonzepte als Orientierungswissen. In: Hans Michael Baumgartner (Hg.), Das Rätsel der Zeit – Philosophische Analysen. Freiburg/München: Alber, 17–50.

Price, Huw (2012). Does Time-Symmetry Imply Retrocausality? How the Quantum World Says „Maybe"? Studies in History and Philosophy of Modern Physics 43 (2): 75–83.

Ratcliffe, Matthew (2015). Experiences of Depression. A Study in Phenomenology. Oxford: Oxford University Press.

Rau, Susanne (2019). Rhythmusanalyse nach Lefebvre. In: Sabine Schmolinsky, Diana Hitzke und Heiner Stahl (Hg.), Taktungen und Rhythmen: Raumzeitliche Perspektiven interdisziplinär. Berlin: De Gruyter Oldenbourg, 9–24.

Raussert, Wilfried (2000). Jazz, Time, and Narrativity. Amerikastudien / American Studies 45 (4): 519–534.

Rescher, Nicholas (1996). Process Metaphysics: An Introduction to Process Philosophy. Albany: State University of New York Press.

Ribeiro, Anna Christina (2007). Intending to Repeat: A Definition of Poetry. The Journal of Aesthetics and Art Criticism 65 (2): 189–201.

Ricœur, Paul (1986 [1975]). Die lebendige Metapher. München: Fink

Ricœur, Paul (1988–1991 [1983–1985]). Zeit und Erzählung, 3 Bände. München: Fink.

Ricœur, Paul (2004 [2003]). Gedächtnis, Geschichte, Vergessen. München: Fink.

Riedweg, Christoph (2002). Pythagoras. Leben, Lehre, Nachwirkung. München: C.H. Beck.

Rohs, Peter (1996). Feld – Zeit – Ich. Entwurf einer feldtheoretischen Transzendentalphilosophie. Frankfurt a. M.: Klostermann.

Rorty, Richard (1989). Contingency, Irony, and Solidarity. Cambridge: Cambridge University Press.

Rosa, Hartmut (2016). Resonanz – Eine Soziologie der Weltbeziehung. Frankfurt a. M.: Suhrkamp.

Rush, Fred (2016). Irony and Idealism. Oxford: Oxford University Press.

Ruta, Marcello (2022). Improvisation and Orientation. In: Bertinetto und Ruta 2022, 85–99.

Safranski, Rüdiger (2015). Zeit. München: Hanser.

Santoyo, Alejandra E., Mariel G. Gonzales, Zunaira J. Iqbal, Kristina C. Backer, Ramesh Balasubramaniam, Heather Bortfeld und Antoine J. Shahin (2023). Neurophysiological Time Course of Timbre-induced Music-like Perception. Journal of Neurophysiology 130 (2): 291–302.

Schechtman, Marya (2011). The Narrative Self. In: Shaun Gallagher (Hg.), The Oxford Handbook of the Self. Oxford: Oxford University Press, 394–416.
Schelling, Friedrich Wilhelm Joseph von (1985 [1802–1803]). Philosophie der Kunst. In: ders., Ausgewählte Schriften, Band 2. Frankfurt a. M.: Suhrkamp, 181–565.
Schelling, Friedrich Wilhelm Joseph von (2022 [1831–1832]). Urfassung der Philosophie der Offenbarung. Hamburg: Meiner.
Schlegel, Friedrich (1981). Fragmente zur Poesie und Literatur I (= Kritische Ausgabe, Band 16). Paderborn: Schöningh.
Schmitter, Elke (2002). „Und zusehen, wie der Körper fällt". In: Der Spiegel 17/2002 (21.04.2002).
Schopenhauer, Arthur (1986 [1818/1819]). Die Welt als Wille und Vorstellung I (= Sämtliche Werke, Band 1). Frankfurt a. M.: Suhrkamp.
Schütz, Alfred (1972). Gemeinsam Musizieren. In: ders., Gesammelte Aufsätze II. Studien zur soziologischen Theorie. Den Haag: Martinus Nijhoff, 129–150.
Sieroka, Norman (2005). Quasi-hearing in Husserl, Levinson, and Gordon. Journal of the British Society for Phenomenology 36 (1): 4–22.
Sieroka, Norman (2009). Ist ein Zeithof schon genug? – Neurophänomenologische Überlegungen zum Zeitbewusstsein und zur Rolle des Auditiven. Philosophia Naturalis 46 (2): 213–249.
Sieroka, Norman (2010a). Umgebungen. Symbolischer Konstruktivismus im Anschluss an Hermann Weyl und Fritz Medicus. Zürich: Chronos.
Sieroka, Norman (2010b). Geometrization versus Transcendent Matter: A Systematic Historiography of Theories of Matter. British Journal for the Philosophy of Science 61 (4): 769–802.
Sieroka, Norman (2015). Leibniz, Husserl, and the Brain. Basingstoke: Palgrave Macmillan.
Sieroka, Norman (2016). Phänomenale Zeit, Leid und Leidvermeidung – Eine Bestandsaufnahme. Zeitschrift für philosophische Forschung 70 (1): 47–73.
Sieroka, Norman (2017a). The Bounds of Experience—Encountering Anaximander's In(de)finite. Ancient Philosophy 37 (2): 243–263.
Sieroka, Norman (2017b). Time and Suffering: False Metaphors, (De)synchronous Times, and Internal Dynamics. In: Shyam Wuppuluri und Giancarlo Ghirardi (Hg.), Space, Time, and Limits of Human Understanding. Cham: Springer, 371–380.
Sieroka, Norman (2018a). Philosophie der Zeit. Grundlagen und Perspektiven (Reihe „C.H. Beck Wissen"). München: C.H. Beck.
Sieroka, Norman (2018b). „Man kann keine Zeit verlieren": Der Philosoph und Physiker Norman Sieroka über die Zeit und den Umgang mit ihr. In: Doppelpunkt (Kulturmagazin Schweiz) 43/2018: 18–21.
Sieroka, Norman (2019). Anaximander's ἄπειρον: From the Life-world to the Cosmic Event Horizon. Ancient Philosophy 39 (1): 1–22.
Sieroka, Norman (2020a). Immer schneller? Die Zeit und Ihre Wahrnehmung. In: Bundeszentrale für politische Bildung (Hg.), Wir Kapitalisten: Von Anfang bis Turbo. Bonn: bpb, 152–155.
Sieroka, Norman (2020b). Philosophie der Zeit. Nova Acta Leopoldina 245: 23–41.
Sieroka, Norman (2020c). Die Zeit in ihrer Vielfalt denken – Anmerkungen aus philosophischer Perspektive. Forschung und Lehre (Dezember 2020): 976–978.
Sieroka, Norman (2020d). Alle Jahre wieder – oder doch nicht? In: Weser-Kurier, 24.–26.12.2020 (Weihnachtsausgabe).
Sieroka, Norman (2022a). Neues Wahrnehmen. Manege für Architektur 2: 36–37.

Sieroka, Norman (2022b). „Kontakte" von Karlheinz Stockhausen: Statement zur zeittheoretischen Bedeutung. Supplement zu: Zeit – Zugänge, Praktiken, Kulturen. Bulletin der Schweizerischen Akademie 28 (1) (https://www.sagw.ch/sagw/aktuell/publikationen/details/news/bulletin-1-22).

Sieroka, Norman (2022c). Being „In-tact" and Well: Metaphysical and Phenomenological Annotations on Temporal Well-being. Ethical Theory and Moral Practice (online first article) (https://doi.org/10.1007/s10677-022-10307-7).

Sieroka, Norman (2023). Making a Theme Audible: Imparting Non-discursive Knowledge in Natural Philosophy by Means of Poetry and Aphorism. Symphilosophie 5: 301–337.

Sieroka, Norman (2024). Zuhören und eine eigene Stimme finden – Jazz als Variation des Philosophierens in Zeit und Klang. In: Gotthard Fermor und Uwe Steinmetz (Hg.), A Harmony of Difference: Die Spiritualität des Jazz. Cham: Springer (im Erscheinen).

Sieroka, Norman, und Stefan Uppenkamp (2022). Paradoxien beim Hören. Physik in unserer Zeit 53 (1): 28–34.

Steineck, Christian (2000). Grundstrukturen mystischen Denkens. Würzburg: Königshausen & Neumann.

Steinfath, Holmer (2020). Zeit und gutes Leben. Zeitschrift für philosophische Forschung 74 (4): 493–513.

Steinfath, Holmer, und Anne Clausen (2023). Zeitdimensionen des menschlichen Lebens: Zur ethischen Relevanz von Zeit und Zeitlichkeit im Kontext medizinischer Praktiken. Ethik in der Medizin 35 (1): 7–22.

Steinmetz, Uwe (2021). Jazz in Worship and Worship in Jazz: Exploring the Musical Language of Liturgical, Sacred, and Spiritual Jazz in a Postsecular Age. Dissertation, University of Gothenburg.

Stocker, Kurz (2020). Mental Perspectives during Temporal Experience in Posttraumatic Stress Disorder. Phenomenology and the Cognitive Sciences 19 (2): 321–334.

Stockhausen, Karlheinz (1963). Texte zur elektronischen und instrumentalen Musik, Band 1. Köln: DuMont Schauberg.

Stoecker, Ralf (1992). Was sind Ereignisse? Berlin: De Gruyter.

Terhardt, Ernst (1998). Akustische Kommunikation: Grundlagen mit Hörbeispielen. Berlin: Springer.

Thirsk, Robert Brent (2020). Health Care for Deep Space Explorers. Annals of the ICRP 49 (1): 182–184.

Thomason, S. K. (1989). Free Construction of Time from Events. Journal of Philosophical Logic 18: 43–67.

Varela, Francisco J. (1999). The Specious Present: A Neurophenomenology of Time Consciousness. In: Jean Petitot, Francisco J. Varela, Bernard Pachoud und Jean-Michel Roy (Hg.), Naturalizing Phenomenology. Stanford: Stanford University Press, 266–314.

Wald-Fuhrmann, Melanie (2006). Welterkenntnis aus Musik: Athanasius Kirchers „Musurgia universalis" und die Universalwissenschaft im 17. Jahrhundert. Kassel: Bärenreiter.

WBGU (Wissenschaftlicher Beirat der Bundesregierung Globale Umweltveränderungen) (2011). Welt im Wandel – Gesellschaftsvertrag für eine Große Transformation. Berlin: WBGU.

Weber-Brosamer, Bernhard, und Dieter M. Back (2005). Die Philosophie der Leere. Nagarjunas Mulamadhyamaka-Karikas. Übersetzung des buddhistischen Basistextes mit kommentierenden Einführungen (= Beiträge zur Indologie, Band 28). Wiesbaden: Harrassowitz.

Weyl, Hermann (1918). Das Kontinuum: Kritische Untersuchungen über die Grundlagen der Analysis. Leipzig: Veit.

Weyl, Hermann (1968a). Gesammelte Abhandlungen, 4 Bände. Berlin: Springer.

Weyl, Hermann (1968b [1920]). Das Verhältnis der kausalen zur statistischen Betrachtungsweise in der Physik. Schweizerische Medizinische Wochenzeitschrift 50: 737–741. (Zitiert nach Weyl 1968a, Band II, 113–122.)

Weyl, Hermann (1968c [1921]). Feld und Materie. Annalen der Physik 65: 541–563. (Zitiert nach Weyl 1968a, Band II, 237–259.)

Weyl, Hermann (1968d [1925]). Die heutige Erkenntnislage in der Mathematik. Symposion 1: 1–23. (Zitiert nach Weyl 1968a, Band II, 511–542.)

Whitehead, Alfred North (1964 [1920]). Concept of Nature. Cambridge: Cambridge University Press.

Whitehead, Alfred North (1950 [1925]). Science and the Modern World. New York: Macmillan.

Whitehead, Alfred North (1958 [1929a]). The Function of Reason. Boston: Beacon Press.

Whitehead, Alfred North (1979 [1929b]). Process and Reality. An Essay in Cosmology. New York: Free Press.

Whitehead, Alfred North (1967 [1933]). Adventures of Ideas. New York: Free Press.

Wiedemann, Frank (2010). Alltag im Konzentrationslager Mittelbau-Dora: Methoden und Strategien des Überlebens der Häftlinge. Frankfurt a.M.: Peter Lang.

Williams, Bernard (1973). The Makropulos Case. In: Problems of the Self. Cambridge: Cambridge University Press, 82–100.

Wilson, Peter Niklas (1989). Ornette Coleman: Sein Leben – Seine Musik – Seine Schallplatten. Waakirchen: Oreos.

Wimpory, Dawn C., B. Nicholas und Susan Nash (2002). Social Timing, Clock Genes and Autism: A New Hypothesis. Journal of Intellectual Disability Research 46 (4): 352–358.

Wiora, Walter (1957). Musik als Zeitkunst. Die Musikforschung 10 (1): 15–28.

Wittgenstein, Ludwig (1984). Werkausgabe in 8 Bänden. Band 1: Tractatus logico-philosophicus – Tagebücher 1914–1916 – Philosophische Untersuchungen. Frankfurt a.M.: Suhrkamp.

Woodward, James (2003). Making Things Happen: A Theory of Causal Explanation. Oxford: Oxford University Press.

Worthington, Debra L., und Margaret E. Fitch-Hauser (2018). Listening: Processes, Functions, and Competency. London: Routledge.

Yost, William A. (1996). Pitch of Iterated Rippled Noise. Journal of the Acoustical Society of America 100 (1): 511–518.

Zill, Rüdiger (2008). Metapher als Modell: Die Figur des Neuen in der Genese wissenschaftlicher und philosophischer Theorien. In: Wolfgang Sohst (Hg.), Die Figur des Neuen. Berlin: Xenomoi, 17–78.

Zimmermann, Bernd Alois (1974). Intervall und Zeit. Mainz: Schott.

Zwicker, Eberhard, und Hugo Fastl (1999). Psychoacoustics: Facts and Models. Berlin: Springer.

Register

Verwiesen wird sowohl auf Seiten im Haupttext wie auch (in Klammern) auf Hörbeispiele. So verweist etwa der erste Eintrag zu Cannonball Adderley sowohl auf Seite 80 im Text wie auch auf den Playlist-Beitrag #29.

Adderley, Cannonball 80, (#29)
Adorno, Theodor W. 58, 73, (#22)
Anaximander 48 – 49
Aristoteles 4
Assmann, Jan 42
Augustinus, Aurelius 4

Bach, Johann Sebastian 55, 67 – 68, (#13), (#14)
Baranowski, Ann 76, 87
Bergson, Henri 63, 95
Berliner, Paul F. 80, 84
Bertram, Georg W. 83 – 84
Bieri, Peter 59, 132
Binswanger, Ludwig 103, 108
Birnbacher, Dieter 49, 120
Bjerstedt, Sven 82
Black, Max 17, 47
Blanding, Walter (#34)
Bley, Carla 128, (#50)
Blumenberg, Hans 52, 99
Böhme, Jakob 125 – 126
Boulez, Pierre 68, 75, 76, (#16), (#23)
Bowie, Andrew 56 – 58, 96
Bregman, Albert S. 69
Brötzman, Peter (#17)
Burckhardt, Jacob 122

Cage, John 61, 75, 77
Camus, Albert 117, 128
Carter, James 86
Cavell, Stanley 56, 85
Coleman, Ornette 82, 86, 87, (#37)
Coltrane, John 61, 77, 84 – 87, (#27), (#28), (#38)
Corradi Fiumara, Gemma 91

Damrau, Diana 86
Davidson, Donald 33
Davis, Miles 85, (#39)
Deleuze, Gilles 40

Demandt, Alexander 17, 44, 52, 116
Derrida, Jacques 87, 91
Dewey, John 1,6, 10 – 11, 13, 33, 43, 44, 50, 51, 60, 88, 120, 134
Dogen 118, 125
Dohrn-van Rossum, Gerhard 18, 28, 44, 45, 100, 116
Dummett, Michael 35

Ehrenfels, Christian von 69
Elias, Norbert 30 – 31
Evans, Bill 80, (#31)

Feige, Daniel Martin 83
Feldman, Morton 75, 76
Fiske, Harold E. 74 – 75
Freud, Sigmund 102 – 103
Fuchs, Thomas 107

Gabriel, Gottfried 60, 134
Galilei, Galileo 28
Goethe, Johann Wolfgang von 90, 93 – 95, 132
Goodman, Nelson 38, 46
Gordon, Edwin 73

Haken, Hermann 111
Hanusch, Frederic 53, 116
Hegel, G. W. F. 40, 52
Heidegger, Martin 10, 49, 120
Heraklit 48 – 49, 90, 93
Hesse, Mary 17, 47
Holzhey-Kunz, Alice 119 – 120
Honegger, Arthur 75
Husserl, Edmund 2, 4, 61, 62, 73, 104 – 105, 126
Huygens, Christiaan 64

Iyer, Vijay 79, 85

Jackson, Frank   59, 132
Janich, Peter   34, 48

Kant, Immanuel   10, 14, 52
Kierkegaard, Søren   120
Kim, Jin Hyun   58, 70
Kirchenmaus, arme   (#51)
Kivy, Peter   74
Koselleck, Reinhart   5, 42, 43
Kraftwerk   (#18)
Kreisler, Georg   (#49)

Langer, Susanne   92, 93
Led Zeppelin   61
Lefebvre, Henri   40, 98, 111
Leibniz, Gottfried Wilhelm   38 – 39, 43, 56, 96
Levinson, Jerrold   73
Ligeti, György   68 – 69, 75, (#15)
Lübbe, Hermann   44, 114, 122

Mahavishnu Orchestra   80, (#33)
Mahler, Gustav   61, 128, (#47), (#48)
Meister Eckehart   127
Mellor, D. H.   33, 34
Mohr, Georg   9, 81, 86, 128
Monk, Thelonius   (#44)

Nagarjuna   125 – 126
Nagel, Thomas   42, 59, 128, 132
Nietzsche, Friedrich   41, 90
Noë, Alva   68

O'Donovan, Leo   77

Platon   76, 90
Police, The / Sting   61, (#36)
Pythagoras / Pythagoreer   61, 96 – 97

Reich, Steve   76 – 77, (#26), (#28)
Ricœur, Paul   40, 45, 83, 103
Rohs, Peter   126, 129 – 130
Rorty, Richard   49 – 50, 127
Rosa, Hartmut   111 – 112

Safranski, Rüdiger   119
Sanders, Pharoah   80, (#30), (#32)
Schelling, F. W. J.   41, 49, 56, 95 – 96
Schlegel, Friedrich   56
Schopenhauer, Arthur   56
Schriefl, Matthias   128, (#46)
Schütz, Alfred   57 – 58, 61, 92, 93, 104, 114
Steinfath, Holmer   97, 101
Stockhausen, Karlheinz   72 – 73, 75, 76, 87, (#21), (#22)
Stoecker, Ralf   33, 36

Taylor, Cecil   (#45)
Terhardt, Ernst   62, 70

Vergil   21

Webern, Anton   68, 69, 87, (#14)
Weyl, Hermann   35 – 36
Whitehead, Alfred North   1, 10 – 11, 13, 32, 37, 40, 120
Withers, Bill   65, (#6)
Williams, Bernard   42
Wittgenstein, Ludwig   13, 34, 83, 134

Yellowjackets   (#41)

Zimmermann, Bernd Alois   75 – 76, (#24), (#25)

www.ingramcontent.com/pod-product-compliance
Lightning Source LLC
Chambersburg PA
CBHW061717300426
44115CB00014B/2731